Steven Reiss, Ph.D.

DAS REISS MOTIVATION PROFILE®

Was motiviert uns?

Hrsg.: Brunello Gianella, Daniele Gianella,
Maximilian Koch, Irene Krötlinger und Benjamin Schulz

werdewelt Verlags- und Medienhaus GmbH

WIDMUNG

Am 5. Juli 2011 wurde ich in das Ohio State University Medical Center gebracht. Als ich in der Notaufnahme wieder aufwachte, bemerkte ich, dass mein Hemd blutgetränkt war. Der behandelnde Arzt sagte mir, dass mein Hämoglobinwert bei nur 3,3 lag, also weit unter dem lebensnotwendigen Minimum.

Ich kam auf die Intensivstation. Nach einer Woche vergeblicher Bemühungen, die innere Quelle der Blutung ausfindig zu machen, sagten die Ärzte meiner Frau Maggi und meinen erwachsenen Kindern Mike und Ben, dass sie alles getan hatten, um die Blutung zu lokalisieren, diese aber nicht finden konnten, und ich in einer Stunde sterben würde. Maggi bat die Ärzte, in den Behandlungsraum zurückzukehren und ihre Suche fortzusetzen. Kurz darauf fanden sie eine Arterie in meiner Leber, aus der Blut strömte. An diesem Abend verödete Dr. Hooman Khabiri, ein interventioneller Radiologe, die Arterie. Seitdem habe ich kein Blut mehr verloren.

Am 30. Juli 2011 wurde ich aus dem Krankenhaus entlassen. Dieses Buch entstand in den Wintermonaten 2013 in Jupiter, Florida.

Es ist Maggi gewidmet.

STEVEN REISS, PH.D.

Hrsg.: Brunello Gianella, Daniele Gianella,
Maximilian Koch, Irene Krötlinger und Benjamin Schulz

DAS REISS MOTIVATION PROFILE®

WAS MOTIVIERT UNS?

Impressum

Verlag: werdewelt Verlags- und Medienhaus GmbH
ISBN: 978-3-9820170-0-6

Herausgeber: Brunello Gianella, Daniele Gianella, Maximilian Koch, Irene Krötlinger und Benjamin Schulz
RMP germany GmbH | Aarstr. 6 | 35756 Mittenaar-Bicken | Germany
RMP swiss GmbH | Bahnhofplatz 1 | 6440 Brunnen | Switzerland
RMP austria | Mariahilfer Straße 167 | 1150 Wien | Austria

Gestaltung: www.werdewelt.info
Cover: shutterstock.com Copyright © by Liu zishan
Druck: Hoehl-Druck Medien & Service GmbH

Die Inhalte des Buches beziehen sich in gleichem Maße auf Frauen und Männer. Aus Gründen der besseren Lesbarkeit wird jedoch die männliche Form für alle Personenbezeichnungen gewählt. Die weibliche Form wird dabei stets mitgedacht.

DIE 16 LEBENSMOTIVE DES MENSCHEN

Anerkennung, das Bedürfnis nach positivem Selbstwert

Neugier, das Bedürfnis nach Wissen und Wahrheit

Essen, das Bedürfnis nach Nahrung

Familie, das Bedürfnis nach Elternschaft und Zusammensein mit Geschwistern

Ehre, das Bedürfnis nach moralischen Prinzipien zu leben

Idealismus, das Bedürfnis nach sozialer Gerechtigkeit

Unabhängigkeit, das Bedürfnis nach Eigenständigkeit und Autarkie

Ordnung, das Bedürfnis, nach Struktur

Körperliche Aktivität, das Bedürfnis nach körperlicher Fitness

Macht, das Bedürfnis nach Einfluss oder Führung

Eros, das Bedürfnis nach Schönheit und Sex

Sparen, das Bedürfnis zu sammeln

Beziehungen, das Bedürfnis nach Freundschaft

Status, das Bedürfnis nach Respekt der gesellschaftlichen Stellung

Ruhe, das Bedürfnis nach Sicherheit

Rache, das Bedürfnis nach Vergeltung

INHALTSVERZEICHNIS

Teil 4: RMP®-Handbuch

Teil 5: Blogs

DIE 7 PRINZIPIEN DER MOTIVATIONS-PSYCHOLOGIE

1. Prinzip der allgemeingültigen Ziele

Bestimmte Ziele sind allen Menschen gemeinsam und tief verwurzelt in der menschlichen Natur. Die Motivation durch diese allgemeingültigen Ziele nennt man „intrinsische Motivation" oder „grundlegendes Bedürfnis". Beispiele für derartige Ziele sind das Bedürfnis nach Erkenntnis oder nach Status oder nach einer ordentlichen Umgebung. Die wissenschaftlichen Studien zu den 16 Lebensmotiven stellen die erste wissenschaftlich abgeleitete und validierte Klassifizierung allgemeingültiger Ziele dar.

2. Prinzip der intrinsischen Motivation

Intrinsische Motive (Lebensmotive) weisen zwei Unterscheidungsmerkmale auf: Einerseits geht es darum, was uns grundsätzlich antreibt, das ist die universelle Dimension in der menschlichen Motivation. Andererseits unterscheiden wir uns individuell, wenn es darum geht, wie viel wir uns davon wünschen. Und das ist das Besondere in der menschlichen Motivation. Wir alle wollen die gleichen Dinge – Anerkennung, Erkenntnis, Versorgung, Nachwuchs, Charakter, Gerechtigkeit, Freiheit, Struktur, Bewegung, Kompetenz, Sex, Vorsorge, Zugehörigkeit, Respekt, Sicherheit oder Triumph – aber nicht im gleichen Ausmaß. Jeder Mensch trägt die 16 Lebensmotive in sich, aber sie sind für jeden individuell unterschiedlich bedeutsam. Das Reiss Motivation Profile® (oder Reiss Profile®) wertet für jeden Menschen seine individuellen Ausprägungen der 16 Lebensmotive aus, da die einzelnen Lebensmotive als unterschiedlich bedeutsam erlebt werden. Das Reiss Motivation Profile® offenbart somit Persönlichkeitsmerkmale und Grundwerte.

3. Prinzip der Vereinbarkeit in Beziehungen

Menschen wollen ihre Lebensmotive ausleben, auch in Beziehungen. Paare mit ähnlichen Motivprofilen teilen in der Regel eine Übereinkunft ihrer gemeinsamen Werte und wie sie diese leben. Paare mit ungleichen Motivprofilen haben unterschiedliche Werte, häufige Diskussionen oder Streit.

4. Prinzip der stark ausgeprägten Motive

Menschen sind bestrebt, ihre stark ausgeprägten Motive in unterschiedlichen Situationen und in unterschiedlicher Weise zu befriedigen. Menschen mit herzhaftem Appetit lieben verschiedene Arten von Lebensmitteln und Zubereitung; wissensdurstige Menschen interessieren sich für viele Themen und Wissensgebiete, romantische Menschen widmen sich intensiv der Partnersuche.

5. Prinzipien für die Beratung und das Coaching

Ein Mensch wird sich dann am besten entwickeln, wenn seine Beziehungen, die Arbeit und die Familie seine wichtigsten Lebensmotive befriedigen. Mit anderen Worten: Wer gleich die richtige Person heiratet, erspart sich womöglich eine Eheberatung, in der sie bzw. er mühselig erlernen muss, mit der Partnerin bzw. dem Partner klarzukommen.

6. Prinzip des „Self-hugging"

Wir gehen meist davon aus, dass unsere Werte nicht nur für uns selbst am besten sind, sondern für alle Menschen. Daher versuchen wir mittels Wertetyrannei die Menschen in unserer Umgebung zu verändern, im Glauben, es sei für sie das Beste. Wir sind eine intolerante Spezies.

7. Prinzip des stärkeren Motivs

Persönlichkeitsveränderung ist schwierig und kann nur dann stattfinden, wenn die Lebensmotive, die Veränderung begünstigen, stärker sind als jene, im Derzeitigen zu verharren.

Meist gibt es nur wenige oder gar keine dieser stärkeren Motive, oder aber sie können in der Praxis nicht nutzbar gemacht werden. Daher ist eine Persönlichkeitsveränderung schwer möglich.

BEGRIFFSDEFINITION

Begriff	Definition
Lebensmotiv	Dasselbe wie intrinsische Motivation. Setzt sich aus dem zusammen, was wir wollen (allgemeingültig für alle) und wie sehr wir es wollen (kommt auf die Grundwerte des Individuums an).
Motivkombination	Zwei oder mehrere Lebensmotive, die in Kombination auftreten.
Grundwert	Bewertung bzw. Priorisierung eines Lebensmotivs; bestimmt die Ausprägung eines Lebensmotivs oder psychologischen Bedürfnisses.
Stärkeres Motiv	Ein Lebensmotiv mit einer sehr starken Ausprägung.
Stark (Motiv)	Ein Lebensmotiv wird als „stark" bezeichnet, wenn die Standardabweichung mindestens 0,8 über der Norm liegt.
Extrinsische Motivation	Der in der Sozialpsychologie immer wieder vorgebrachte „Geist-Körper-Dualismus" definiert extrinsische Motivation gleichsam als „stoffliche Notwendigkeit". Doch die Unterscheidung zwischen intrinsischer und extrinsischer Motivation (Geist-Körper-Dualismus) ist falsch.
Wertetyrannei	Der nahezu tägliche Versuch, andere Menschen verändern zu wollen und dabei nur die eigenen – als richtig empfundenen – Grundwerte anzuerkennen.

Intrinsische Motivation	Bezeichnet die Motivation, die eigenen Grundwerte durchsetzen zu wollen sowie die individuelle Einschätzung der allgemeingültigen Ziele.
Intrinsisches Motiv	Lebensmotiv, intrinsisches Motiv und psychologisches Bedürfnis bezeichnen das Gleiche.
Gering (Motiv)	Ein Lebensmotiv wird als „gering" bezeichnet, wenn die Standardabweichung mindestens 0,8 unter der Norm liegt.
Motiv	Bahnt ein Verhalten an oder hält es aufrecht.
Bedürfnis	Lebensmotiv, intrinsisches Motiv und psychologisches Bedürfnis bezeichnen das Gleiche.
Persönlichkeits-merkmal	Gut etablierte Gewohnheiten, um ein oder mehrere Lebensmotive auszuleben.
Self-hugging	Die Annahme, dass die eigenen Grundwerte auch andere Menschen glücklich machen würden.
Reiss Motivation Profile® Reiss Profile®	1. Ein standardisierter psychologischer Test zur Erfassung intrinsischer Motive. 2. Gibt Auskunft darüber, wie ein Individuum die 16 Lebensmotive bewertet.

TEIL 1

KONZEPTIONELLE UND WISSEN-SCHAFTLICHE GRUNDLAGEN

KAPITEL 1
DAS LUSTPRINZIP

In diesem Buch wird eine innovative und umfassende neue Theorie zur menschlichen Motivation vorgestellt, die Theorie der 16 Lebensmotive. Sie offenbart neue Ideen über die grundlegende Natur menschlicher Motivation und beschreibt, wie Motive mit Werten, Eigenschaften und Beziehungen in Verbindung stehen. Sie entspricht den vier wissenschaftlichen Kriterien Konstruktvalidität, Reliabilität, kontrollierte Beobachtungen und verifizierbare Schlussfolgerungen. Diese neue Theorie weist eine signifikante wissenschaftliche Validität (Gültigkeit) auf. Sie vermag es zu prognostizieren, wie Menschen sich in ihrem natürlichen Umfeld sowie in Beziehungen verhalten.

Die Arbeit an den 16 Lebensmotiven begann 1995, als bei mir sklerosierende Cholangitis, eine potenziell tödliche Autoimmunkrankheit der Leberkanäle, diagnostiziert wurde. Bei dieser Erkrankung entzünden sich die Kanäle der Leber so häufig, dass das hierbei entstehende Narbengewebe diese verengt. Dies führt zu lebensbedrohlichen schweren Entzündungen und mit der Zeit zu einer Leberzirrhose. Die einzige Behandlung besteht in einer Lebertransplantation, die ich 2002 erhalten habe. Sklerosierende Cholangitis ist übrigens die Erkrankung, die Walter Payton, den großartigen Footballspieler der Chicago Bears, das Leben gekostet hat.

Ich schildere hier meine persönliche Erfahrung, da sie mich dazu brachte, über die Frage nachzudenken, was mein Leben bedeutsam macht; dies führte wiederum zu der Forschungsarbeit, die Gegenstand dieses Buches ist. Viele in der Forschung tätige Psychologinnen und Psychologen haben angenommen, dass menschliches Verhalten vom Verlangen, sich gut zu fühlen, bestimmt ist; ich nenne es das „Lustprinzip". Diesem Prinzip zufolge streben Menschen vor allem anderen danach, ihre Lust zu maximieren und ihren Schmerz zu minimieren. Es wird gleichsam angenommen, dass wir die Lebensqualität eines Menschen messen können, indem wir den Überschuss positiver Gefühle in Relation zu den negativen bestimmen.

Das Lustprinzip geht davon aus, dass wir alles, was Menschen tun, anhand einer Art Bilanz von Lust und Schmerz erklären können. Dabei wird angenommen, dass Menschen Optimismus vor Pessimismus präferieren, weil Optimismus die angenehmere der beiden Anschauungen ist. Gleichermaßen bevorzugen Menschen Filme mit Happy End vor solchen mit traurigem Ausgang, selbst wenn das Happy End unrealistisch ist. Wie erklärt dann aber dieses Prinzip die Tatsache, dass viele Menschen langweilige Jobs haben? Demzufolge müsste der langweilige Job das kleinere von zwei Übeln darstellen, unter der Annahme, dass Menschen Arbeitslosigkeit noch mehr ablehnen würden als ihre langweiligen Jobs.

Die Vertreterinnen und Vertreter des Lustprinzips – auch „Lusttheoretiker" oder „Hedonisten" genannt – behaupten, dass die Natur Lust und Schmerz dazu verwendet, uns dazu zu bringen, das zu tun, was für unsere Gesundheit und unser Überleben notwendig ist. So nutzt die Natur beispielsweise das Hungergefühl, um uns darauf hinzuweisen, wann wir essen müssen, und Durst, um uns zu signalisieren, wann wir trinken müssen. Da Hunger und Durst unangenehme Empfindungen seien, fühlen wir uns dann motiviert zu essen und zu trinken, wenn es entscheidend für unsere Gesundheit und unser Überleben sei. Viele einflussreiche Psychologinnen und Psychologen befürworten das Lustprinzip in der einen oder anderen Form. So ist z. B. vermutet worden, dass es sich bei Freuds Konstrukt der Libido ganz einfach um eine Abwandlung des Lustprinzips handelt. Die verhaltenstheoretische Sicht der Motivation in Form von Belohnung und Bestrafung ist sehr offensichtlich dem Lustprinzip ähnlich.

Bernhard Weiner (1995), ein Sozialpsychologe, definiert intrinsische Motivation als die Lust, die zu bestimmten Verhaltensweisen führt. Wenn also jeder Vergnügen maximiert und Schmerz minimiert, warum nehmen sich dann Workaholics so wenig Zeit, um zu entspannen, Spaß mit ihrer Familie zu haben oder Urlaub zu machen? Gemäß dem Lustprinzip handeln sie so, weil sie ihre Arbeit genießen und sich unausgeglichen fühlen, wenn sie nicht arbeiten. Lustprinzip-Theoretiker argumentieren nun damit, dass Workaholics eben tun, was für sie zu einer Steigerung positiver Gefühle und einem Verringern negativer Gefühle führt.

Ist nun das Bestreben, sich gut zu fühlen, alles, was uns motiviert? Sind Lust und Schmerz die entscheidenden Kräfte, die unser Verhalten leiten? Ich beantworte diese Fragen mit Nein. Bei meiner Entscheidung bezüglich der Vorgehensweise angesichts einer lebensbedrohlichen Krankheit habe ich nicht besonders viel in Betracht gezogen, wie viel Schmerz ich möglicherweise durchleben müsste. Stattdessen leitete mich die Liebe und Verantwortung gegenüber meiner Familie. Mein Ziel war es, meiner Familie über meinen persönlichen Nutzen hinaus Gutes widerfahren zu lassen. Obwohl Eltern Freude aus dem Wohlergehen ihrer Kinder ziehen, bedeutet dies nicht zwangsläufig, dass Eltern ihren Kindern deshalb helfen, weil sie einen egoistischen Nutzen aus dem Erleben der Freuden der Elternschaft ziehen wollen.

Eines Morgens im Krankenhaus beschäftigte mich ein Gedankenspiel, nämlich jenes, welche Handlungen wohl nur dem einzigen Zweck dienen, Lust zu steigern und Schmerz zu verringern? Als die Krankenschwester hereinkam, um meine Temperatur zu messen, fragte ich mich, warum sie nicht etwas tat, das ihr größeres Vergnügen bereitete. Wenn das Ziel immer ist, sich gut zu fühlen oder Spaß zu haben, wer würde dann wohl ausgerechnet in einem Krankenhaus arbeiten wollen? Krankenhäuser sind Orte mit kranken und sterbenden Menschen. Ich konnte hören, wie frisch operierte Patienten aus der Narkose aufwachten, schreiend vor Schmerzen. Wenn es für uns darum geht, dass wir uns gut fühlen, warum sollten sich dann Krankenschwestern und -pfleger antun, hier zu arbeiten, wo sie sich doch jeden anderen Arbeitsort aussuchen könnten?

Je mehr ich über diese Frage nachdachte, desto mehr gelangte ich zu der Überzeugung, dass Lust und Schmerz unser Verhalten nicht annähernd in dem Ausmaß beeinflussen, wie manche Psychologinnen und Psychologen dies annehmen. Wenn wir bekommen, was wir wollen, ist Lust das Nebenprodukt; es ist nicht das Ziel unseres Bedürfnisses. Für die Krankenschwester oder den Krankenpfleger geht es demnach nicht darum, Lust zu erleben, wenn sie ihrem Patienten oder ihrer Patientin helfen, vielmehr ist es Altruismus, der die Krankenschwester und den Krankenpfleger dazu ansporn, Opfer für ihre Patientinnen und Patienten zu bringen. Und wenn sie das tun, macht ihnen das Freude. Wenn ein Soldat sich für sein Land aufopfert, geht es ihm nicht darum, Schuldgefühle zu vermeiden, es ist vielmehr sein Ehrgefühl, das ihn dazu motiviert, Opfer zu bringen. Wenn also nicht Lust und Schmerz unser Verhalten antreiben, was dann? Um das herauszufinden, ging ich in Untersuchungen der Frage nach, wovon Menschen sich motiviert fühlen. Diese Untersuchungen mündeten in der Theorie der 16 Lebensmotive, die tief verwurzelt in der menschlichen Natur und gültig für alle Menschen sind.

Wenn Lust und Schmerz unser Verhalten nicht antreiben, was dann?

KAPITEL 2
FORSCHUNG ZU DEN 16 LEBENSMOTIVEN

Vier Generationen von Psychologen der Harvard-Universität – William James (1842–1910), William McDougall (1871–1938), Henry Murray (1893–1988) und David McClelland (1917–1998) – nahmen an, dass psychologische Bedürfnisse die zentral wichtigsten Motive unseres Verhaltens darstellen. James (1890/1950), der von Charles Darwins (1859) Theorie der Entstehung der Arten beeinflusst war, ging davon aus, dass der menschlichen Natur eine erheblich instinktive Komponente zugrunde liegt. McDougall (2003/1908) war überzeugt, dass menschliche Instinkte sich im Verhalten eines Menschen, seiner Kultur und Religion widerspiegeln. Murray (1938, 1943) benannte „Instinkte" in „psychologische Bedürfnisse" um, da er annahm, dass diese vom Unbewussten beeinflusst würden. David McClelland (1961) führte richtungsweisende Studien zu Erfolg, Motivation und Macht durch. Des Weiteren veröffentlichte Abraham Maslow (1954, 1943), der an der Brandeis-Universität – nur wenige Kilometer von Harvard entfernt – lehrte, die richtungsweisende Idee einer „Hierarchie" oder „Pyramide" der psychologischen Bedürfnisse.

McDougall (2003/1908) schlug den Begriff des universellen Ziels vor und meinte damit ein Ziel, das uns alle antreibt. Er schrieb (übersetzt aus dem Original):

Jeder Mensch ist darauf ausgerichtet, bestimmte Ziele zu suchen, anzustreben und zu begehren, die allgemeingültig für die Spezies sind und deren Erreichung den Drang, das Verlangen oder die Sehnsucht, die uns antreibt, befriedigt oder stillt. Diese Ziele ... sind nicht nur allgemeingültig für alle Menschen, sondern auch ... [für] ihre näheren Verwandten in der Tierwelt; solche Ziele wie Nahrung, Schutz vor Gefahr, die Gesellschaft unserer Artgenossen, Intimität mit dem anderen Geschlecht, Triumph über unsere Widersacher und Führung unserer Gefährten. (S. 406–407)

McDougall betrachtete die menschliche Natur als eine Ansammlung von individuellen, angeborenen Veranlagungen, in denen er die treibenden Kräfte unseres Handelns vermutete. Er bezeichnete diese Veranlagungen als „Instinkte“ und schlug vor, diese als Grundlage für das Verständnis sozialen Verhaltens, der Persönlichkeit und der Kultur anzusehen. McDougall listete folgende Instinkte auf:

- Flucht vor Gefahr
- Ablehnung von Schmerz
- Neugier als Reaktion darauf, neue Orte und Dinge kennenzulernen
- Aggressivität bei Provokation oder Bedrohung
- Elternschaft (das Schützen und Hegen der Jungen) mit zärtlichen Empfindungen
- Selbsterniedrigung (oder Unterwerfung) bei negativen Gefühlen sich selbst gegenüber
- Selbstdarstellung (oder Dominanz) im Beisein von Zuschauern
- Geselligkeit (Herdentrieb) beim Empfinden von Einsamkeit
- Sex (Reproduktion) beim Empfinden von sexueller Erregung

Nach McDougall ist der Kern jeden Instinkts eine Emotion. Wenn wir beispielsweise Gefahr wahrnehmen, empfinden wir automatisch (instinktiv) Angst, die uns wiederum zur Flucht motiviert. Früher Gelerntes mag den Ort bestimmen, zu dem wir fliehen, aber das Verlangen, vor der Gefahr zu flüchten, ist instinktiv. Wenn wir einen neuen Ort oder etwas Neues sehen, sind wir automatisch von Staunen erfüllt, was uns dazu motiviert, uns dem interessanten Ort oder Gegenstand zu nähern und ihn/es zu untersuchen. Wie wir das neue Objekt studieren – die Art und Weise, wie wir es untersuchen und analysieren – mag erlernt sein, aber das Verlangen und der Wunsch, sich neuen Objekten zu nähern, ist fest in unserer Natur verankert. McDougalls Ideen warfen fast genauso viele Fragen auf, wie sie beantworten sollten. Welche sind die universellen Ziele der Menschheit, die alle Menschen motivieren? Ist McDougalls Liste der Instinkte eine stichhaltige Klassifizierung universeller Ziele? Ist sie vollständig? Wie beeinflussen universelle Ziele Persönlichkeit, Kultur und Religion?

Viele Gelehrte widersprachen McDougalls Konzept eines humanen Instinkts. In seinem wissenschaftlichen Artikel „Giving Up Instincts in Psychology" („Das Aufgeben der Instinkte in der Psychologie") von 1921 argumentierte der chinesische Psychologe Zing-Yang Kuo (1898–1970), dass der Mensch keine komplexen Verhaltensmuster besitze, die angeboren und instinktiv seien. Obwohl McDougall auf die Kritik antwortete, setzte er sich mit seinen Ideen nicht durch. Sein Gebrauch des Begriffs „Instinkt" war für Psychologen zu biologisch, um anerkannt zu werden, und ist so bis zum heutigen Tag unpopulär geblieben. Nachdem McDougall seine Arbeit publiziert hatte, schlugen Psychologen viele alternative Listen universeller Ziele und Bestrebungen vor, aber das Konzept eines humanen Instinkts blieb kontrovers.

Harvard-Professor Henry A. Murray (1943,1938) schlug vor, universelle Motive eher als „psychologische Bedürfnisse" denn als „Instinkte" zu verstehen. Seine Absicht war es, die universellen Ziele in die Psychoanalyse einfließen zu lassen. Er war der Überzeugung, dass Bedürfnisse zum Teil aus frühkindlichen Erfahrungen und dem Unbewussten bestimmt werden. Er sprach den psychologischen Bedürfnissen eine biologische Basis zu, bot aber wenige Erläuterungen dazu an. Murray betrachtete „Bedürfnisse" als die ordnenden Motive unserer Persönlichkeit. Basierend auf detaillierten Fallstudien identifizierte er zunächst die folgenden 20 Bedürfnisse:

- Erniedrigung, das Bedürfnis, sich zu ergeben und Strafe hinzunehmen
- Leistung, das Bedürfnis, Hindernisse zu überwinden und erfolgreich zu sein
- Sozialer Anschluss, das Bedürfnis nach Freundschaften
- Aggression, das Bedürfnis, andere zu verletzen
- Unabhängigkeit, das Bedürfnis, anderen zu widerstehen und Stärke zu zeigen
- Widerständigkeit, das Bedürfnis, die Ehre zu verteidigen
- Selbstgerechtigkeit, das Bedürfnis, seine Handlungen zu rechtfertigen
- Unterwürfigkeit, das Bedürfnis, Höhergestellten Folge zu leisten
- Dominanz, das Bedürfnis, andere zu kontrollieren und zu leiten

- Selbstdarstellung, das Bedürfnis nach Aufmerksamkeit
- Leidvermeidung, das Bedürfnis, Schmerzen zu vermeiden
- Misserfolgsmeidung, das Bedürfnis, Versagen und Scham zu vermeiden und Schwäche zu verbergen
- Fürsorglichkeit, das Bedürfnis, die Hilflosen zu beschützen
- Ordnung, das Bedürfnis zu arrangieren, organisieren und präzise zu sein
- Spiel, das Bedürfnis, Spannung abzubauen, Spaß zu haben oder zu entspannen
- Zurückweisung, das Bedürfnis, andere auszuschließen
- Sinnlichkeit, das Bedürfnis nach Sinnlichkeit
- Sexualität, das Bedürfnis nach erotischen Beziehungen
- Hilfesuchen, das Bedürfnis nach Unterstützung
- Verstehen, das Bedürfnis, zu analysieren und zu wissen

Murray räumte ein, dass seine Klassifizierung „der Bedürfnisse sich nicht sehr von denen unterscheidet, die von McDougall, Garnett und einer Anzahl anderer Autoren entworfen wurden" (vgl. Murray, 1938, S. 34). Seine Arbeit hat sich über einen Zeitraum von ungefähr 35 Jahren als enorm einflussreich bewährt.

Detaillierte Fallstudien vertrauten auf eine Testsystematik, den sogenannten Thematischen Apperzeptionstest (TAT; Murray, 1943). Ebenso wie der bekannte Rorschach-Test (Tintenklecks-Test) ist der TAT ein „projektiver" Test, der entwickelt wurde, um die unbewusste Psychodynamik einzuschätzen. Der Untersucher zeigt der Person, deren Bedürfnisse eingeschätzt werden, Zeichnungen mehrdeutiger Szenen. Für jede der 20 Zeichnungen wird die Person aufgefordert, eine Geschichte mit einem Anfang, einem Mittelteil und einem Schluss zu entwerfen. Der Untersucher interpretiert die Geschichten in Hinblick auf allgemeine psychologische Motive. Wenn z. B. mehrere der Geschichten von Ehrgeiz handeln, kann der Untersucher darauf schließen, dass das Individuum ein starkes Bedürfnis nach Erfolg hat. Erstmalig 1936 vorgestellt, wurde der TAT in klinischen Auswertungen zur primären Methode für das Evaluieren der psychologischen Bedürfnisse eines Individuums.

In den 1960ern und 1970ern wurde der TAT wegen Bedenken bezüglich seiner Subjektivität zunehmend kontrovers diskutiert. Wissenschaftlich denkende Psychologen führten hunderte von Studien durch, ohne einen überzeugenden Beweis für die Stichhaltigkeit der Ergebnisse des TAT zu erbringen. Einige Experten folgerten, dass die Geschichten, die die Menschen während eines TAT erzählen, absolut nichts über ihre psychologischen Bedürfnisse oder ihre Persönlichkeit aussagen. Als die wissenschaftliche Reputation des TAT signifikant abnahm, ließ auch das Interesse am Studium der psychologischen Bedürfnisse nach. Der TAT war wegen seiner eingeschränkten praktischen Anwendbarkeit angreifbar geworden und sein Einfluss sank dramatisch. Seine hauptsächliche Verwendung erfuhr er in der klinischen Diagnostik innerhalb des Freud'schen psychodynamischen Modells. Als das diagnostische Modell obsolet wurde, büßten auch der TAT und Murrays psychologische Bedürfnisse an Einfluss ein.

Douglas N. Jackson (1984) kritisierte, der TAT sei „unwissenschaftlich". Er konstruierte einen Fragebogen, der Murrays psychologische Bedürfnisse reliabel (zuverlässig) und valide (gültig) abbildete. Dieser Fragebogen, der PRF „Personality Research Form", erlangte nicht den Einfluss, den er verdient hätte, vielleicht weil er auf der Annahme von Murrays Klassifizierung beruhte und deren Validität voraussetzte. Mit dem Aufstieg der kognitiven Verhaltenstherapie nahm der Einfluss der psychologischen Bedürfnistheorie im Zeitraum 1965–1990 ab. Kognitive Verhaltenstherapeuten verlangten, dass die Psychologie wissenschaftsbasiert sein solle und attackierten dann eine heilige Kuh nach der anderen aufgrund fehlender wissenschaftlicher Basis.

Eysenck (1952) beispielsweise hinterfragte den wissenschaftlichen Nachweis der Psychotherapie. Behavioristen hinterfragten auch das Freud'sche Konzept, wonach frühkindliche Erfahrungen Auswirkungen auf Bedürfnisse und Bestrebungen im Erwachsenenalter haben (Ullman & Krasner, 1965). Einige Behavioristen stellten sogar infrage, ob Persönlichkeitseigenschaften überhaupt existieren und ob bzw. wie diese wissenschaftlich zu überprüfen sind.

Der Theorie menschlicher Bedürfnisse erging es schlecht, als die Psychologen vermehrt auf wissenschaftliche Beweise Wert zu legen begannen.

Harvard-Psychologen hatten vielerlei Listen der humanen Bedürfnisse vorgeschlagen, ohne auch nur eine davon wissenschaftlich zu überprüfen. McDougalls Liste der Instinkte war aufschlussreich und brillant argumentiert, aber seine Liste hielt den wissenschaftlichen Standards der Reliabilität und Validität nicht stand. Außerdem machte er keine Prognosen, die wissenschaftlich evaluiert waren. Ohne eine stichhaltige Taxonomie der Bedürfnisse und eine zuverlässige Methode, um diese zu messen, begann der Einfluss der Theorie menschlicher Bedürfnisse zu schwinden, sodass diese auch in akademischen Journalen kaum noch Erwähnung fanden.

Harvard-Psychologen hatten vielerlei Listen der humanen Bedürfnisse vorgeschlagen, ohne auch nur eine davon wissenschaftlich zu überprüfen.

Ab 1990 war die Theorie menschlicher Bedürfnisse ein „Oldie but Goodie" geworden, ein Geist aus der Vergangenheit, etwas, dem niemand mehr Aufmerksamkeit schenkte, ausgenommen beim Studium der Geschichte. Dass bestimmte allgemeingültige Ziele (genannt Bedürfnisse) existieren, die alle Menschen gleichermaßen antreiben, ist jedoch ein valides Konzept. Um es in den Worten der Behavioristen auszudrücken, von denen manche das Konzept der „Bedürfnisse" ablehnen, existieren bestimmte Stimuli, die Menschen antreiben. Wie auch immer man sie nennen möge, ob Instinkte, Bedürfnisse, universelle Ziele, intrinsische Motive oder universelle Verstärker, sie sind jedenfalls essenziell, wenn man das Verhalten von Menschen in ihrer natürlichen Umgebung zu verstehen versucht.

DIE 16 LEBENSMOTIVE

In den 1990ern machten meine Kollegen und ich uns auf, das Interesse an der Theorie menschlicher Bedürfnisse neu zu entfachen. Als Hauptgründe für deren Niedergang identifizierten wir:

- das Fehlen einer wissenschaftlich stichhaltigen Taxonomie der Bedürfnisse;
- das Fehlen einer breit akzeptierten, wissenschaftlich validen Forschungsarbeit individueller Bedürfnisse;

- die geringe Praktikabilität jenseits klinischer Diagnosen und dem angestaubten Rahmen des DSM II.

Wir wählten eine neue Herangehensweise bezüglich der Untersuchung universeller Ziele. Wenn wir diese Ziele identifizieren wollen, warum fragen wir nicht einfach die Menschen selbst? Warum entwickeln wir nicht einen Fragebogen, der die Lebensziele und fundamentalen Werte der Menschen erhebt? Vielleicht könnte uns das zu einer zuverlässigen Taxonomie universeller Ziele führen.

Wir wählten eine neue Herangehensweise bezüglich der Untersuchung universeller Ziele. Wenn wir diese Ziele identifizieren wollen, warum fragen wir nicht einfach die Menschen selbst?

Überraschenderweise war noch kein Wissenschaftler auf die Idee gekommen, eine Liste universeller Ziele zu entwickeln, indem er Menschen fragt, was sie motiviert. Anstatt dessen präsentierten sie zahlreiche Auflistungen universeller Ziele, die auf persönlicher Erkenntnis, der Beobachtung von Tieren, anthropologischen Studien oder ausführlichen Fallstudien des Unbewussten basierten. Die diversen Listen ähnelten sich zwar, doch wird heutzutage keine davon als wissenschaftlich valide betrachtet.

Ich entwarf einen Fragebogen, der darauf ausgerichtet war, die Menschen über die für sie selbst bedeutsamen Ziele zu befragen. Ich startete mit einer umfassenden Liste an Motiven, die auf Vorschlägen von Kollegen und Freunden basierte. Ich stützte mich auf eine Vielzahl von Referenzquellen und bat erfahrene Kollegen und Doktoranden um Feedback. Auf diese Weise sammelte ich mehr als 500 Ziele, verkürzte jedoch die Liste auf 328 Ziele durch Eliminieren der Redundanzen sowie derjenigen Themen, denen psychologisch keine Bedeutung zukommt.

Ich wusste, dass einige Psychologen nicht viel von Fragebögen hielten. Manche Psychologen argumentieren, dass Menschen nicht immer wissen, was sie wollen. Und selbst wenn sie es doch wissen, misstrauen sie möglicherweise den Wissenschaftlern und behalten ihre Gedanken lieber für sich. Menschen sind nicht immer ehrlich. Manche verfälschen ihre Antworten, weil sie eine gewisse Abwehrhaltung haben oder aber, weil sie verlegen sind.

Wieder andere versuchen, sich vor den Wissenschaftlern gut zu präsentieren. Diese letztere Gruppe gibt sogenannte „sozial erwünschte" Antworten.

Wenn man nur genügend forschenden Psychologen zuhört, wie sie die Mängel von Fragebögen aufzählen, mag man zu dem Schluss kommen, dass es reine Zeitverschwendung ist, überhaupt irgendwen irgendetwas zu fragen. Dennoch, im Alltag führt Fragen immer noch zu sehr nützlichen Informationen. Dies kann auch auf gründliche psychologische Forschung zutreffen. Auch wenn es vernünftig erscheint, gegenüber einer etwaigen Verfälschung bei Fragebogenangaben besorgt zu sein, so können Wissenschaftler doch durchaus bewährte Schritte zur Reduktion dieser Risiken vornehmen.

Ich wandte eine Vielzahl dieser Methoden in meiner Arbeit an, um die Validität meiner Ergebnisse zu verbessern. Da die Teilnehmer den Fragebogen anonym bearbeiteten, konnten sie davon ausgehen, dass die von ihnen preisgegebenen Informationen nicht gegen sie verwendet werden konnten. Sie hatten somit keinen Grund, ehrliche Antworten zurückzuhalten. Wir versuchten, das Problem der Abwehrhaltung durch die Art und Weise, wie wir die Fragen formulierten, zu lösen. Psychologen haben oftmals defensive Reaktionen auf Fragen wie „Bist du herrschsüchtig?" oder „Bist du schludrig?" beobachtet. Wir vermieden es, Menschen nach sozial unerwünschten Eigenschaften zu befragen. Stattdessen stellten wir Fragen über ihre Motive und Werte, so z. B. „Üben Sie gerne Führungsrollen aus?" oder „Ist es Ihnen wichtig, gut organisiert zu sein?" Das gab den Menschen weniger Grund, sich in der Defensive zu fühlen und ihre Antworten zu verfälschen. Ein Fragebogen, der erfassen soll, was Sie wollen, bringt die von Ihnen erwünschten Ergebnisse nur durch eine geradlinige und ehrliche Art, die Fragen zu beantworten.

Unsere erste Fragebogenauswertung war eine Katastrophe. Wir fragten Menschen, ob sie sich von Sex, der Familie, Ängsten etc. motiviert fühlen, und fast jeder stimmte zu. Wer hat nicht Spaß an Sex, am Familienleben, am Essen? Wer verabscheut nicht Angst und Schmerz? Ich dachte mir: „Kein Wunder, dass keiner vor mir dieses Verfahren veröffentlicht hat."

In meinem Bemühen, Zitronen in Limonade zu verwandeln, arbeitete ich daran, meinen Fragebogen so umzuformulieren, dass er zu brauchbaren Ergebnissen führen würde. Anstatt nachzufragen, ob Menschen Sex mögen, fragte ich nun „Ist Sex für Sie wichtig, um glücklich zu sein?" Jeder bestätigt, Sex zu mögen, aber nur für einige ist Sex ein bedeutender Bestandteil ihres Lebensglücks. Tatsächlich empfanden manche unserer Teilnehmenden Sex als so unbedeutend für ihr Lebensglück, dass ihnen unsere numerische Bewertungsskala zwischen Zustimmung und Nichtzustimmung noch nicht ausreichte. Sie fühlten sich veranlasst, Kommentare wie „Sicher nicht!" am Seitenrand zu hinterlassen. Die Bereitschaft unserer Befragten, unsere Fragen offen zu beantworten, gab uns einen Einblick in die Intensität ihrer Bedürfnisse. Nachdem wir unsere Fragen anders formulierten, analog der Frage „Ist Sex entscheidend?", konnten wir nun individuelle Ausprägungen in der Stärke der universellen Ziele messen. Wir alle mögen dieselben grundlegenden Ziele teilen, aber in unterschiedlicher Intensität. Für jeden von uns sind manche davon bedeutsamer als andere.

Nachdem ich herausgefunden hatte, wie man nützliche Fragen stellt, unternahm ich den nächsten Schritt und begann, einen standardisierten Test grundlegender Motive zu konstruieren. Mithilfe von Susan Havercamp, damals Doktorandin, führten wir fünf Studien zur Testentwicklung durch (Reiss & Havercamp, 1998). In jeder Studie benutzten wir eine statistische Methode, die Faktorenanalyse, um Ziele zu identifizieren, die man gleichsam als Ausdruck ein und desselben Lebensmotivs zusammen gruppieren kann. Die 2554 Teilnehmenden unserer Untersuchung waren zwischen 12 und 76 Jahren alt, unterschiedlicher Herkunft und mit unterschiedlichem Hintergrund. In unserer Stichprobe waren u. a. Highschool-Schüler, College-Studenten, Soldaten, Mitarbeiter von Fastfood-Ketten, Seminaristen, Mitarbeiter im Dienstleistungsbereich, Bewohner von Senioreneinrichtungen, um nur ein paar Beispiele zu nennen. Die Ergebnisse unserer Forschungen identifizierten 16 menschliche Bedürfnisse. In diesem Buch verwende ich den Begriff „Bedürfnis", wenn ich mich auf eine Gruppe von Zielen beziehe, die uns alle motivieren. Ich benutze den Begriff „Lebensmotiv", wenn es um das subjektive Erleben eines Bedürfnisses geht. In den meisten Fällen verwende ich die Begriffe „Bedürfnis" und „Lebensmotiv" synonym.

Hier zusammenfassend noch einmal die 16 Lebensmotive:

Anerkennung, das Bedürfnis nach positivem Selbstwert

Neugier, das Bedürfnis nach Wissen und Wahrheit

Essen, das Bedürfnis nach Nahrung

Familie, das Bedürfnis nach Elternschaft und Zusammensein mit Geschwistern

Ehre, das Bedürfnis nach moralischen Prinzipien zu leben

Idealismus, das Bedürfnis nach sozialer Gerechtigkeit

Unabhängigkeit, das Bedürfnis nach Eigenständigkeit und Autarkie

Ordnung, das Bedürfnis nach Struktur

Körperliche Aktivität, das Bedürfnis nach körperlicher Fitness

Macht, das Bedürfnis nach Einfluss oder Führung

Eros, das Bedürfnis nach Schönheit und Sex

Sparen, das Bedürfnis zu sammeln

Beziehungen, das Bedürfnis nach Freundschaft

Status, das Bedürfnis nach Respekt der gesellschaftlichen Stellung

Ruhe, das Bedürfnis nach Sicherheit

Rache, das Bedürfnis nach Vergeltung

Meine Kollegen und ich haben Jahre damit verbracht, wissenschaftliche Beweise dafür zu liefern, dass diese 16 tief verwurzelten Lebensmotive grundlegend für uns alle sind, und wir haben diverse Artikel und drei

Bücher veröffentlicht, die unsere Erkenntnisse veranschaulichen. Bis jetzt haben wir bereits mehr als 60 000 Menschen aus den unterschiedlichsten Gesellschaftsschichten und vier verschiedenen Kontinenten (Nordamerika, Europa, Asien und Australien) getestet. Die wissenschaftlichen Studien zur Reliabilität und Validität unserer Behauptungen wurden in Peer-Reviews von Experten überprüft und in angesehenen Fachzeitschriften veröffentlicht, wie z. B. in jenen der American Psychological Association.

Was nun die Liste der 16 Lebensmotive so einzigartig macht, ist ihr wissenschaftlicher Stellenwert. Wir haben nicht etwa damit begonnen, eine Liste von Lebensmotiven zu erstellen und deren Validität dann nachträglich zu beweisen. Anstatt dessen fanden wir durch empirische Forschung 16 Lebensmotive – auf Basis der unzähligen Rückmeldungen von Menschen aus den unterschiedlichsten Ländern und verschiedenen Kontinenten, die uns einen Einblick in ihre persönlichen Motive gewährten.

Jedes der 16 Lebensmotive beruht auf Zielen, Bestrebungen und Absichten. Ehre zum Beispiel ist das Bedürfnis nach einem integren Charakter; Unabhängigkeit ist das Bedürfnis nach Eigenständigkeit; Ruhe ist das Bedürfnis nach Sicherheit; Rache ist das Bedürfnis, zu gewinnen und andere zu konfrontieren. Ich bin nicht McDougalls Auffassung, der gemäß Emotionen das Wesentliche der allgemeingültigen Ziele darstellt. Die Neugier z. B. kann vorübergehend durch Lernen und Erkenntnis befriedigt werden, nicht durch die emotional empfundene Freude der Entdeckung. Das Bedürfnis nach Eros kann vorübergehend durch Sexualität befriedigt werden, nicht durch das Gefühl der Ekstase.

> Die Lebensmotive beruhen auf unseren Zielen, nicht auf unseren Gefühlen, denn Ziele sind eher zukunftsweisend und daher geeignet, Aussagen über zukünftiges Verhalten zu treffen.

Warum bestimmen Ziele und nicht Emotionen die Lebensmotive? Ich glaube, Ziele sind eine Art Vorstufe zukünftigen Verhaltens, während Emotionen die Konsequenzen gegenwärtigen oder vergangenen Verhaltens darstellen. Ziele sagen uns, was das Individuum will, und haben demzufolge Auswirkungen auf das, was diese Person wahrscheinlich in der Zukunft tun wird. Wenn ich weiß, dass ein Frischverheirateter keine Kinder will, kann ich voraussagen, dass er oder sie am besten zu einem gleichdenkenden Partner passt, oder er/sie würde sich häufig mit dem Partner, der Kinder haben will, streiten. Wenn ich weiß, dass ein Individuum glücklich verheiratet und kinderlos ist, kann ich nicht voraussagen, ob er oder sie in einem oder zwei Jahren Kinder haben wird oder nicht. Menschen, die planen Kinder zu bekommen, mögen in der Gegenwart glücklich ohne Kinder sein, und Menschen die planen kinderlos zu bleiben, mögen im Hier und Jetzt ebenso glücklich ohne Kinder sein.

Die 16 Lebensmotive haben möglicherweise einen genetischen Ursprung. Sie beruhen auf validen Berechnungen mittels Stichproben aus vier verschiedenen Kontinenten (Nordamerika, Europa, Asien und Australien) und unterschiedlichsten Kulturen. Darüber hinaus kann eine Reihe dieser Bedürfnisse auch bei Tieren beobachtet werden. Tiere ziehen ihre Jungen auf (weist auf ein Bedürfnis nach Familie hin), verteidigen sich (weist auf ein Bedürfnis nach Rache hin), haben Sex (weist auf ein Bedürfnis nach Eros hin), zeigen Angst (weist auf ein Bedürfnis nach Ruhe hin), stellen Dominanz zur Schau (weist auf ein Bedürfnis nach Macht hin), fressen (weist auf ein Bedürfnis nach Essen hin) und bewegen sich (weist auf ein Bedürfnis nach körperlicher Betätigung hin).

Damit ist nicht gesagt, dass Kultur und Erziehung keinen Einfluss auf die Stärke der Ausprägung der Bedürfnisse hätten; gewisse Bedürfnisse mögen in manchen Kulturen oder Familien gefördert, in anderen aber unterdrückt werden. Zwei Lehrer mögen beispielsweise ihre Kinder ermutigen, in sehr frühem Alter mit dem Lesen anzufangen, während zwei Sportler vermutlich eher eine frühe Teilnahme an sportlichen Aktivitäten fördern. Eltern, die in einer sehr kleinen Wohnung leben, werden möglicherweise ein wildes Herumrennen nicht besonders fördern. Solche Unterschiede in der Erziehung, besonders in der frühen Kindheit, fördern oder schwächen möglicherweise die natürlichen Bedürfnisse, mit denen ein Kind geboren wird. Kultur und Erziehung haben wahrscheinlich großen Einfluss darauf, in welcher Weise Menschen ihre Lebensmotive ausleben. Menschen jeder Herkunft sind motiviert von Hunger, Macht, Neugier usw., aber sie unterscheiden sich stark in dem, was sie essen, wie sie ambitionierte Ziele erreichen und wie sie lernen.

Da unsere Lebensmotive einen genetischen Ursprung haben, neigen wir dazu, während unseres gesamten Lebens dieselben Bedürfnisse zu haben. Menschen verändern sich kaum in Hinblick darauf, was sie grundsätzlich wollen, und sind daher intrinsisch motiviert. Neugierige Kinder neigen dazu, neugierige Jugendliche zu werden, die wiederum dazu neigen, sich zu neugierigen Erwachsenen zu entwickeln. Menschen mit starkem Appetit neigen dazu, zeit ihres Lebens mit ihrem Gewicht zu kämpfen. Menschen, die es als Heranwachsende mögen, organisiert zu sein und Dinge zu planen, werden als Erwachsene höchstwahrscheinlich immer noch gerne organisieren und planen. Ich vermute, dass die zugrundeliegenden Gene, die diese Bedürfnisse beeinflussen, sich beim Älterwerden nicht verändern.

Da unsere Lebensmotive einen genetischen Ursprung haben, neigen wir dazu, während unseres gesamten Lebens dieselben grundlegenden Bedürfnisse zu haben.

Obwohl sich die Lebensmotive normalerweise im Laufe unseres Erwachsenenalters wenig verändern, verändern Menschen manchmal die Art, wie sie diese ausleben. So wird eine romantische Person vielleicht ihre Partner wechseln, eine neugierige Person ihre Interessengebiete oder ein Sportler seine bevorzugte Sportart. Gelegentlich berichtet jemand davon, dass er seine Prioritäten verändert hat, nachdem er Gott gefunden hat. Nichts in meiner Theorie der 16 Lebensmotive zieht solche Aussagen in Zweifel. Ich erkenne die Möglichkeit an, dass eine Bekehrung zu Gott oder auch die Erfahrung des Verlusts eines geliebten Menschen die Prioritäten eines Menschen verändern kann.

Die 16 Lebensmotive motivieren unser Verhalten, unsere Gedanken, unsere Wertvorstellungen und unsere Wünsche.

Die 16 Lebensmotive motivieren unser Verhalten, unsere Gedanken, unsere Wertvorstellungen und unsere Wünsche. Eine Person, deren Lebensmotiv Familie stark ausgeprägt ist, wird unterwegs oder auf Reisen wahrscheinlich an Familienmitglieder denken. Und bei der Arbeit wird sie vielleicht hin und wieder Familienfotos anschauen und in ihren Tagträumen bereits den nächsten Familienurlaub vor Augen haben. Menschen, die stark vom Lebensmotiv Macht angetrieben sind, tun mehr als nur ihre Karriereambitionen zu erfüllen. Sie denken auch an ihren Wochenenden und Abenden an die Arbeit, und sie schwelgen in Tagträumen, in denen sie Direktoren, großartige Musiker oder berühmte Künstler werden. Idealistische Ziele veranlassen einige Menschen, großzügig an ihre favorisierten Wohlfahrtseinrichtungen zu spenden, sich eine bessere Gesellschaft zu erträumen und sich für politische Kandidaten einzusetzen, von denen sie sich erhoffen, dass sie mehr bewegen, als nur Gesetze zu verabschieden.

> Lebensmotive können immer nur temporär, niemals dauerhaft befriedigt werden. Sie motivieren uns von Zeit zu Zeit, immer wieder aufs Neue und während unseres gesamten Lebens.

Das vielleicht bedeutendste Charakteristikum eines Lebensmotivs ist seine wiederkehrende Natur. Die Motive können nur temporär, niemals dauerhaft, befriedigt werden. Wir sind hungrig, also essen wir, und danach bekommen wir wieder Hunger. Jeder hat das Bedürfnis zu essen, nicht nur für einen oder zwei Tage, oder für einen oder zwei Monate, nicht einmal lediglich für ein oder zwei Jahre. Essen ist ein wiederkehrendes Bedürfnis für jeden Menschen, von der Wiege bis zur Bahre.

Gleichermaßen treiben uns unsere Lebensmotive an – von Zeit zu Zeit, immer wieder aufs Neue, während unseres ganzen Lebens. Wir befriedigen niemals eines davon dauerhaft. Jedes von ihnen taucht in unserem Leben regelmäßig, wenn nicht sogar täglich immer wieder aufs Neue auf. Das Lebensmotiv Neugier hat zum Beispiel eine wiederkehrende Natur: Wir werden neugierig auf etwas; wir studieren und lernen; und nach einer Weile werden wir neugierig auf etwas anderes. Auch das Lebensmotiv Beziehungen ist von wiederkehrender Art: Wir sind gelangweilt, wir treten für eine Weile in Kontakt mit anderen; dann wollen wir für eine Zeit lang alleine sein; wir fühlen uns wieder gelangweilt und suchen wieder Gemeinschaft.

Zusammenfassend haben wir Ihnen die erste wissenschaftlich abgeleitete Systematik universeller Motive und psychologischer Bedürfnisse präsentiert. Unsere Taxonomie der 16 Lebensmotive weist zu ca. 50 Prozent Überschneidungen mit der von McDougall, Murray und anderen präsentierten Listen von Bedürfnissen auf. Wir glauben, dass die 16 Lebensmotive genetischen Ursprungs und von wiederkehrender Natur sind.

KAPITEL 3
VOLLSTÄNDIGKEIT DER TAXONOMIE DER 16 LEBENSMOTIVE

Meine Kollegen und ich halten die Liste der 16 Lebensmotive, so wie sie existiert, für vollständig. Wir halten es für möglich, dass zukünftige Studien Überarbeitungen notwendig machen, halten es aber dennoch für unwahrscheinlich, dass bedeutende Veränderungen vorgenommen werden müssten. Wir glauben, dass alle psychologisch wichtigen Motive entweder durch eines der Lebensmotive oder Motivkombinationen aus zwei oder auch mehreren Motiven abgebildet werden können. Sinnlichkeit kann beispielsweise durch die Kombination von zwei Lebensmotiven erklärt werden: Eros und Essen.

> Die Taxonomie der 16 Lebensmotive ist vollständig. Kein psychologisch bedeutsames Motiv wurde ausgelassen.

Das bedeutet nicht etwa, dass unsere Liste selbsterklärend ist. Tatsächlich stellen Menschen, die unsere Liste erstmalig sehen, viele Fragen, wie zum Beispiel: „Ist nicht Geld ein Lebensmotiv?", „Wo bleibt die Kreativität?", „Was ist mit Durst?" So beantworten wir diese Fragen:

Als Erstes ist zu sagen, dass wir ganz bewusst einige biologische Motive mit geringer psychologischer Bedeutung ausgeschlossen haben. Durst beispielsweise hat wenig Relevanz für das Verständnis unserer Persönlichkeit, unserer Werte, den Sinn unseres Lebens oder unserer Kultur. Andererseits haben wir Essen aufgrund seiner kulturellen Bedeutung, der Zeit bzw. der Bemühungen, die Menschen der Zubereitung und dem Verzehr von Essen widmen sowie seiner Relevanz bezüglich Adipositas und anderer medizinischer Probleme miteingeschlossen. Obwohl einige Religionen diätetische Gesetze haben, werden Sie nur wenige finden – wenn überhaupt welche –, die darüber verfügen, wie Menschen Wasser trinken sollen.

Einige unserer Kritiker haben angedeutet, dass das Auslassen des Bedürfnisses Durst eine subjektive Entscheidung darstellt. Doch viele wissenschaftliche Klassifizierungen schließen Unbedeutendes aus. Millionen von Gesteinsbrocken umkreisen die Sonne, aber Astronomen betrachten nur acht davon als bedeutsam genug, um als Planeten klassifiziert zu werden. Pluto ist aus der Liste entfernt worden, weil er zu klein ist. Durch das Begrenzen der Liste der Lebensmotive auf psychologisch bedeutsame Motive – also Motive, die für Persönlichkeit, Kultur oder Religion relevant sind – bewegen wir uns in gebräuchlicher wissenschaftlicher Praxis.

Wie passt beispielsweise das Bedürfnis nach Wohlstand in unser Schema? Was ist mit Menschen, die materialistisch sind, die sich die teuersten Häuser, Kleidungsstücke, Geräte usw. anschaffen? Bitte vergegenwärtigen Sie sich noch einmal, dass die 16 Lebensmotive statistischen Auswertungen der Antworten tausender Menschen entstammen. Die Rückmeldungen zeigten eine höhere statistische Übereinstimmung zwischen dem Streben nach Wohlstand und der Einschätzung des sozialen Status als zwischen dem Streben nach Wohlstand und der Einschätzung von Macht oder Sicherheit. Daher wurden sowohl Materialismus als auch Wohlstand dem Bedürfnis nach Status zugeordnet.

Ein Kritiker meines Buches „Who am I" kritisierte mich dafür, Schönheit als einen Teil des Lebensmotives Eros anzusehen. Laut dieses Kritikers befeuert diese meine Idee, Schönheit und Sex als zusammengehörig darzustellen, das Stereotyp des Künstlers mit starkem Sexualtrieb. Zwar will ich keine Stereotypen bedienen, aber ich möchte mich auch nicht einer Political Correctness beugen. Schönheit ist ein ursprünglicher Stimulus für Sex: Seit den Anfängen der Menschheit sind Menschen in jeder Gesellschaft bestrebt, vor und während sexueller Handlungen für ihre Partner schön zu erscheinen. Wenn ein Bedürfnis nach Schönheit nicht mit dem Bedürfnis nach Eros verbunden wäre, wie einer meiner Kritiker behauptete, würden Menschen keinen Wert darauf legen, wie sie vor sexuellen Handlungen auf ihre Partner wirken.

Was ist nun mit der Kreativität? Das Bedürfnis, originell zu sein, wurde nicht in die Liste eingeschlossen, weil es kein allgemeingültiges Ziel darstellt, also eines, das alle Menschen teilen. Manche Menschen streben nicht an, originell zu sein, und manche schätzen es nicht einmal. Da Kreativität Originalität beinhaltet, sehe ich es nicht als separates Lebensmotiv an. Kreativität hat jedoch noch eine weitere Komponente – das Bedürfnis, etwas zu errichten oder zu konstruieren. Dieses Ziel fällt unter das Lebensmotiv Macht, also das Bedürfnis nach Einfluss oder auch das Bedürfnis, sich zu unterscheiden. Genauso verhält es sich mit dem Bedürfnis nach Erfolg, das dem Lebensmotiv Macht zugerechnet wird.

Einige Evolutionspsychologen wollten wissen, warum das Bedürfnis zu überleben bei den 16 Lebensmotiven nicht berücksichtigt ist. Die 16 Lebensmotive schließen Motive ein, die essenziell für das Überleben sind, wie z. B. Essen, körperliche Aktivität und Reinlichkeit, aber nicht ein Lebensmotiv nach Überleben selbst. Ich gehe davon aus, dass es bei dem Bedürfnis Hunger nicht ums Überleben geht, sondern darum, gesättigt zu werden. Ich gehe weiter von der Annahme aus, dass beim Sporttraining das bedürfnisstillende Ziel nicht das Überleben darstellt, sondern Muskelaktivität zu spüren. Das Überleben ist die Konsequenz der Befriedigung der Bedürfnisse nach Essen und körperlicher Aktivität, aber es ist kein allgemeines psychologisches Ziel. Im täglichen Leben löst das „Überleben" per se sehr wenig Verhalten aus. Ich denke gemeinhin nicht ans Überleben, außer ich bin sehr krank.

Auch bereits Psychologen vor mir, die sich mit menschlichen Bedürfnissen beschäftigt haben, setzten das „Überleben" nicht auf ihre unterschiedlichen Listen. Gebräuchliche psychologische Persönlichkeitstests bewerten keine Überlebenseigenschaften. Der Evolutionspsychologe Douglas T. Kendrick von der Arizona State Universität und ich haben die Thematik in den Psychology Today Website Blogs diskutiert, und auch er hat argumentiert, dass Überleben – laut meiner Definition eines Lebensmotivs – kein derartiges darstellt. Demnach befinde ich mich in guter Gesellschaft, was den Ausschluss des Wunsches nach Überleben aus meiner Liste der 16 Lebensmotive von Menschen angeht.

Doch was ist nun mit den Motiven Aufmerksamkeit, Nachahmung und Spieltrieb, die so offensichtlich bei Kindern zu beobachten sind?

McDougall war der Auffassung, dass die Suche nach Aufmerksamkeit eine Art instinktive Selbstdarstellung darstellt, die gleichsam als Reaktion auf die Anwesenheit von Zuschauern auftritt, doch dem kann ich nicht zustimmen. Bei Erwachsenen ist das Suchen nach Aufmerksamkeit nicht ein einzelnes Motiv, sondern findet sich in verschiedenen Motiven – abhängig davon, was von anderen bemerkt werden soll. Wenn man z. B. versucht, durch Wohlstand oder hohe gesellschaftliche Stellung Aufmerksamkeit zu erlangen, fällt dies unter das Lebensmotiv Status. Versucht man, Aufmerksamkeit durch persönliche Erfolge zu erlangen, kann dies dem Lebensmotiv Macht zugeordnet werden. Über sein äußeres Erscheinungsbild Aufmerksamkeit auf sich zu ziehen, fällt unter das Lebensmotiv Eros. Ebenso verhält es sich mit dem, was uns dazu motiviert, andere nachzuahmen. Die Nachahmung berühmter Persönlichkeiten fällt z. B. unter das Lebensmotiv Status; die Nachahmung von Erfolgstypen fällt unter das Lebensmotiv Macht, während das Nachahmen großartiger Liebhaber dem Lebensmotiv Eros zuzuordnen ist.

Obgleich einige Kinder- und Jugendpsychologen angenommen haben, Spielen sei von einem Bedürfnis nach Kompetenz motiviert, geht es beim erwachsenen Spielverhalten eher um soziale Interaktion mit Freunden. Um erwachsenes Spielverhalten zu verstehen, müssen wir uns nur die Idee der Party vergegenwärtigen. Menschen spielen, um Spaß zu haben, und sie spielen mit anderen (lieber als alleine). In der Systematik der 16 Lebensmotive werden „Spielen" und „Spaß " demnach dem Lebensmotiv Beziehungen zugerechnet.

Einige Psychologen gehen davon aus, dass „Glück" das allerwichtigste Lebensmotiv darstellt. Sicherlich haben sie recht, dass es in der menschlichen Natur liegt, glücklich sein zu wollen, aber ich denke, dass „Glück" kein hauptsächliches Ziel ist, sondern indirekt erreicht wird. Um dieses Glück zu finden, gilt es, seine stärksten Lebensmotive zu befriedigen; das Glück wird sich dann von selbst einstellen.

Einige religiöse Menschen haben bei meiner Systematik der 16 Lebensmotive das Fehlen eines Lebensmotives nach Gott kritisiert. Ich werde auf dieses Thema in Kapitel 20 näher eingehen. Vorweg gestellt bin ich der Auffassung, dass der Glaube an Gott viele menschliche Bedürfnisse berührt. Daher ist der Glaube an Gott kein eigenständiges 17. Lebensmotiv.

Ich hoffe, diese Erläuterungen vermögen zu klären, wie ich beim Entwickeln meiner Taxonomie vorgegangen bin. Diese bezieht sich eben nicht auf persönliche Meinungen oder Erfahrungen Einzelner, sondern basiert auf statistischen Auswertungen der Aussagen vieler Menschen. Wie alle wissenschaftlichen Klassifizierungssysteme betrachte ich auch die 16 Lebensmotive sozusagen als ein „Projekt in Arbeit" und nicht etwa als eine in Stein gemeißelte Wahrheit. Obwohl wir in der Zukunft keine signifikanten Veränderungen erwarten, sind wir natürlich für die Möglichkeit einer Anpassung offen, sofern diese wissenschaftlich belegt werden kann.

Wenn ich mögliche Ergänzungen zu meiner Liste vorschlagen müsste, so würde territoriales Verhalten mein Hauptkandidat sein. Viele Spezies verteidigen ihr Revier, ob dieses nun ein Nest ist, ein Paarungsort oder Nahrung für sie selbst und ihre Jungen bereithält. Sie benutzen Duft (Urin oder Kot) um ihr Revier bzw. die Grenzen ihres Territoriums zu markieren. Mein Hund verteidigt beispielsweise den Ort, an dem er üblicherweise schläft. Beim Menschen manifestiert sich territoriales Verhalten im Einhalten der persönlichen Distanzzone, also einem die Person umgebenden Bereich (üblicherweise etwa ein Meter). Wir empfinden Unbehagen, Ärger oder Ängstlichkeit, wenn jemand ohne Erlaubnis in unsere persönliche Distanzzone eindringt. Wir dulden innerhalb unserer Distanzzone lediglich Personen, die uns vertraut oder mit denen wir intim sind.

Humor wäre ein weiterer möglicher Kandidat für unsere Liste der Lebensmotive, dies deshalb, weil Menschen ihn schätzen. Er ist ein entscheidender Faktor in unserer Persönlichkeit und er ist ein wichtiger Teil unseres Lebens. Gegen ein Lebensmotiv Humor spricht, dass Humor nicht wirklich ein Motiv darstellt. Jeder mag Humor, aber viele streben nicht danach. Auch spielt Humor keine Rolle in der Religion, und er stellt keine psychologische Dimension einer bedeutsamen Erfahrung dar. Ich vermute, dass Humor nicht die notwendige Signifikanz besitzt, um als Lebensmotiv klassifiziert zu werden, aber er ist dicht dran.

KAPITEL 4
DIE FÜNF CHARAKTERISTIKA DER 16 LEBENSMOTIVE

Die Untersuchung der 16 Lebensmotive führt mich zu folgenden Schlüssen:

1. Universelle Ziele

Jedes einzelne Lebensmotiv auszuleben, ist ein allgemeingültiges Ziel für jeden Menschen und tief verwurzelt in der menschlichen Natur. Die 16 allgemeingültigen Ziele sind folgende:

- Vermeidung von Misserfolg und Zurückweisung
- Erkenntnis
- Nahrungsaufnahme
- Fortpflanzung
- Charakterfestigkeit
- Gerechtigkeit
- Freiheit
- Struktur
- Muskeltraining
- Einfluss auf andere nehmen
- Sexualität
- Sammeln
- Zusammengehörigkeit
- Respekt
- Sicherheit
- Revanche

2. Lebensmotive

Ein Lebensmotiv kann nur temporär befriedigt werden. Bereits Stunden oder spätestens Tage, nachdem ein Lebensmotiv temporär befriedigt wurde, wird es wieder virulent und beeinflusst unser Verhalten von Neuem. Nachdem wir beispielsweise gegessen haben, ist es nur eine Frage von Stunden, bis wir wieder Hunger bekommen. Wenn wir unsere Neugier bezüglich eines Themengebietes befriedigt haben, werden wir früher oder später neugierig auf ein anderes Thema. Da Lebensmotive nur temporär befriedigt werden können, motivieren sie uns von unserer Jugend bis ins Erwachsenenalter. Menschen zeigen signifikante Stabilität in ihrer Motivation von ihrer Jugend bis ins Erwachsenenalter (vgl. Reiss & Havercamp, 2005).

> Intrinsische Motivation bedeutet, die allgemeingültigen Ziele in Übereinstimmung mit unseren eigenen Grundwerten zu handhaben.

3. *Intrinsische Motivation*
Menschen verfolgen ihre Lebensmotive einzig und allein deshalb, weil sie dies wollen. So motiviert das Lebensmotiv Ordnung uns dazu, unser Leben zu organisieren, weil wir Struktur intrinsisch wertschätzen, während das Lebensmotiv Anerkennung uns dazu motiviert, Kritik zu vermeiden, weil wir Anerkennung intrinsisch wertschätzen.

4. *Grundwerte*
Individuen unterscheiden sich signifikant in der Frage, welchen Wert sie jedem einzelnen der 16 Lebensmotive beimessen. So hat beispielsweise für Sportler die körperliche Aktivität in der Regel einen signifikant höheren Stellenwert als für den Durchschnittsmenschen. Intellektuelle andererseits messen dem Verstand einen signifikant höheren Stellenwert bei als der Durchschnittsmensch.

Lebensmotive motivieren jeden dazu, seinen Grundwerten Ausdruck zu verleihen. Noch einmal, Lebensmotive (intrinsische Motive) lassen sich auf zwei Komponenten herunterbrechen: Was angestrebt wird (das universelle Ziel) und wie sehr es angestrebt wird (die Wertbestimmung des Individuums bezüglich des universellen Ziels). Wir streben keine grenzenlose Erfahrung mit jedem der universellen Ziele an. Stattdessen versuchen wir unseren Wertvorstellungen Ausdruck zu verleihen.

> Wir sind eine Spezies, die von Natur aus bestrebt ist, ihre Grundwerte zu behaupten.

Intrinsische Motive und Grundwerte sind eng miteinander verbunden: Wir können von intrinsischen Motiven auf Grundwerte rückschließen; wir können intrinsische Motive von Grundwerten ableiten.

Intrinsische Motive und Grundwerte sind so eng miteinander verbunden, dass wir von intrinsischen Motiven auf Grundwerte rückschließen können; und wir können intrinsische Motive von Grundwerten ableiten. Wenn man weiß, dass ich intrinsisch motiviert werde von einem guten Familienleben, kann man daraus ableiten, dass ich Elternschaft und Kinder für wichtig erachte. Wenn man weiß, dass Peterson intrinsisch motiviert ist von Ehre, kann man darauf rückschließen, dass Peterson einen integren Charakter sehr schätzt. Schon Aristoteles (1953/330 BCE) wusste um die enge Verbindung zwischen Wertvorstellungen und Motiven. Sein Buch über die Motivation trug den Titel „Die Nikomachische Ethik". Zudem wurden über einen langen Zeitraum philosophische Studien zur Motivation als ethische Philosophie klassifiziert.

5. Psychologische Signifikanz

Ein Motiv muss psychologische Signifikanz aufweisen, um als Lebensmotiv betrachtet zu werden. Diese Forderung erlaubt uns, diejenigen universellen Motive zu ignorieren, die keine Relevanz in Hinblick auf Persönlichkeit und Beziehungen haben. Obwohl der menschliche Körper motiviert ist, eine bestimmte Körpertemperatur aufrechtzuerhalten, schloss ich die Homöostase aus meiner Taxonomie der Lebensmotive aus, da sie nichts mit Psychologie zu tun hat. Ich weise noch einmal darauf hin, dass das Ausschließen von Unbedeutendem eine gängige wissenschaftliche Vorgehensweise darstellt, wie der Ausschluss des Pluto aus der Liste der Planeten.

Wir können unser Wissen bezüglich der Bedürfnisse einer Person dazu verwenden, das Verhalten dieser Person in ihrem natürlichen Umfeld vorauszusagen, ohne dass wir wissen müssen, was diese Bedürfnisse verursachte oder woher diese kamen.

Abschließend können wir festhalten, ein Lebensmotiv ist also jene Einheit, die uns erlaubt zu bestimmen, was Menschen motiviert. Laut Definition ist ein Lebensmotiv die subjektive Komponente eines allgemeingültigen Motivs. Der Begriff ist in etwa äquivalent zu dem, was andere als „menschliches Bedürfnis" oder „intrinsisches Motiv" bezeichnen. Jedes

Lebensmotiv weist die fünf in diesem Kapitel aufgelisteten Besonderheiten auf. Um es noch einmal zu sagen, der Ursprung der Lebensmotive ist unbekannt. Ich nehme an, Lebensmotive haben eine genetische Komponente, obwohl frühe Kindheitserfahrungen und wahrscheinlich auch andere Erfahrungen sie beeinflussen mögen. Wir sollten uns nicht von der scheinbar endlosen Anlage-Umwelt-Debatte davon abhalten lassen, die Lebensmotive zu untersuchen. Wir können das Wissen um die Lebensmotive vielmehr dazu nutzen, Verhalten in seiner natürlichen Umgebung vorauszusagen, auch ohne wissen zu müssen, was diese Bedürfnisse verursacht oder woher sie kommen.

TEIL 2

MOTIVATION, PERSÖNLICHKEIT UND BEZIEHUNGEN

KAPITEL 5
WIE MOTIVE UND CHARAKTEREIGEN-SCHAFTEN MITEINANDER VERBUNDEN SIND

Viele Psychologen, die menschliche Bedürfnisse untersucht haben, sprachen von „Motivation und Persönlichkeit", aber keiner erklärte, wie die spezifischen Persönlichkeitsmerkmale mit den spezifischen Bedürfnissen in Verbindung stehen. So nannte Maslow z. B. eines seiner Bücher Motivation und Persönlichkeit, aber er erklärte nicht – wie ich in diesem Kapitel darstellen werde –, auf welche Art Motive und Persönlichkeitsmerkmale miteinander verbunden sind. Um spezifische Motive mit spezifischen Persönlichkeitsmerkmalen in Verbindung zu setzen, müssen wir jedes Lebensmotiv als ein Kontinuum der Motivation betrachten. Tabelle 5-1 liefert einige Beispiele dazu, und Abbildung 5-1 bietet ein exemplarisches Diagramm für das Lebensmotiv Beziehungen, dargestellt als Kontinuum, an.

Tabelle 5-1 Lebensmotive als Kontinuen

Anerkennung	Wie stark ist die Motivation, Misserfolg und Kritik zu vermeiden?
Neugier	Wie viel Zeit möchte die Person dem Nachdenken und Analysieren widmen?
Ehre	Wie sehr hält sich die Person an einen moralischen Verhaltenskodex?
Körperliche Aktivität	Wie viel sportliche Aktivität strebt die Person in der Regel an?
Beziehungen	Wie viel Zeit möchte die Person mit Freunden und Bekannten verbringen?

Abbildung 5-1 Lebensmotiv nach Beziehungen als Kontinuum

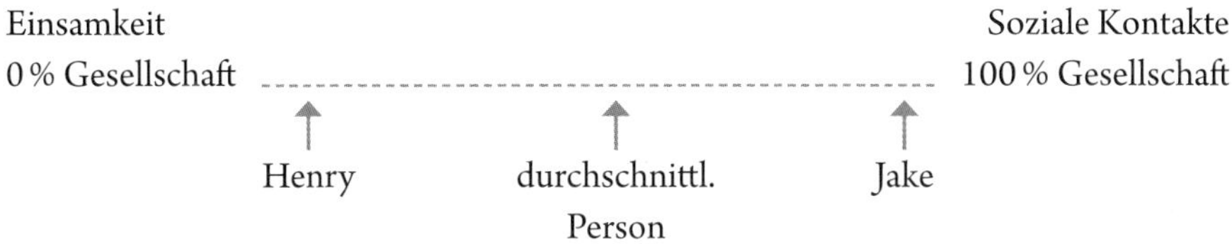

Wie in Abbildung 5-1 dargestellt, strebt jedes Individuum danach, innerhalb eines Kontinuums seinen individuellen „Sättigungspunkt“ zu erreichen, gleichbedeutend mit dem „optimalen individuellen Glückslevel“. Abbildung 5-1 zeigt diesen optimalen Glückslevel mit einem Pfeil an. Aristoteles nannte diese optimalen Levels für das Glücksempfinden die „goldene Mitte“. Sie stellen einander ein „zu viel“ und ein „zu wenig“ gegenüber: ein „zu viel“ des universellen Ziels (mehr als individuell gewünscht wird) einem „zu wenig“ des universellen Ziels (weniger als individuell gewünscht wird).

> Aristoteles: „In Relation zu uns gibt es eine Mitte, welche weder übertrieben noch mangelhaft ist, und diese ist nicht ein und dieselbe für alle.“ (vgl. Aristoteles, Zweites Buch, *Nikomachische Ethik*)

Wie in Abbildung 5-1 dargestellt, stellt das Lebensmotiv Beziehungen ein Motivationskontinuum dar. Die Pole bezeichnen die Position zwischen dem Wunsch, allein sein zu wollen oder gleichsam jede Stunde in Gesellschaft anderer verbringen zu wollen. Für jede Person gibt es ein optimales Ausmaß, Zeit mit anderen zu verbringen. Abbildung 5-1 weist Henry z. B. als am glücklichsten aus, wenn er ungefähr 10 Prozent seiner Zeit in Gesellschaft anderer Menschen verbringt, während Jake am glücklichsten ist, wenn er 80 Prozent seiner Zeit in Gesellschaft anderer verbringt. Diese Zahlen lassen sich mit dem Durchschnittswert oder einer „Norm“ vergleichen, welche ich in diesem Bespiel bei ca. 60 Prozent einschätze. Wie anhand der Abbildung 5-1 gezeigt wird, variiert der optimale Glücksmoment für jedes Individuum. Was „zu viel“ oder „zu wenig“ ist, unterscheidet sich von Mensch zu Mensch. Jede Person hat 16 optimale Glücksebenen (16 Befriedigungspunkte), eine für jedes Lebensmotiv.

> Lebensmotive (intrinsische Motive) haben zwei Aspekte: Was begehrt wird und wie sehr es begehrt wird.

Lebensmotive (intrinsische Motive) haben zwei Aspekte oder Qualitäten: **Was** begehrt wird und **wie sehr** es begehrt wird.

- „Was" begehrt wird, stellt das Allgemeingültige der menschlichen Motivation dar. Wir alle wollen die gleichen Dinge: Erkenntnis, Respekt, Erotik, Essen, körperliche Betätigung usw.
- „Wie sehr" wir etwas begehren ist die individuelle Maßzahl menschlicher Motivation. Obwohl wir alle Einsicht schätzen, bewerten doch Intellektuelle den Wert des Wissens höher als Nicht-Intellektuelle. Obwohl wir uns alle an körperlichem Training erfreuen können, bevorzugen aktive Menschen mehr körperliche Ertüchtigung als weniger aktive Menschen.

Ein gängiger Fehler psychologischen Denkens ist es, festzustellen, dass jeder die gleichen Dinge begehrt, ohne gleichzeitig die großen Unterschiede in Bezug auf die Priorisierung zu bemerken. In einem von mir geposteten Blog in der Huffington Post habe ich vorgeschlagen, Menschen dadurch zu motivieren, indem man ihre persönlichen Werte berührt. Einer der Kommentatoren dieses Blogs hat auf wunderbare Art und Weise geantwortet, indem er einfach und klar eine alternative Sichtweise zum Ausdruck brachte, die ich untenstehend wiedergebe, damit ich danach darauf eingehen kann.

Ich weiß nicht, Doc ... Ich habe mein ganzes Leben damit verbracht, andere zu motivieren. Ich finde, dass jeder – vom leitenden Direktor bis zum Straßengangster – von einer bestimmten Menge in etwa gleichbleibender Werte motiviert ist. Wir alle wollen Respekt. Wir wollen alle etwas empfinden, wollen Liebe. Die Werte mögen unterschiedliche Ausprägungen annehmen, aber sie sind doch ziemlich universell.

Natürlich widersprechen wir uns auch selbst, was diese Werte angeht. Während wir uns nach Sicherheit und Schutz sehnen, verlangt es uns gleichzeitig nach spannenden Erlebnissen und Abenteuern. Während wir uns danach sehnen, Teil einer Gemeinschaft zu sein, sehnen wir uns gleichzeitig nach persönlicher Macht, nach Einzigartigkeit.

Ich habe mein Leben lang Menschen motiviert. Und ich erhielt über die Jahre jede Menge Feedback der Sorte „Sie haben mein Leben verändert". Aber ich glaube, dass ich in Wahrheit gar niemanden motivieren kann. Menschen sind motiviert, wenn sie beobachten, dass jemand seinen Platz im Leben gefunden hat, der ihm Sinn, Leidenschaft und Freude vermittelt. Dadurch wird ihnen bewusst, dass – wie immer diese Werte aussehen – diese auszuleben zu einem glücklicheren und befriedigenderen Leben führt, als sie zu vernachlässigen.

Wenn es darum geht, jemanden zu motivieren, so argumentiert der Kommentator, müssen wir nicht an individuelle Werte appellieren, da wir alle die gleichen universellen Werte teilen. Wir können Menschen motivieren, indem wir diese universellen Werte ansprechen. Wir wollen z. B. alle Respekt. Wir wollen dazugehören. Daher müsste es möglich sein, andere durch das Appellieren an diese Bedürfnisse nach Respekt und Zugehörigkeit zu motivieren. Der Kommentator macht einen Fehler, den ich den „Trugschluss des Unendlichen" nenne. Auch wenn wir alle die gleichen Dinge wollen, wollen wir sie doch in unterschiedlichem Ausmaß. Jeder möchte respektiert werden, aber einige Menschen brauchen wesentlich mehr Respekt als andere, und sie wollen ihn aus unterschiedlichen Gründen, die wiederum damit zusammenhängen, wie sie beschaffen sind. Jeder möchte dazugehören, aber manche wollen dies viel mehr als andere.

Alle wollen die gleichen Dinge, jedoch nicht in gleichem Ausmaß.

Die 16 Lebensmotive zeigen, was jeder von uns möchte. Das Reiss Motivation Profile® ist ein standardisierter psychologischer Test, der ausweist, wie Individuen die 16 Lebensmotive bewerten („wie viel" sie wollen). Während jeder Mensch von sozialen Interaktionen wie Zugehörigkeit motiviert ist, benötigen introvertierte Menschen ein weitaus niedrigeres Level davon als extravertierte Menschen.

Um nun die Lebensmotive und Persönlichkeitsmerkmale miteinander in Verbindung zu setzen, müssen wir auch die Kultur berücksichtigen. Um vorauszusagen, wie sich Jake und Henry – basierend auf Abbildung 5-1 – verhalten werden, müssen wir vergleichen, wie viel sozialen Kontakt

Kultur ist darauf ausgerichtet, normative Bedürfnisse zu befriedigen, sodass Individuen mit durchschnittlich ausgeprägten Bedürfnissen diese befriedigen können, ohne besondere Anstrengungen unternehmen zu müssen.

jeder anstrebt und dies in Verhältnis zu einer kulturellen Norm setzen. Für das Verständnis, wie sich Kultur und Motive miteinander in Verbindung setzen lassen, um Persönlichkeitsmerkmale bestimmen zu können, lassen Sie uns die Abbildung 5-1 aus Jakes Blickwinkel betrachten: Er will 80 Prozent seiner Zeit in Gesellschaft anderer Menschen verbringen, aber wenn er einen ganz normalen Tag verbringt, ohne besondere Anstrengungen in Kauf zu nehmen, um seine sozialen Bedürfnisse zu befriedigen, kommt er nur auf 60 Prozent Kontakte, was unter dem Wert liegt, den er anstrebt. Um seine angestrebten 80 Prozent Kontakte zu erreichen, muss er sich bemühen, für andere attraktiv zu erscheinen, damit sie gerne ihre Zeit mit ihm verbringen. Dadurch wird er vielleicht lernen, besonders freundlich und liebenswürdig zu sein, sodass Menschen gerne ihre Zeit mit ihm verbringen wollen, oder er wird viele Partys besuchen. Da andere bemerken werden, dass Jake geselliger ist als die Durchschnittsperson, wird sich vielleicht herumsprechen, dass er eine gesellige Persönlichkeit ist.

Für Henry dagegen bietet das ganz normale tagtägliche Leben wesentlich mehr soziale Kontakte, als ihm lieb ist. Er wäre glücklich mit 10 Prozent, aber seine derzeitige Lebensweise innerhalb seiner Kultur verlangt ihm 60 Prozent ab. Henry wird sich deshalb vielleicht in einen Griesgram verwandeln, sodass andere weniger Lust haben, Zeit mit ihm verbringen zu wollen. Vielleicht wird er es bevorzugen, in einer einsamen Wohngegend zu leben, wo er keine Nachbarn hat. Da andere bemerken werden, dass Henry soziale Kontakte zu meiden scheint, wird sich herumsprechen, dass er ein ruhiger Typ ist oder ein introvertierter Mensch.

Lassen Sie uns nun die Situation für eine durchschnittliche Person beleuchten. Er oder sie möchte ungefähr 60 Prozent Kontakte zu anderen Menschen haben. Das ist der Wert an Kontakten, den die Kultur üblicherweise an einem normalen Tag jedem Menschen abverlangt. Menschen mit durchschnittlichen Ausprägungen brauchen sich nicht sonderlich anzustrengen, um ein durchschnittliches Bedürfnis nach sozialen Kontakten zu befriedigen, also zeigen sie wenig ausgeprägte Verhaltensweisen in die Richtung, die ihnen die Reputation eines geselligen Menschen oder einer ruhigen Person einbringen würden. Manchmal sind sie gesellig und zeigen Interesse an anderen Menschen, aber gelegentlich wollen sie alleine sein; dementsprechend pendeln sich ihre sozialen Interaktionen ungefähr bei 60 Prozent ein.

Die 16 Lebensmotive machen uns zu Individuen.

Jeder hat die 16 Lebensmotive, aber Menschen bewerten diese unterschiedlich. Wie das Beispiel von Henry und Jake zeigt, entwickeln sich aus starken Ausprägungen (deutlich über dem Durchschnitt) und geringen Ausprägungen (deutlich unter dem Durchschnitt) der Lebensmotive – nicht jedoch aus durchschnittlichen Lebensmotiven– Persönlichkeitsmerkmale. Aus einem starken Bedürfnis nach Neugier entwickelt sich eine intellektuelle Persönlichkeit, während aus einem geringen Bedürfnis nach Neugier eine praktisch veranlagte Persönlichkeit entwickelt wird. Stark ausgeprägte Unabhängigkeit führt zu einer stolzen Persönlichkeit, während gering ausgeprägte Unabhängigkeit eine eher bescheidene begünstigt. Ein stark ausgeprägter Status führt zu einer formellen Persönlichkeit („Wichtigtuer"), während ein gering ausgeprägter Status eine informelle Persönlichkeit begünstigt.

Die 16 Lebensmotive machen uns zu Individuen. Jeder Mensch besitzt alle 16 Lebensmotive, doch jeder priorisiert diese unterschiedlich. Wie wir die 16 Lebensmotive priorisieren, genannt das Reiss Motivation Profile®, gibt uns einen Einblick in unsere Werte und zeigt auf, was für uns von Bedeutung ist. Es ist somit ein Ausdruck dessen, wer wir sind.

Unsere Erfahrung hat uns gezeigt, jenen Menschen, die sich für das Reiss Motivation Profile® interessieren, in einer frühen Phase des Lernens Fallstudien zur Verfügung zu stellen, um die zugrundeliegende Theorie der 16 Lebensmotive zu erläutern. Nun habe ich beschlossen, mich selbst als ihr Fallbeispiel zur Verfügung zu stellen. Ich habe mich dazu entschieden, weil ich eine Menge über mich selbst weiß und weil mir bewusst ist, dass Leser oftmals neugierig auf den Autor sind, wenn sie ein Buch lesen. Bitte beachten Sie, dass dieses Fallbeispiel keinen Beweis für die Validität des RMP® oder die ihm zugrundeliegenden Ideen darstellt. Denn selbstverständlich unterliegt das, was ich über mich selbst preisgebe, einer gewissen psychologischen Verzerrung. Ich wähle ein Fallbeispiel, um ein grundlegendes Verständnis der Theorie der 16 Lebensmotive und ihrer Anwendung beim Einschätzen von Individuen zu verdeutlichen. Es dient nicht dazu, Beweise bezüglich seiner Validität zu liefern.

Eine Zusammenfassung der Ergebnisse meines RMP® wird in Tabelle 5-2 vorgestellt. Mein eigenes Reiss Motivation Profile® weist sechs stark ausgeprägte und fünf gering ausgeprägte Motive auf.

Tabelle 5-2 RMP®-Ergebnisse des Autors

gering	durchschnittlich	stark
Ordnung	Anerkennung	Neugier
Körperliche Aktivität	Familie	Essen
Beziehungen	Ehre	Idealismus
Status	Eros	Unabhängigkeit
	Sparen	Macht
	Ruhe	Rache

Neugier ist mein wichtigstes Lebensmotiv – und das ist so seit meiner Kindheit. Ich denke immerzu an irgendetwas, sei es ein psychologisches Thema oder etwas anderes. Normalerweise lese ich zwischen zwei und vier Zeitungen pro Tag. Ich war 57 Jahre durchgehend in der Schule, zuerst als Schüler bzw. Student und später als Professor. Meine Neugier hörte auch nicht auf, als ich mich aus der akademischen Welt zurückzog: Das ist mein drittes Buch, das im Ruhestand entsteht. Im letzten Jahr habe ich die intellektuelle Arbeit aber etwas langsamer angehen lassen.

Da ich ein neugieriger Mensch bin, sind Ideen prinzipiell sehr wichtig für mich. Wenn ich darüber nachdenke, wer ich denn eigentlich bin, so kommen in mir Sätze hoch wie: „Ich bin jemand, der sich viel mit Angstempfindlichkeit beschäftigt hat.“ (Anmerkung: Eine von Steven Reiss bedeutendsten Forschungsarbeiten widmet sich diesem Thema.) Eines der ersten Dinge, die Menschen an mir wahrnehmen, ist, dass ich sie zum Nachdenken veranlasse. Und je nachdem, wie sehr sie selbst intellektuelle Auseinandersetzungen genießen, reagieren sie auf mich. Da ich ein starkes Bedürfnis nach Unabhängigkeit habe, reagiere ich auf jede Einschränkung meines persönlichen Freiraumes empfindlich. Ich vermeide alles, was meine persönliche Entscheidungsfreiheit beeinträchtigen könnte. Ich will Dinge tun, wie ich sie will, weil ich meine Eigenständigkeit schätze. Ich kann manchmal stur und schwierig sein, nicht weil ich grundsätzlich störrisch oder schwierig sein will, sondern weil ich meine Eigenständigkeit verteidigen möchte.

Im Reiss Motivation Profile® beschreibt das Motiv Macht das Bedürfnis nach Einfluss oder Führung und motiviert Menschen dazu, etwas bewirken zu wollen. Mich motiviert dieses Motiv dazu, viele Stunden zu arbeiten. Viele Freunde und Kollegen denken, ich arbeite „zu viel“, aber sie halten mich nicht wirklich für einen Workaholic. Ich befriedige auch mein Bedürfnis nach Macht, indem ich Führungsrollen einnehme und in meinen beruflichen Angelegenheiten sehr aktiv bin. Darüber hinaus habe ich einen wettbewerbsorientierten Charakterzug, was auf ein stark ausgeprägtes Rache-Motiv hinweist, das ich wiederum in meinen sonstigen geschäftlichen Aktivitäten auslebe sowie in meiner Leidenschaft für Sport.

Zwei Reiss Motivation Profile®-Ergebnisse – starker Idealismus und durchschnittliche Ehre – weisen darauf hin, dass es mir wichtig ist, Menschen fair zu behandeln und ich hierzu in Übereinstimmung mit meinem Wertecodex handle. Gerechtigkeit und Fairness sind mir sehr wichtig. Ich empfinde Mitgefühl für bedürftige Menschen. Wann auch immer mir jemand vorschlägt, etwas Bestimmtes zu tun, wie z. B.: „Steven, unterschreibe diesen Vertrag, besuche deinen Freund in Chicago, unterstütze diese oder jene Charity“, sind meine ersten Gedanken: Würde die Welt dadurch ein besserer Ort werden, wenn alle so handeln würden? Ist es fair? Das sind tatsächlich meine ersten Gedanken.

Um mein starkes Motiv Idealismus zu befriedigen, widmete ich einen beträchtlichen Teil meiner Arbeit Menschen mit Entwicklungsstörungen und Autismus. Anders als manche Fachleute auf diesem Gebiet hatte ich kein Interesse aus persönlicher Betroffenheit. Mich motivierte die Gewissheit, dadurch Menschen helfen zu können. Ich bin viel gereist, um zu diesem Thema Experten zu schulen und mit den Menschen zu arbeiten. Ich hielt Vorträge in 44 US-Staaten und einem Dutzend anderer Länder. Mein humanitäres Engagement wurde mit fünf nationalen Auszeichnungen gewürdigt. Schließlich habe ich mich entschieden, etwas Neues zu entdecken und mich dem Thema der Motivation gewidmet. Dies befriedigt gleich mehrere meiner Bedürfnisse, nämlich jenes der Neugier aufgrund der intellektuellen Anstrengungen, der Macht aufgrund der Erfordernis der Leistung, der Unabhängigkeit aufgrund der Möglichkeiten, es auf meine Weise zu tun, und des Idealismus, weil diese Arbeit es ermöglicht, Menschen im Coaching, in der Beratung und Selbstfindung besser zu unterstützen.

Zwei weitere Reiss Motivation Profile®-Ergebnisse – mein stark ausgeprägtes Lebensmotiv Essen und mein gering ausgeprägtes Lebensmotiv der körperlichen Aktivität – vermögen zu erklären, warum ich mein ganzes erwachsenes Leben mit meinem Gewicht gekämpft habe. Ich bin motiviert, zu viel zu essen und mich zu wenig zu bewegen. Unsere gering ausgeprägten Motive haben auf dem Weg der Entdeckung unserer selbst einen gleichermaßen wichtigen Erklärungswert wie unsere stark ausgeprägten. Mein Reiss Motivation Profile® weist vier gering ausgeprägte Motive auf. Ich habe ein gering ausgeprägtes Lebensmotiv Status, was bedeutet, dass mich eine hohe gesellschaftliche Stellung nicht grundsätzlich beeindruckt. Ich respektiere Leistungsträger – große Schriftsteller, Athleten, Geschäftsleute –, aber ich bin von Menschen nicht beeindruckt nur aufgrund ihres Status. Außerdem bin ich eine introvertierte Person (was auf ein geringes Beziehungs-Motiv hinweist).

Sogar die einfältigsten Beobachter der menschlichen Natur bemerken, dass ich unorganisiert bin (was auf ein gering ausgeprägtes Ordnungs-Motiv hinweist). Mein Büro ist ein Chaos: Meine Mappen sind auf dem Boden verstreut, überall liegt Papier, das aus den Mappen herausgefallen ist, und mein Papierkorb ist mit Papiermüll überfüllt. Ich hasse es, nach Zeitplänen zu arbeiten, und ich tendiere dazu, zu Terminen buchstäblich in der letzten Sekunde aufzutauchen. Ich war 30 Jahre alt, als ich mir das erste Mal einen Terminkalender kaufte. Trotz großer Zugeständnisse an Ordnungssysteme ist es mir gelungen, immer in letzter Minute zu Terminen zu hechten, wie ich es auch getan habe, als ich noch keinen Terminkalender besaß. Obwohl ein Teil meiner Termine jetzt in meinem Kalender eingetragen ist, vergesse ich oft, in diesen hineinzuschauen.

Zusammenfassend zeigt mein Reiss Motivation Profile®, wie ich 16 Lebensmotive priorisiere, und dadurch offenbart sich, wer ich bin. Das betrifft meine Persönlichkeit, meine Werte und offenbart auch, was mir bedeutend erscheint. Ich bin vor allem ein „Denker", der das glückliche Leben eines Intellektuellen gelebt hat. Meine anderen herausragenden Persönlichkeitsmerkmale sind leistungsorientiert, unabhängig, humanitär, introvertiert und spontan zu sein. Ich bin intrinsisch motiviert durch Ideen, Leistung, persönliche Freiheit, Fairness und Spontaneität.

KAPITEL 6
PERSÖNLICHKEITSMERKMALE UND DIE 16 LEBENSMOTIVE

Wir werden nun die konzeptuellen Grundlagen betrachten, die ich heranziehe, um Motive, Persönlichkeitsmerkmale und Werte miteinander zu verbinden. Es mag andere konzeptionelle Ideen geben, mir sind jedoch keine bekannt. Die einflussreichen Modelle der Persönlichkeitsanalyse – Freuds Psychodynamiken, die „Big Five Persönlichkeitstheorie", DSM (psychiatrische) Persönlichkeitskonzepte – zeigen nicht, wie diese Aspekte des menschlichen Verhaltens miteinander in Verbindung stehen. Wir haben nunmehr 60 000 Tests von Menschen mittels dieser konzeptionellen Grundlagen ausgewertet und diese stimmten mehrheitlich den für sie vorgeschlagenen Persönlichkeitsmerkmalen zu. Aristoteles erkannte bereits die Verbindungen zwischen Persönlichkeitsmerkmalen und der Bewertung eines Motivs. Laut Aristoteles (1953/330 BCE; Buch III) können mangelhafte, moderate und exzessive Ausprägungen desselben Lebensmotives unterschiedliche, ja sogar gegensätzliche Persönlichkeitsmerkmale hervorbringen. Betrachten wir beispielsweise die mangelhafte oder moderate oder exzessive Prädisposition dazu, ängstlich zu werden. Dies ist assoziiert mit den Persönlichkeitseigenschaften Verwegenheit, Mut und Feigheit. Oder das mangelhafte, moderate oder exzessive Bedürfnis nach Wohlstand ist entsprechend assoziiert mit den Persönlichkeitsmerkmalen Schäbigkeit, Prächtigkeit und Vulgarität.

> Dasselbe Lebensmotiv führt in verschiedenen Ausprägungen zu unterschiedlichen, ja sogar gegensätzlichen Persönlichkeitsmerkmalen.

Tabelle 6-1 stellt die theoretischen Verbindungen zwischen den 16 Lebensmotiven und Persönlichkeitsmerkmalen dar. Die Tabelle soll zeigen, wie bestimmte Persönlichkeitsmerkmale von demselben Motiv – in unterschiedlicher Stärke – hervorgerufen werden. Hier nun eine Anleitung, wie die Tabelle zu lesen ist. Das Bedürfnis nach Anerkennung ist eines der 16 Lebensmotive des Menschen. Jeder ist motiviert, akzeptiert zu werden, aber in unterschiedlichen Ausprägungen. Menschen, die ein mangelhaftes (sehr gering ausgeprägtes) Lebensmotiv Anerkennung haben, wirken auf andere übertrieben selbstbewusst. Diejenigen mit einer niedrigen Intensität des Lebensmotives Anerkennung (gering ausgeprägt) beeindrucken andere damit, dass sie selbstsicher wirken. Menschen mit einer durchschnittlichen Intensität des Lebensmotives Anerkennung machen keinen besonderen Eindruck auf andere Menschen, was den Grad ihrer Selbstsicherheit angeht. Sie mögen in bestimmten Situationen Selbstvertrauen haben, in anderen wiederum dieses nicht an den Tag legen. Menschen mit einer hohen Intensität des Lebensmotives nach Anerkennung (stark ausgeprägt) erscheinen anderen als unsicher und mit mangelndem Selbstvertrauen ausgestattet. Menschen mit einem exzessiven (oder sehr stark ausgeprägten) Lebensmotiv Anerkennung wirken auf andere unterwürfig.

Tabelle 6-1 Persönlichkeitsmerkmale und Ausprägung der Motivation

Lebensmotiv	*mangelhafte Motivation*	*geringe Motivation*	*durchschnittl. Motivation*	*starke Motivation*	*exzessive Motivation*
Anerkennung	übertrieben selbstbewusst	selbstsicher	Kein Merkmal	unsicher	unterwürfig
Neugier	uninteressiert	praktisch	Kein Merkmal	intellektuell	überanalysierend
Essen	unterernährt	dünn	Kein Merkmal	übergewichtig	stark übergewichtig
Familie	kinderlos	als Elternteil oft abwesend	Kein Merkmal	verantwortungsvoll	hingebungsvoller Elternteil
Ehre	unmoralisch	zweckmäßig	Kein Merkmal	vertrauensvoll	rechtschaffen
Idealismus	ungerecht, unfair	unbeteiligt	Kein Merkmal	philanthropisch	wahrer Gläubiger
Unabhängigkeit	unselbstständig	gegenseitige Abhängigkeit	Kein Merkmal	selbstständig	stur
Ordnung	chaotisch	unorganisiert	Kein Merkmal	organisiert	perfektionistisch

Lebensmotiv	*mangelhafte Motivation*	*geringe Motivation*	*durch-schnittl. Motivation*	*starke Motivation*	*exzessive Motivation*
Körperliche Aktivität	inaktiv	faul	Kein Merkmal	energetisch	anstrengend
Macht	devot	entspannt	Kein Merkmal	ambitioniert	kontrollierend
Eros	abstinent	schwacher Sexualtrieb	Kein Merkmal	romantisch	starker Sexualtrieb
Sparen	verschwenderisch	großzügig	Kein Merkmal	sparsam	geizig
Beziehungen	rüpelhaft	zurückhaltend	Kein Merkmal	freundlich	Komödiant
Status	schäbig	informell	Kein Merkmal	formell	Snob
Ruhe	furchtlos	risikobereit	Kein Merkmal	vorsichtig	feige
Rache	konfliktvermei-dend	sanft, freundlich	Kein Merkmal	Krieger	brutal, gemein

Der Rest von Tabelle 6-1 liest sich auf die gleiche Art und Weise. Jedes der 16 Lebensmotive ist ein psychologisches Bedürfnis. Sehr geringe, geringe, starke und sehr starke Ausprägungen der Motivation bringen die in der Tabelle gezeigten Persönlichkeitsmerkmale mit sich. Durchschnittliche Ausprägungen erzeugen hingegen keine klar ausgeprägten Eigenschaften, da der Einzelne einen Mix aus sowohl geringen wie auch den starken Eigenschaften zeigt.

Die folgenden Ausführungen zeigen die theoretische Verbindung zwischen starken und geringen Lebensmotiven, Persönlichkeitsmerkmalen und Werten. Diese Beschreibungen stützen sich auf durchgeführte wissenschaftliche Studien betreffend die Validität des RMP® (siehe Kapitel 22). Manche Details sind jedoch immer noch theoretischer Herkunft und bedürfen weiterer empirischer Überprüfungen. Das System als Ganzes war in der Beratung sowie im Coaching von über 60 000 Menschen in Anwendung. Das Feedback fällt dabei außerordentlich positiv aus. (Anmerkungen der Redaktion: Zum Zeitpunkt der Übersetzung wurde ein Renormierungsprozess des RMP® durchgeführt, der auf einer Testanzahl von 79 888 Tests beruht.) Jede der vorgeschlagenen Verbindungen zwischen Lebensmotiven und Persönlichkeitsmerkmalen ist anhand des standardisierten RMP®-Tests wissenschaftlich überprüfbar.

ANERKENNUNG

Das Lebensmotiv Anerkennung misst das Streben nach einem positiven Selbstwert. Es motiviert Menschen dazu, Kritik und Zurückweisung zu vermeiden. Die Befriedigung dieses Bedürfnisses erzeugt ein Gefühl von Selbstsicherheit, während die Nichtbefriedigung Gefühle der Unsicherheit erweckt. Anerkennung ist das Lebensmotiv mit einem starken Bezug zur Selbstachtung und einem individuellen Selbstbild. Es erzeugt Prüfungsangst und ist dafür verantwortlich, dass Menschen manchmal vor Prüfungen und in Testsituationen nervös sind. Die deutliche Mehrheit der Menschen, die einer psychologischen Beurteilung zugewiesen werden, haben ein hohes Bedürfnis nach Anerkennung. Ein geringes Bedürfnis nach Anerkennung könnte demnach dafürsprechen, dass die Person mental gesund ist.

Menschen mit einem **STARK AUSGEPRÄGTEN LEBENSMOTIV ANERKENNUNG** fehlt es an Selbstvertrauen. Sie sind in der Regel unsicher und zeigen eine Tendenz, sich bei Kritik, Ablehnung und Misserfolg verletzt zu fühlen. Sie weisen ein negatives Selbstbild auf und sind schnell dabei, sich selbst die Schuld zu geben, wenn etwas schiefgeht. Sie befürchten häufig, dass sie schlecht beurteilt werden. Unsichere Menschen benötigen häufig Zuspruch von anderen, damit sie sich an neue Dinge heranwagen. Zu den Persönlichkeitsmerkmalen, mit denen man sie beschreiben könnte, zählen: fehlendes Selbstwertgefühl, niedergeschlagen, unzureichendes Bemühen, unsicher, selbstzweifelnd und wahrscheinlich unentschlossen oder pessimistisch.

Menschen mit einem **GERING AUSGEPRÄGTEN LEBENSMOTIV ANERKENNUNG** sind selbstsicher. In der Regel besitzen sie einen

Grundoptimismus, den sie brauchen, um Dinge anzugehen und Erfolg zu erwarten. Sie gehen in der Regel konstruktiv mit Kritik, Ablehnung und Misserfolgen um. Zu den Persönlichkeitsmerkmalen, mit denen man sie beschreiben kann, zählen: zuversichtlich, mutig (bereit Dinge auszuprobieren), optimistisch und selbstbewusst.

NEUGIER

Das Lebensmotiv Neugier beschreibt das Streben nach Erkenntnis. Die Befriedigung dieses Bedürfnisses erschafft ein Gefühl des Staunens, während die Nichtbefriedigung Langeweile oder Verwirrung erzeugt.

Einige Experten verwechseln erforschende und intellektuelle Neugier. Sie behaupten, da Babys ihre Umwelt erforschen, sei jeder Mensch von Natur aus neugierig. Kinder beginnen ihre Schulkarriere mit Staunen und Begeisterung. Statt nun diese natürliche Neugier zu hegen, so behaupten einige Experten, verwandeln Lehrer unabsichtlich den Spaß am Lernen in einen Konkurrenzkampf für gute Noten und akademische Auszeichnungen. In Windeseile löschen Schulen so die natürliche Neugier ihrer Schüler aus. Die Schüler hassen dann die Schule und lassen die nötige Motivation vermissen.

Bezüglich zweier Punkte liegt dieser Mythos richtig. Babys haben Spaß daran, ihre Umwelt zu erforschen und viele Mittel- und Oberstufenschüler mögen die Schule nicht. Der Fehler liegt darin anzunehmen, dass das forschende Verhalten von Babys etwas mit dem intellektuellen Verhalten von Jugendlichen zu tun hat. Ich bin mir nicht sicher, ob das so ist.

Die Theorie der 16 Lebensmotive unterscheidet zwischen dem Bedürfnis nach Erkenntnis, das unter das Lebensmotiv Neugier fällt, und dem Bedürfnis, seine Umwelt zu erkunden, was als Abenteuer unter das Lebensmotiv Ruhe fällt. Führen Sie sich einmal die Menschen, von denen Sie wissen, dass sie Entdeckertypen sind, vor Augen. Denken Sie daran, dass nur einige von ihnen gleichzeitig Denkertypen sind. Betrachten Sie jetzt die Menschen, von denen Sie wissen, dass sie Denkertypen sind. Beachten

Sie, dass nur einige von ihnen gleichzeitig Entdeckertypen sind. Obwohl einige Psychologen angenommen haben, dass Entdecken (z. B. Babys, die ihre Umwelt erkunden) und Denken (z. B. Studenten, die Mathematik studieren) allgemein von einem gemeinsamen Bedürfnis nach neuen Stimuli motiviert ist, steht dem die Tatsache gegenüber, dass Denker nicht notwendigerweise Entdecker sind und umgekehrt.

Daniel Boone war ein legendärer Entdecker des 18. Jahrhunderts, der von seinem Biographen John Filson (2010) als „neugieriger" Mann beschrieben wurde, weil er gerne neue Gegenden erkundete. Aber Boone hasste gleichzeitig die Schule und hatte daher vermutlich ein geringes Bedürfnis nach intellektueller Erkenntnis. Im Gegensatz dazu gilt Isaac Newton als einer der einflussreichsten Intellektuellen aller Zeiten. Er hatte schon als Junge einen außerordentlichen Wissensdurst. Obwohl Newton permanent nachdachte, hatte er keinen besonderen Entdeckerdrang. Er verbrachte mehrere Monate mehr oder weniger allein im Schlafsaal der Universität Cambridge, wo er an spannenden mathematischen Ideen arbeitete.

Entdecker wie Boone sind nicht notwendigerweise Intellektuelle wie Newton, und Intellektuelle wie Newton nicht notwendigerweise Entdecker wie Boone. Wir sollten also nicht voraussetzen, dass erforschendes und intellektuelles Verhalten von einer gemeinsamen Neugier motiviert ist. Stattdessen erkennt die Theorie der 16 Lebensmotive zwei Arten von Neugier an, die erforschende und die intellektuelle. Erforschende Neugier ist das Ergebnis der Anziehungskraft neuer Reize, während es bei intellektueller Neugier um Ideen und das Bedürfnis nach Erkenntnis geht. Von dem erforschenden Verhalten von Babys sollte man nicht darauf schließen, dass Oberstufenschüler mit einer angeborenen Neugier für intellektuelles Lernen ausgestattet sind.

Obwohl erforschende und intellektuelle Neugier zwei unterschiedliche Motive sind, haben manche Menschen sowohl Spaß am Entdecken als auch am Denken. John Glenn, der erste Mann, der den Mond beschritt, interessierte sich für Wissenschaft. Edmund Hillary, der erste Mann, der den Gipfel des Mount Everests erkundete, schrieb eine Reihe von Büchern. Die fiktive Besatzung des Raumschiffs Enterprise besteht aus Wissenschaftlern.

Der im ganzen Universum als großer Denker bekannte Mr. Spock reiste furchtlos an Orte, die nie ein Mensch zuvor betreten hatte. Schlussendlich geht es beim Lebensmotiv Neugier um intellektuelle Erkenntnis. Dies schließt nicht das Entdecken ein, was unter ein geringes Bedürfnis nach Anerkennung und Ruhe fällt.

Menschen mit einem **STARK AUSGEPRÄGTEN LEBENSMOTIV NEUGIER** beschäftigen sich gerne intellektuell mit Denken, Lesen, Schreiben und Diskutieren. Ihre Ideen und Theorien bedeuten ihnen sehr viel. Sie zeigen breit gefächerte intellektuelle Interessen, trotz ihres möglichen Fokus auf ein bestimmtes Fachgebiet. Zu den Persönlichkeitsmerkmalen, mit denen man sie beschreiben kann, zählen: nachdenklich, neugierig, hinterfragend, intellektuell, reflexiv und aufmerksam.

Menschen mit einem **GERING AUSGEPRÄGTEN LEBENSMOTIV NEUGIER** halten ihre intellektuelle Aktivität, wenn möglich, auf einem Minimum. Sie fühlen sich beim Denken schnell frustriert. Sie lesen selten Bücher, debattieren ungern und haben keinen Spaß an intellektuellen Konversationen. Sie haben wenig Geduld, wenn es um intellektuelle Fragestellungen geht und haben möglicherweise eine eher negative Einstellung zu Intellektuellen. Sie werden eher dazu neigen, Taten statt Worte sprechen zu lassen. Wie es die frühere Footballgröße Johnny Unitas formulierte, „Reden ist billig – lasst uns unser Reden auf das Feld bringen." Zu den Persönlichkeitsmerkmalen, mit denen man sie beschreiben kann, gehören: handlungsorientiert, nicht-intellektuell und praktisch veranlagt.

ESSEN

Dieses Lebensmotiv beschreibt das Streben nach Essen. Die Befriedigung dieses Bedürfnisses erzeugt Gefühle der Sättigung oder Völle, während seine Nichtbefriedigung Hungergefühle zur Folge hat. Da Essen für das Überleben essenziell ist, halten viele Psychologen es für ein besonders starkes Bedürfnis. Abraham Maslow (1954) schrieb, dass Essen eine Vorrangstellung gegenüber psychologischen Motiven einnimmt, so wie beispielsweise ein starkes Hungergefühl jemanden beim Lesen eines Buches unterbricht. Maslow glaubte, dass Hunger und andere biologisch lebensnotwendige Bedürfnisse zuerst bedient werden müssen, bevor andere Lebensmotive uns motivieren können.

Menschen mit einem **STARK AUSGEPRÄGTEN LEBENSMOTIV ESSEN** haben einen herzhaften Appetit. Sie haben wahrscheinlich Spaß daran, verschiedene Speisen auszuprobieren. Im Erwachsenenalter neigen sie eher zu Übergewicht. Zu den Persönlichkeitsmerkmalen, die sie beschreiben können, zählen: gefräßig, Vielfraß, unersättlich und hedonistisch.

Menschen mit einem **GERING AUSGEPRÄGTEN LEBENSMOTIV ESSEN** haben keinen großen Appetit. Sie sind wahrscheinlich sehr heikel in dem, was sie essen. Persönlichkeitsmerkmale, mit denen man sie beschreiben kann, umfassen: „wie ein Spatz essen“, „isst wenig“, “heikler Esser“, „schwacher Esser“ und möglicherweise dünn.

FAMILIE

Familie ist das Lebensmotiv, seine Kinder großzuziehen und Zeit mit Geschwistern zu verbringen. Es umfasst das, was allgemein als Mutter- bzw. Vaterinstinkte bezeichnet wird. Die Befriedigung dieses Bedürfnisses erzeugt Gefühle elterlicher Liebe, Zärtlichkeit sowie das Gefühl, gebraucht zu werden. Die Nichtbefriedigung ruft Gefühle des Unglücklichseins hervor. Dieses Bedürfnis, das Eltern an ihr Kind bindet, ist nicht verwandt mit dem Lebensmotiv nach Ehre, das Kinder an ihre Eltern bindet. Dieses Bedürfnis motiviert Menschen, ihre Familie hoch zu achten – Kinder, Brüder und Schwestern eingeschlossen – und fürsorglich mit den Bedürfnissen der Familienmitglieder umzugehen. Es mag Menschen dazu bringen, die Ausbildung ihrer Kinder zu unterstützen, Jugendmannschaften zu trainieren oder als ehrenamtlicher Leiter einer Pfadfindergruppe zu arbeiten.

Menschen mit einem **STARK AUSGEPRÄGTEN LEBENSMOTIV FAMILIE** wollen Kinder haben und verbringen viel Zeit damit, sie großzuziehen. Ihre Kinder bedeuten ihnen alles. Zu den Persönlichkeitsmerkmalen, mit denen man sie beschreiben kann, gehören: Familienmensch", „Familienwerte", „liebevolle Person", „mütterlich" (oder „väterlich") und möglicherweise „fürsorglich".

Menschen mit einem **GERING AUSGEPRÄGTEN LEBENSMOTIV FAMILIE** betrachten die Pflichten der Elternschaft als Bürde. Sie wollen möglicherweise keine Eltern werden. Wenn sie Kinder haben, verbringen sie nicht viel Zeit damit, sich um sie zu kümmern und sie zu erziehen. Zu den Persönlichkeitsmerkmalen, mit denen man sie beschreiben könnte, gehören: „wollen kinderlos bleiben", „nicht involvierter Elternteil" und „abwesender Elternteil".

EHRE

Ehre ist das Lebensmotiv, das das Streben nach einem aufrechten Charakter beschreibt. Es motiviert Menschen dazu, nach einem moralischen Verhaltenskodex zu leben. Die Befriedigung dieses Bedürfnisses erzeugt Gefühle der Loyalität, während die Nichtbefriedigung Schuldgefühle und Scham hervorruft. Ehre motiviert zu Loyalität gegenüber den Eltern und der Sippe. Sie führt zu Stolz auf die ethnische Herkunft. Indem wir nach dem moralischen Verhaltenskodex der Eltern leben, ehren wir sie. Wir halten unsere Eltern auch in Ehren, wenn wir nach ihren religiösen Bekenntnissen leben und diese zu unseren eigenen machen.

Menschen mit einem **STARK AUSGEPRÄGTEN LEBENSMOTIV EHRE** sind rechtschaffen. Sie sind wahrscheinlich auf Dinge wie Charakter, Moral und Prinzipien fokussiert. Sie sind loyal gegenüber ihrer ethnischen Gruppe und ihren Eltern. Zu den Persönlichkeitsmerkmalen, die sie beschreiben, gehören: verlässlich, ehrlich, loyal, prinzipientreu, fromm, gewissenhaft, ernsthaft, standhaft, vertrauenswürdig, redlich und aufrichtig.

Menschen mit einem **GERING AUSGRPRÄGTEN LEBENSMOTIV EHRE** sind zweckbezogen. Sie sind entschlossen, alles Nötige zu tun, um ihre Ziele zu erreichen. Zu den Persönlichkeitsmerkmalen, die sie beschreiben, zählen: zweckmäßig und opportunistisch.

IDEALISMUS

Idealismus ist das Lebensmotiv nach sozialer Gerechtigkeit. Es motiviert Menschen dazu, soziale Projekte zu unterstützen, aktuelle gesellschaftliche Entwicklungen zu verfolgen oder für gemeinnützige Organisationen zu spenden. Die Befriedigung dieses Bedürfnisses erzeugt Mitgefühl, während die Nichtbefriedigung Frustrationsgefühle über soziale Ungerechtigkeit nach sich zieht. Nach der Theorie der 16 Lebensmotive lässt sich Verantwortungsbewusstsein in die Motive Ehre und Idealismus aufspalten. Ehre bindet uns an unsere Sippe oder ethnische Herkunft, während Idealismus dazu führt, uns der Menschheit als solche verpflichtet zu fühlen. Diese beiden Aspekte des Verantwortungsbewusstseins stehen nur mäßig miteinander in Verbindung und müssen daher getrennt voneinander bestimmt werden.

Menschen mit einem **STARK AUSGEPRÄGTEN LEBENSMOTIV IDEALISMUS** liegt etwas an sozialen Dingen wie dem Weltfrieden, der Stärkung der Unterdrückten oder der Weltgesundheit. Zu den Persönlichkeitsmerkmalen, die wahrscheinlich auf sie zutreffen, zählen: altruistisch, mitfühlend, Weltverbesserer, Träumer, fair, menschenfreundlich, idealistisch, involviert, Freiwilliger, philanthropisch und vielleicht Märtyrer.

Menschen mit einem **GERING AUSGEPRÄGTEN LEBENSMOTIV IDEALISMUS** sind eher auf die Ereignisse in ihrem persönlichen Leben als auf höhere gesellschaftliche Werte konzentriert. Sie halten Ungerechtigkeit wahrscheinlich für einen Teil des Lebens und sind der Meinung, dass man sich nur dann einmischen sollte, wenn es einen persönlich oder nahe Angehörige betrifft. Zu den Persönlichkeitsmerkmalen, die wahrscheinlich auf sie zutreffen, gehören: abgebrüht, pragmatisch, Mann/Frau von Welt, realistisch und möglicherweise „wegschauend“.

UNABHÄNGIGKEIT

Das Lebensmotiv Unabhängigkeit beschreibt das Streben nach Autarkie. Es motiviert Menschen dazu, ihre eigenen Entscheidungen zu treffen und ihre persönliche Freiheit wertzuschätzen. Die Befriedigung dieses Bedürfnisses erzeugt Freude an der persönlichen Eigenständigkeit, während die Nichtbefriedigung Gefühle der Abhängigkeit mit sich bringt.

Unabhängigkeit führt dazu, dass wir uns als Individuen hervorheben wollen. Sie ist während des Heranwachsens besonders stark ausgeprägt. Viele Teenager, die stark von Unabhängigkeit motiviert sind, finden Wege, die Aufmerksamkeit auf ihre Individualität zu ziehen, wie beispielsweise das Tragen von ungewöhnlicher Kleidung.

Menschen mit einem **STARK AUSGEPRÄGTEN LEBENSMOTIV UNABHÄNGIGKEIT** sind selbstständig. Ihre persönliche Freiheit bedeutet ihnen alles. Wahrscheinlich mögen sie es nicht, auf andere angewiesen zu sein. Sie wollen, dass Dinge auf ihre Art oder gar nicht erledigt werden („my way or highway"). Sie sind nicht bereit, sich unterzuordnen, um mit anderen zurechtzukommen. Möglicherweise fühlen sie sich unwohl, wenn Beziehungen zu eng und vertraut werden. Zu den Persönlichkeitsmerkmalen, die sie beschreiben, gehören: autonom, unabhängig, selbständig und vielleicht stolz, stur und sich in gefühlsbetonten Situationen unwohl fühlend.

Menschen mit einem **GERING AUSGEPRÄGTEN LEBENSMOTIV UNABHÄNGIGKEIT** vertrauen darauf, dass andere ihre Bedürfnisse erfüllen. Sie schätzen seelische Unterstützung beim Treffen von Entscheidungen. Sie mögen die „Zurschaustellung" von Personen nicht. Sie neigen dazu, mystische Erfahrungen wie beispielsweise die „Vereinigung des Bewusstseins", „Nirwana", Flow-Zustände und Gipfelerlebnisse als positiv zu betrachten. Zu den Persönlichkeitsmerkmalen, die sie beschreiben, gehören: bescheiden, voneinander abhängig und vielleicht mystisch oder offen für gefühlsbetonte Erfahrungen.

ORDNUNG

Das Lebensmotiv Ordnung beschreibt das Bedürfnis nach Struktur. Es motiviert Menschen zu planen, ihre Zeit einzuteilen und zu organisieren. Die Befriedigung dieses Bedürfnisses erzeugt ein Gefühl von Geborgenheit, während die Nichtbefriedigung zu Gefühlen von Unbehagen führt.

Menschen mit einem **STARK AUSGEPRÄGTEN LEBENSMOTIV ORDNUNG** sind organisiert. Sauberkeit und Pünktlichkeit sind sehr wichtig für sie. In der Regel achten sie auf Details, Regeln und Zeitpläne und sie fühlen sich in vorhersehbaren und relativ gleichbleibenden Situationen wohl. Sie neigen dazu, Rituale zu mögen. Zu den Persönlichkeitsmerkmalen, die sie beschreiben, zählen: vorsichtig, unflexibel, systematisch, organisiert, ordentlich, präzise, vorbereitet, pünktlich, gründlich und sauber.

Menschen mit einem **GERING AUSGEPRÄGTEN LEBENSMOTIV ORDNUNG** sind flexibel. Sie schätzen Unklarheit und Mehrdeutigkeit. Normalerweise lehnen sie Strukturen ab und mögen es nicht, sich an Regeln und Pläne zu halten. Sie ändern häufig ihre Meinung oder ihre Pläne. Sie konzentrieren sich eher auf das „große Bild“ und übersehen dabei Details. Zu den Persönlichkeitsmerkmalen, die diese Menschen beschreiben können, zählen: unorganisiert, flexibel, dem Bauchgefühl folgend, hasst es zu planen, hält sich Möglichkeiten so lange wie möglich offen, spontan, unpünktlich und unordentlich.

KÖRPERLICHE AKTIVITÄT

Das Lebensmotiv Körperliche Aktivität misst das Streben nach körperlicher Betätigung. Dieses Bedürfnis motiviert Menschen zu körperlicher Aktivität wie Sport. Die Befriedigung dieses Bedürfnisses erzeugt Freude an Vitalität, während die Nichtbefriedigung einen Zustand der Unruhe schafft.

Nach den RMP®-Auswertungen diverser College Sportteams (Reiss, Wiltz & Sherman, 2001) wird die „athletische Persönlichkeit“ von fünf Motivationsmerkmalen bestimmt, nämlich den stark ausgeprägten Lebensmotiven nach körperlicher Aktivität, Familie, Macht, Rache und Beziehungen. Das wichtigste Motiv ist selbstverständlich ein sehr starkes Bedürfnis nach körperlicher Aktivität. In der beruflichen Praxis neigen Athleten in der Regel dazu, relativ gering im Lebensmotiv Ehre abzuschneiden.

Menschen mit einem **STARK AUSGEPRÄGTEN LEBENSMOTIV KÖRPERLICHE AKTIVITÄT** streben einen aktiven Lebensstil an. Fitnesstraining und Sport sind ein wichtiger Bestandteil ihres Lebens. So schätzen sie wahrscheinlich Fitness, Vitalität, Stärke und Durchhaltevermögen. Zu den Persönlichkeitsmerkmalen, die auf sie zutreffen, gehören: aktiv, athletisch, energetisch, fit, gern an der frischen Luft sein, lebhaft und körperbewusst.

Menschen mit einem **GERING AUSGEPRÄGTEN LEBENSMOTIV KÖRPERLICHE AKTIVITÄT** bevorzugen eine bewegungsarme Lebensweise. Sie brauchen einen Ansporn oder extrinsische Gründe, wie beispielsweise die Gesundheit, um sich regelmäßig sportlich zu betätigen. Persönlichkeitsmerkmale, die auf sie zutreffen, sind: schlaff, teilnahmslos, inaktiv, lethargisch und bewegungsarme Lebensweise.

MACHT

Das Lebensmotiv Macht misst das Streben nach Einfluss oder einer Führungsposition. Es motiviert die Willenskraft, das Bedürfnis nach Erfolg und harter Arbeit. Es motiviert uns zu dem Bestreben, Menschen, Ereignisse oder unsere Umgebung beeinflussen zu wollen. Macht motiviert den Wunsch, zu leiten oder zu beraten. Von einigen Persönlichkeiten mit stark ausgeprägter Macht wird behauptet, dass sie es nicht ertragen, jemanden in eine bestimmte Richtung gehen zu sehen, ohne dabei die Person in eine andere Richtung lenken zu wollen. Die Befriedigung dieses Bedürfnisses erzeugt die Freude nach Selbstwirksamkeit sowie Gefühle von Kompetenz.

Die Nichtbefriedigung führt zu Bedauern oder möglicherweise Gefühlen der Unterlegenheit oder Erniedrigung. Die ursprüngliche Verbindung von Erfolg und Macht ist bei sportlichen Wettkämpfen offensichtlich. Wenn eine Mannschaft beispielsweise ein Tor erzielt, werfen die Fans in einer Art Zurschaustellung von Macht ihre Fäuste in die Luft.

Ich bewerte das Bedürfnis, etwas zu erschaffen, als einen Einfluss des Willens. Laut James (1890/1918) und McDougall (1908/2003) ist bei Menschen das Bedürfnis, etwas zu errichten, ein so ursprünglicher und unwiderstehlicher Instinkt wie bei einer Biene und einem Biber. Die Genugtuung des Erschaffens ist etwas sehr Reales, ganz unabhängig vom Wert und Nutzen des gefertigten Objekts.

Bitte behalten Sie im Hinterkopf, dass Gewinnen und Erfolg unter unterschiedliche Lebensmotive fallen. Das Bedürfnis zu gewinnen ist von dem Lebensmotiv nach Rache motiviert, während das Bedürfnis, etwas zu erreichen von dem Lebensmotiv nach Macht gespeist wird. Ein Buch zu schreiben oder ein Haus zu bauen sind Leistungen, die vom Bedürfnis nach Macht gespeist sind, nicht aber vom Motiv nach Rache motiviert sind.

Menschen mit einem **STARK AUSGEPRÄGTEN LEBENSMOTIV MACHT** mögen es, die Führung zu übernehmen und streben Leitungspositionen an. Möglicherweise suchen sie nach Herausforderungen und arbeiten hart, um ihre Ziele zu erreichen. Sie haben Freude daran, andere zu beraten. Persönlichkeitsmerkmale, die sie beschreiben können, schließen ambitioniert, durchsetzungsfähig, kühn, fleißig, bestimmt, dominant, fokussiert, zielstrebig und eigensinnig ein.

Menschen mit einem **GERING AUSGEPRÄGTEN LEBENSMOTIV MACHT** haben kein Bedürfnis nach Selbstbehauptung. Sie neigen dazu, Ereignisse über sich ergehen zu lassen, ohne den Versuch zu übernehmen, diese zu beeinflussen. Sie sind nicht direktiv und es fehlt ihnen an Ehrgeiz. Sie haben vermutlich kein Interesse an Führungsrollen und streben nicht an, anderen Menschen Ratschläge zu erteilen. Sie halten oft eine ausgewogene Balance zwischen ihrem beruflichen und privaten familiären Leben. Sie vermeiden womöglich herausfordernde Zielsetzungen. Sie sind nicht faul oder gleichgültig. Stattdessen sind sie von einer intrinsischen Abneigung, andere zu kontrollieren und zu beeinflussen, motiviert. Zu den Persönlichkeitsmerkmalen, die sie beschreiben können, gehören: unkompliziert, gelassen, Zuschauer, nicht durchsetzungsfähig, nicht direktiv und nicht ambitioniert.

EROS

Das Lebensmotiv Eros betrifft das Streben nach Schönheit und Sex. Es motiviert Menschen dazu, sich etwas aus ihrem Aussehen zu machen und nach potenziellen Sexualpartnern Ausschau zu halten. Das Bedürfnis nach Eros ist auch mit dem Wunsch, Schönheit zu erleben, verbunden. Die Befriedigung dieses Bedürfnisses erzeugt Gefühle der Wonne, während die Nichtbefriedigung Begierde verursacht.

Eros ist nicht Teil eines größeren Bedürfnisses nach sinnlichem Vergnügen. Das Ziel von Eros ist Sexualität, nicht sinnliches Vergnügen. Das Ziel von Essen ist Essen, nicht sinnliches Vergnügen. Wäre der Mensch eher von sinnlichem Vergnügen als von den getrennten und nicht miteinander verwandten Lebensmotiven nach Eros und Essen motiviert, könnte man Hunger durch Sexualität stillen. Sinnliches Vergnügen ist nicht etwa das eigentliche Ziel, sondern vielmehr ein Signal, das Ziel erreicht zu haben.

Menschen mit einem **STARK AUSGEPRÄGTEN LEBENSMOTIV EROS** wollen ein aktives Sexualleben. Sexuelle Erfahrung oder Leidenschaft hat für sie einen hohen Stellenwert. Sie denken vielleicht häufig an Sex und fühlen sich zu vielen potenziellen Partnern hingezogen. Zu den Persönlichkeitsmerkmalen, die wahrscheinlich auf sie zutreffen, gehören: erotisch, kokett, Liebhaber, sexbesessen, leidenschaftlich, romantisch und vielleicht promiskuitiv.

Menschen mit einem **GERING AUSGEPRÄGTEN LEBENSMOTIV EROS** verbringen wahrscheinlich wenig Zeit damit, über Sexualität und wie sie diese ausleben können nachzudenken. Zu den

Persönlichkeitsmerkmalen, die auf sie zutreffen könnten, zählen: asketisch, zölibatär, keusch, platonisch, puritanisch und uninteressiert an Sex.

SPAREN

Das Lebensmotiv Sparen beschreibt das Streben, Dinge zu sammeln. Menschen sammeln alle möglichen Dinge wie Antiquitäten, Kunst, Autogramme, Autos, Bücher, Kleider, Münzen, Waffen, Möbelstücke, Schmuck, Zeitschriften, Militär-Souvenirs, Musik, Fotos, religiöse Relikte, Sportfanartikel, Briefmarken, Werkzeug und Spielzeug. Die Befriedigung dieses Lebensmotives erzeugt die Freude am Besitz, während die Nichtbefriedigung die Sorge, unvorbereitet zu sein, mit sich bringt. Das Lebensmotiv Sparen geht Hand in Hand mit der Neigung Geld zu sparen oder auszugeben, ohne dieses direkt zu erfassen.

Menschen mit einem **STARK AUSGEPRÄGTEN LEBENSMOTIV SPAREN** sind Sammler. Möglicherweise hassen sie es, Dinge wegzuwerfen und sind sparsam in Bezug auf Geld. Zu den Persönlichkeitsmerkmalen, die sie wahrscheinlich beschreiben, gehören: Sparer, Hamsterer, Sammler, genügsam und sparsam.

Menschen mit einem **GERING AUSGEPRÄGTEN LEBENSMOTIV SPAREN** neigen dazu, Dinge nach Gebrauch loszuwerden. Zu den Persönlichkeitsmerkmalen, die sie wahrscheinlich beschreiben, gehören verschwenderisch, ausschweifend und extravagant.

BEZIEHUNGEN

Das Lebensmotiv Beziehungen beschreibt das Streben nach Gesellschaft mit anderen. Die Befriedigung dieses Bedürfnisses erzeugt Gefühle von Freude und Zugehörigkeit, während die Nichtbefriedigung das Gefühl von Einsamkeit verursacht. William McDougall (1908/2003) nahm an, dass der

Mensch einen angeborenen „geselligen Instinkt" oder eine angeborene Tendenz, in kleinen Gruppen wie Herden oder Stämmen zu leben, besitzt. Dieses Lebensmotiv erschafft ein psychologisches Bedürfnis nach Freundschaften. Menschen, die bestrebt sind, viele Freunde zu haben, erlernen gesellschaftliche Umgangsformen und soziale Fähigkeiten, um Freunde anzuziehen und zu behalten. Dieses Bedürfnis nach Geselligkeit hat einen so hohen Stellenwert, dass das Vorenthalten von Gelegenheiten, in Kontakt mit anderen zu treten (z. B. Ausgrenzung/Ächtung) eine Form der Bestrafung darstellt.

Bei diesem Lebensmotiv geht es um die Kameradschaft mit Gleichaltrigen, Arbeitskollegen und anderen möglichen Peergroups. Es umfasst nicht die Beziehung zu Eltern und Kindern. Wie viel Zeit eine Person mit den Eltern oder Kindern verbringen möchte, sagt nichts über die Zeitdauer aus, die sie mit Bekannten und Freunden verbringen möchte. Das Streben nach Ehre und Familie motiviert entsprechend das Interesse an Eltern und Kindern. Darüber hinaus wird das Bedürfnis nach Beziehungen auch nicht dadurch befriedigt, dass man Zeit mit den Geliebten oder Partnern verbringt. Dies fällt unter das Lebensmotiv Eros. Einzig und allein das Streben nach sozialen Kontakten (Beziehungen) motiviert das Interesse an Freundschaften.

Menschen mit einem **STARK AUSGEPRÄGTEN LEBENSMOTIV BEZIEHUNGEN** sind freundlich. Sie legen Angewohnheiten und Verhaltensweisen an den Tag, die auf andere anziehend wirken. Wahrscheinlich sind sie lebenslustig und fröhlich. Zu den Persönlichkeitsmerkmalen, die sie beschreiben könnten, gehören: umgänglich, charmant, fröhlich, einnehmend, extravertiert, freundlich, lebenslustig, liebenswürdig, gesellig, kontaktfreudig, verspielt, Spaßvogel, kontaktfreudig, lebendig und warmherzig.

Menschen mit einem **GERING AUSGEPRÄGTEN LEBENSMOTIV BEZIEHUNGEN** genießen das Alleinsein. Sie mögen keine Partys, keinen Smalltalk und kein geselliges Zusammensein. Vermutlich zeigen sie wenig Interesse an den meisten Menschen, denen sie begegnen. Wahrscheinlich haben sie wenige Freunde. Ihre Gemütslage ist häufig ernst. Zu den Persönlichkeitsmerkmalen, die sie beschreiben können, gehören: ruhig, ernst, introvertiert, unnahbar, brüsk, abgesondert, distanziert und möglicherweise zurückgezogen.

STATUS

Das Lebensmotiv Status beschreibt das Streben nach Respekt basierend auf sozialer Stellung. Obwohl der Psychoanalytiker Alfred Adler (1929/1971) davon ausging, dass Menschen Status anstreben, um ihre unbewussten Gefühle der Minderwertigkeit zu kompensieren, geht die Theorie der 16 Lebensmotive davon aus, dass Menschen Status suchen, weil sie intrinsisch Aufmerksamkeit und Respekt schätzen. Die Befriedigung dieses Bedürfnisses erzeugt Gefühle der Überlegenheit, während die Nichtbefriedigung Gefühle der Unterlegenheit auslöst.

Generell kann man sagen, dass die Aufmerksamkeit, die uns andere Menschen schenken, ein bedeutsamer Indikator für unseren Status ist. Menschen schenken ihre Aufmerksamkeit wichtigen Leuten und ignorieren unwichtige Leute. Ihr Status ist ein Indikator dafür, wie viel Respekt und Ehrerbietung ihnen zusteht. Menschen fühlen sich beleidigt, wenn sie den ihnen zustehenden Respekt nicht erhalten, und sie fühlen sich geschmeichelt, wenn sie mehr Achtung erhalten als ihnen zusteht. Status motiviert Menschen dazu, auf ihren Ruf zu achten und ihn zu schätzen.

Status motiviert zu materiellen Werten wie das Wohnen in einer angesehenen Wohngegend, der Besitz eines teuren Autos oder das Tragen von Designerkleidung. Status motiviert Menschen dazu, bei der Partnerwahl die soziale Herkunft in Betracht zu ziehen. Menschen mit einem starken Bedürfnis nach Status streben vielleicht danach, in der gesellschaftlichen Klasse „nach oben" zu heiraten – gemeint ist, ich heirate jemanden, der wohlhabend ist oder suche mir einen Partner, der schön oder gutaussehend ist (Partner als Trophäe). Menschen mit einem geringen Bedürfnis nach Status, Geld oder gesellschaftlicher Klasse werden dies bei der Wahl ihres Lebenspartners eher vernachlässigen.

Status motiviert zu Interesse an Kleidung und Mode. Angestellte haben beispielsweise einen höheren Status als Arbeiter. Anwälte tragen dreiteilige Anzüge, um ein Image von Erfolg zur Schau zu stellen. Ärzte tragen weiße Kittel, um ein Image von wissenschaftlicher Professionalität widerzuspiegeln. Priester sind schlicht gekleidet, um auf ihren Status vor Gott hinzuweisen.

Die Lebensmotive nach Status und Macht stehen wechselseitig in Beziehung zueinander, möglicherweise wegen ihres gemeinsamen Ursprungs. Anders als Tiere können Menschen Dominanz auf zwei Arten erwerben: Leistung oder Erbe. Menschen können ihren Status sowohl durch große Verdienste als auch aufgrund von „hoher Geburt" erhalten. Manche Menschen fühlen sich wichtig aufgrund ihrer Leistungen – was unter das Lebensmotiv Macht fällt. Andere leben ihre Bedeutung aufgrund ihrer Herkunft, ihres Wohlstands, ihres guten Aussehens oder ihrer Berühmtheit aus, was unter das Lebensmotiv Status fällt. Erfolgstypen schauen auf Adelige als unwürdig des ihnen entgegengebrachten Respekts herab, während Adelige wiederum auf Erfolgstypen herabschauen, weil diese es nötig haben, ihr gesellschaftliches Ansehen durch Arbeit zu erlangen. Adelige sind stolz auf ihr Nichtstun, da es zeigt, wie wichtig sie sind, ohne sich dafür anstrengen zu müssen.

Menschen mit einem **STARK AUSGEPRÄGTEN LEBENSMOTIV STATUS** schätzen Wohlstand, materielle Dinge und gesellschaftliche Stellung. Sie identifizieren sich mit allem, was beliebt und berühmt ist und distanzieren sich womöglich von allem Unpopulären. Sie bewundern vermutlich die High Society und zeigen sich beeindruckt von Zeichen gesellschaftlicher Ehrungen wie Titel und Privilegien. Sie nehmen häufig Umgangsformen, Dresscodes und Gewohnheiten einflussreicher oder wohlhabender Menschen an. Sie mögen es, mit den „richtigen" Leuten in Verbindung gebracht zu werden und sie können sich von Mitgliedschaften in elitären gesellschaftlichen Clubs beeindruckt zeigen. Zu den Persönlichkeitsmerkmalen, die wahrscheinlich auf sie passen, zählen: formell, materialistisch, Patrizier, stolz, überheblich und elitär.

Menschen mit einem **GERING AUSGEPRÄGTEN LEBENSMOTIV STATUS** zeigen sich unbeeindruckt von der High Society, von Wohlstand und Berühmtheit. Sie halten es für falsch, jemanden zu bewundern, nur weil er zufällig in eine bestimmte Familie geboren wurde oder wohlhabend ist. Sie kümmern sich vermutlich wenig darum, was andere von ihnen halten und identifizieren sich eher mit der Mittel- oder Arbeiterschicht. Zu den Persönlichkeitsmerkmalen, die sie beschreiben, gehören: zwanglos, bodenständig, egalitär, formlos und ungezwungen.

RUHE

Das Lebensmotiv Ruhe beschreibt das Streben nach Sicherheit. Es ist von großem Vorteil für das Überleben, denn es motiviert uns dazu, Gefahren zu meiden. Gefahr ist von diabolischer Natur – sie bedroht uns, zieht uns aber gleichzeitig auch an. Wir suchen nach einem Gleichgewicht zwischen Sicherheit und Spannung. Das Bedürfnis beeinflusst unsere Einstellung zu Gefahr, Abenteuer und in geringerem Ausmaß möglicherweise zu finanziellem Risiko. Die Befriedigung dieses Bedürfnisses erzeugt Gefühle der Entspannung, während die Nichtbefriedigung Furcht, Angst, Sorge oder Schmerz verursacht.

Menschen mit einem **STARK AUSGEPRÄGTEN LEBENSMOTIV RUHE** legen viel Wert auf ihre persönliche Sicherheit. Sie haben wahrscheinlich viele Ängste und sind sehr schmerzempfindlich. Sie können sich viele Sorgen um Geld, Liebesbeziehungen, Gesundheit oder die Zukunft machen (Horney, 1939). So neigen sie eher dazu, Risiken zu vermeiden. Zu den Persönlichkeitsmerkmalen, die sie beschreiben können, gehören: furchtsam, ängstlich, vorsichtig, zögerlich und wahrscheinlich besorgt.

Menschen mit einem **GERING AUSGEPRÄGTEN LEBENSMOTIV RUHE** können furchtlos sein. Wahrscheinlich verfügen sie über gute Stressbewältigungsstrategien. Sie setzen sich möglicherweise Gefahren aus. Zu den Persönlichkeitsmerkmalen, die sie beschreiben können, zählen: mutig, ruhig, couragiert, Erforscher, furchtlos, risikobereit, entspannt und abenteuerlustig.

RACHE

Das Lebensmotiv Rache misst das Streben, diejenigen zu konfrontieren, die uns beleidigen. Die Befriedigung dieses Bedürfnisses erzeugt die Freude des Verteidigens, während die Nichtbefriedigung Kampfgeist und möglicherweise Zorn hervorruft.

Das Bedürfnis nach Rache motiviert den Wettbewerbsgeist. Kämpferische Menschen sind nicht zwangsläufig körperlich aggressiv, aber sie sind schnell dabei, jemanden zu konfrontieren. Wetteifernde Menschen schätzen den Sieg.

Die grundlegenden Herausforderungen stellen Bedrohungen gegenüber Status, Territorium, Kindern, Ressourcen, dem Zugang zu potenziellen Sexualpartnern dar. Aber auch das Auftauchen von fremden und unbekannten Personen mit aggressivem Auftreten kann zu unfreundlichen Interaktionen führen (Aureli & de Waal, 2000).

Wir haben das Potenzial, Verhaltensweisen zur Friedenserhaltung und Aussöhnung einzusetzen, um aggressive Impulse zu steuern. Dieses Verhalten schließt Unterwürfigkeit, Teilen, Kooperation, Entschuldigungen, Körperkontakt und Küssen mit ein. Versöhnliches Verhalten zeigt die Beendigung eines Konflikts an und reduziert zukünftige Konflikte (Aureli & de Waal, 2000).

Aggressives Verhalten in der dritten Klasse lässt auf aggressives Verhalten im Alter von 30 Jahren schließen. (Eron & Huesmann, 1990)

Die Neigung zu aggressivem Verhalten ist im Verlauf des Lebens stabil. In Relation zu den Menschen Ihrer Altersklasse werden Sie in 10 oder 20 Jahren ungefähr genauso aggressiv sein wie heute. Forscher haben beispielsweise dargelegt, dass ein überproportionaler Anteil der „Schulhof-Tyrannen" zu Kriminellen heranwächst.

Menschen mit einem **STARK AUSGEPRÄGTEN LEBENSMOTIV RACHE** sind schnell dabei, andere zu konfrontieren. Sie schätzen Wettkämpfer und Gewinnertypen. Zu den Persönlichkeitsmerkmalen, die auf sie zutreffen können, zählen: kampfbereit, wettkampforientiert und vielleicht aggressiv, zornig, streitbar, wetteifernd oder gemein.

Menschen mit einem **GERING AUSGEPRÄGTEN LEBENSMOTIV RACHE** vermeiden Konfrontation, Prügeleien und Gewalt. Oft ist es ihr erster Impuls, zu kooperieren statt zu konfrontieren. Sie suchen eher nach

Wegen, Probleme friedlich zu lösen. Zu den Persönlichkeitsmerkmalen, die zu ihnen passen, gehören: kooperativ, freundlich, gnädig, nicht-aggressiv und friedliebend.

KAPITEL 7
WARUM MASLOWS HIERARCHIE GEGENSTANDSLOS IST

Abbildung 7-1 Maslows Bedürfnispyramide

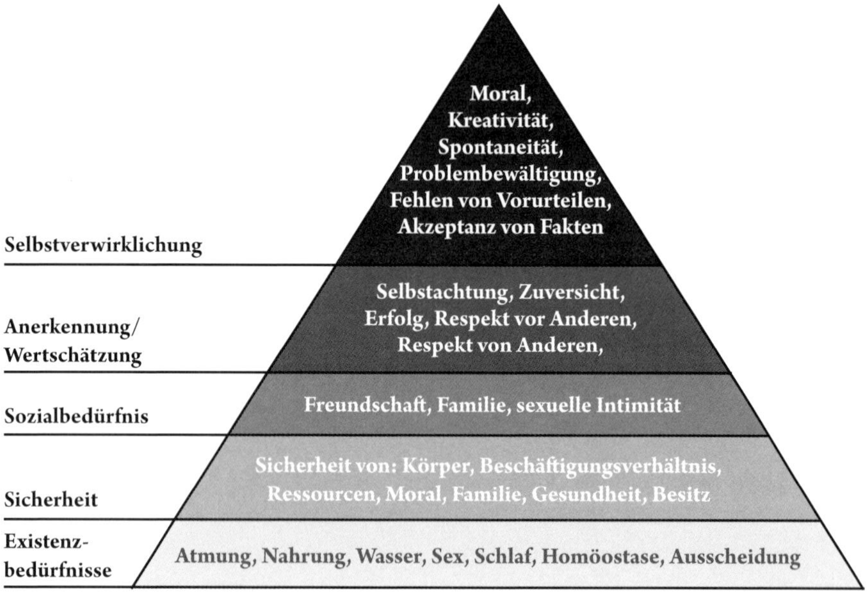

Das RMP® soll die von Abraham Maslow (1943) erschaffene Bedürfnispyramide (siehe Abbildung 7-1) ersetzen. Ich vergleiche meine Theorie gelegentlich mit der Maslows, um exakt herauszuarbeiten, worauf es mir bei meiner Theorie der 16 Lebensmotive ankommt. Maslows Theorie hatte den Höhepunkt ihrer Popularität in den 1960er-Jahren, als er das Präsidentenamt der American Psychological Association innehatte. Sie hat jedoch bis heute, besonders unter Personalmanagern, einen gewissen Einfluss. Maslows Theorie basiert auf zwei Gedanken. Zum Einen schuf er fünf Kategorien menschlicher Bedürfnisse, die ich Lebensmotive nenne. Es gibt physiologische Bedürfnisse, Sicherheitsbedürfnisse, soziale Bedürfnisse, Individualbedürfnisse und – wie er es nannte – das Bedürfnis nach Selbstverwirklichung. Zum Zweiten befürwortete er die Theorie einer Entwicklung des erwachsenen Menschen. Gemäß dieser Theorie beginnt jeder Mensch seinen Entwicklungsprozess, indem er seine Bemühungen auf die Erreichung seiner physiologischen Bedürfnisse konzentriert. Erst nachdem dies gelungen ist, macht sich das Individuum auf, seine Sicherheitsbedürfnisse abzudecken. Ist dieses Ziel erreicht, rücken wir zur nächsten Bedürfnisebene auf, der sozialen Zugehörigkeit, intimen Beziehungen usw., bis wir schließlich die höchste Daseinsstufe erreicht haben, welche Maslow „Selbstverwirklichung" nannte.

Maslow hielt daran fest, dass wir uns nicht auf das Befriedigen eines höheren Bedürfnisses, wie einen Partner zu finden oder beruflichen Erfolg zu erzielen, konzentrieren, ehe wir nicht unsere niedrigeren Bedürfnisse nach Nahrung, Schutz und Sicherheit abgedeckt haben. Er dachte, es liege in der menschlichen Natur, nicht abgedeckten physiologischen Bedürfnissen Vorrang vor allen anderen zu geben. Wenn diese Bedürfnisse unbefriedigt seien, so seine Beobachtungen, beenden Menschen alle anderen Tätigkeiten, mit denen sie beschäftigt sind und widmen ihre ganze Aufmerksamkeit und Energie der Befriedigung dieser Bedürfnisse. Wenn eine Person, die gerade arbeitet, hungrig wird, unterbricht sie ihre Tätigkeit, um zu essen. Ein Kind, dem es draußen kalt wird, unterbricht sein Spiel, um sich warm anzuziehen. Beobachtungen dieser Art überzeugten Maslow davon, dass Menschen ihre physiologischen Bedürfnisse befriedigen, bevor sie irgendeine andere Art von Bedürfnis bedienen.

Wenn eine Person ihre physiologischen Bedürfnisse abgedeckt hat, bewegt sie sich eine Stufe weiter und konzentriert sich auf die Befriedigung ihrer Sicherheitsbedürfnisse. Die jetzt befriedigten physiologischen Bedürfnisse treten nun in den Hintergrund und Sicherheit werden nun zur vorrangigen Sorge des Individuums. Sind diese Bedürfnisse erreicht, rückt das Individuum entspannt und gelöst weiter und tritt in Organisationen ein, um die berufliche Karriere zu planen. Die

Erreichung dieser Bedürfnisse führt zu Selbstvertrauen, Selbstwert und Kompetenz. Werden diese Bedürfnisse verhindert, entstehen Gefühle der Minderwertigkeit und Hilflosigkeit.

Wenn alle bisher besprochenen Bedürfnisse erreicht werden, könne nun nach Maslow mitunter eine neue Unruhe entstehen. Es sei das Bedürfnis nach Selbsterfüllung, all das zu werden, was einem Individuum möglich ist. An diesem Punkt sei unsere Individualität am höchsten entwickelt. Ein Musiker müsse Musik machen, ein Künstler müsse malen und ein Poet müsse schreiben.

Maslows Pyramide ähnelt Aufzeichnungen der Hindu, im Besonderen der Rig Veda, die sich auf die Chakras bezieht. Dies ist ein aus sieben Ebenen bestehendes Energiesystem, das spezifische psychologische Charakterisierungen abbildet. Im Folgenden sind dies:

- Erstes Chakra – Muladhara (Wurzel, im Perineum lokalisiert), motiviert den Überlebensinstinkt.
- Zweites Chakra – Swadhisthana (Sakral, im unteren Abdomen, genau unterhalb des Nabels), motiviert die sexuelle Leidenschaft.
- Drittes Chakra – Manipura (Solar Plexus), motiviert die Willenskraft.
- Viertes Chakra – Anahata (Herz), motiviert die Liebe.
- Fünftes Chakra – Vishuddha (Hals), motiviert das Lernen und die Unabhängigkeit.
- Sechstes Chakra – Ajna (Braue oder drittes Auge), motiviert die Selbsterkenntnis und Einsicht.
- Siebtes Chakra – Sahasrara (Krone, in der Schädelmitte, gegenüber der Wurzel lokalisiert), motiviert die Selbstverwirklichung.

Obwohl dies nicht allgemein bekannt ist, mag es sein, dass Maslow vier Ideen vom Hinduismus übernommen hat:

- Bedürfnispyramide;
- Durchlaufen unterschiedlicher Entwicklungsstadien, während derer spezifische Bedürfnisse dominant sind;
- beim ersten Stadium menschlicher Entwicklung geht es um Überlebensbedürfnisse;

- beim letzten Stadium menschlicher Entwicklung geht es um Selbstverwirklichung.

Wissenschaftler kamen zu dem Schluss, dass Maslows Pyramide einen geringen Aussagewert hat. Auch solche, die Maslows Ideen anfangs nahestanden, stellten mit der Zeit fest, dass seine Bedürfnispyramide keine Gültigkeit aufweist.

Wissenschaftler kamen zu dem Schluss, dass Maslows Pyramide einen geringen Aussagewert hat.

Ein Problem der Maslow'schen Pyramide ist, dass sich menschliche Bedürfnisse nicht in fünf Kategorien einteilen lassen. Wie Tabelle 7-2 zeigt, wirft Maslow nicht miteinander verbundene Lebensmotive in einen Topf. In Maslows Pyramide geht es beispielsweise bei dem Bedürfnis nach Familie um Sicherheit. Nach den Ergebnissen der Untersuchungen der 16 Lebensmotive geht es bei dem Bedürfnis nach Familie um Kinder. Maslow sieht Ehre als ein niedrigeres Bedürfnis und Idealismus als das höchste Bedürfnis an. Diese spekulativen Klassifizierungen sind jedoch falsch. Die wissenschaftliche Erforschung der 16 Lebensmotive sowie das „Big Five“ Konzept zum Pflichtbewusstsein zeigen, dass Ehre und Idealismus in Wechselwirkung zueinander stehende Motive sind und daher nicht in unterschiedlichen Entwicklungsstadien – wie Maslow vermutete – stehen können. Obwohl Maslows Idee, dass das Großziehen von Kindern soziale Bedürfnisse abdeckt, stichhaltig erscheint, ist dem nicht so. Bei der Familie geht es um Elternschaft, während soziale Beziehungen das Miteinander mit Peergroups meint. Familien feiern keine Partys und Partymenschen sind nicht notwendigerweise Eltern. Familie und soziale Beziehungen sind unterschiedliche menschliche Bedürfnisse.

Tabelle 7-1 Maslows Bedürfnisse und Lebensmotive

Maslows Bedürfnisse	Lebensmotive
Physiologische Bedürfnisse	Essen, körperliche Aktivität, Eros
Sicherheit	Ruhe, Ordnung, Ehre, Familie, Sparen, Rache
Zugehörigkeit, Liebe	Beziehungen, Unabhängigkeit
Wertschätzung	Anerkennung, Macht, Status
Selbstverwirklichung	Idealismus, Neugier

Ein weiteres Problem bei Maslows Bedürfnispyramide ist, dass sie die Individualität unterschätzt. Während Maslow von einer universellen, für alle anwendbaren Bedürfnispyramide ausging, zeigen unsere Forschungen zu den 16 Lebensmotiven, dass jedes Individuum eine besondere Bedürfnispyramide hat. Jeder hat somit eine individuelle Pyramide, die anzeigt, was für ihn oder sie von Bedeutung ist. Maslows Konzept einer universellen Pyramide ist falsch.

Menschen durchlaufen nicht etwa einen Prozess der Befriedigung eines Bereichs von Bedürfnissen, bevor sie zu einem anderen übergehen, wie Maslow behauptete. In ihrer Jugend haben die meisten Menschen die 16 Lebensmotive bereits in einer Art und Weise priorisiert, die für den Rest ihres Lebens Gültigkeit haben wird. Aus sportlichen Jugendlichen werden körperlich aktive Erwachsene. Sie entwickeln sich nicht von aktiven Menschen zu völlig anderen Personen. Freundliche Jugendliche werden zu geselligen Erwachsenen. Aus unorganisierten Jugendlichen werden unorganisierte Erwachsene und so weiter.

Reiss und Havercamp (2005) überprüften Maslows Theorie, indem wir unser Augenmerk darauf richteten, wie sich die Ausprägung der 16 Lebensmotive im Alter verändert. Wir teilten 1712 Befragte in vier Altersgruppen ein und betrachteten sowohl die Summe aller 16 Lebensmotive, welche wir als „absolute Motivation“ bezeichneten, als auch jedes Bedürfnis einzeln. Unsere Ergebnisse zeigten Folgendes:

- Die absolute Motivation nahm während der Jugend und des frühen Erwachsenenalters zu. Die jungen Menschen gingen an viele Dinge leidenschaftlich heran.
- Die absolute Motivation hatte ihren Höhepunkt während des mittleren Alters. Erwachsene mittleren Alters gewannen weder Leidenschaft hinzu noch verloren sie selbige.
- Die absolute Motivation nahm bei Senioren ab, wobei die Rate des Abfalls sich mit zunehmendem Alter erhöhte. Ältere Menschen machten sich weniger aus so ziemlich allen Dingen, ausgenommen dem Lebensmotiv für Ruhe, welches in den späten Jahren ihres Lebens an Bedeutung gewann.

Wir fanden wenig Beweis für Maslows fünf Stadien menschlicher Entwicklung. Menschen waren nicht während einer Phase ihres Lebens beispielsweise auf Sicherheit konzentriert, um dann zu den Bedürfnissen nach Zugehörigkeit weiterzugehen. Mit zunehmendem Alter nahmen die Bedürfnisse allgemein ab.

Wie vorhergehend bereits erwähnt, bin ich seit meiner Jugend eine intellektuell neugierige Person gewesen. Ich verbrachte einen Großteil meiner Zeit damit zu denken, zu analysieren, zu lesen und zu schreiben sowie mich an intellektuellen Konversationen zu beteiligen. Bereits in meiner Highschool-Zeit verbrachte ich den Sommer damit, einen Kurs in Philosophie zu belegen, weil ich einfach Spaß daran hatte. Der Gedanke, dass ich einen menschlichen Entwicklungsprozess durchlief, in dem meine intellektuelle Neugier zu einem späteren Zeitpunkt, nachdem ich meine physiologischen, Sicherheits- und Gruppenzugehörigkeitsbedürfnisse beherrscht hatte, zum Tragen kam, ist einfach falsch. Obgleich wir uns während unseres Heranwachsens verändern und

> Menschen sind ihr Leben lang mehr oder weniger durch dieselben Lebensmotive motiviert. Maslows Idee einer menschlichen Entwicklung – dass nämlich Werte und Motive sich beim Prozess des Älterwerdens verändern – ist zu großen Teilen ein haltloser, romantischer Mythos.

entwickeln, geschieht das doch nicht annähernd so dramatisch wie in der von Maslows Pyramide angenommenen Art und Weise. Wir gehen nicht von einer Bedürfnisebene zur nächsten, was bedeuten würde, dass wir von einem Paket von Persönlichkeitsmerkmalen zu einem anderen wechseln würden.

Zusammenfassend hat jeder Mensch seine eigene Bedürfnispyramide. Das RMP® wertet diese individuelle Bedürfnispyramide aus. Dabei geht es um individuelle und persönliche Bedürfnisse., darum, wer wir sind und nicht, wie wir im Vergleich zu einem universellen Standard der Menschheit – wie in Maslows Pyramide dargestellt – abschneiden.

KAPITEL 8
WIE SICH BEDÜRFNISSE AUF BEZIEHUNGEN AUSWIRKEN

Die Theorie der 16 Lebensmotive hat signifikante Auswirkungen auf Beziehungen. Durch die Auswertung der Motive und Werte von zwei Personen, wie auch immer diese miteinander in Verbindung stehen, ob als Lebenspartner, in einer Eltern-Kind Beziehung, als Führungskraft und Mitarbeiter, können wir einschätzen, wie verträglich sie längerfristig miteinander sind, was sie übereinander denken und warum sie sich immer wieder über dieselben Punkte streiten. Werte und Bestrebungen beeinflussen die Verträglichkeit von Langzeitbeziehungen in Übereinstimmung mit den folgenden vier Prinzipien:

> „Gleich und Gleich gesellt sich gern“ gehört zu den am stärksten validierten Prinzipien der Psychologie.

DAS PRINZIP DER BINDUNG

Die Idee der Gegensätze, nämlich „Gegensätze ziehen sich an“, fühlt sich emotional vertraut an, ist aber nicht zutreffend. Normalerweise distanzieren wir uns von Menschen mit Werten oder Bestrebungen, die sich deutlich von unseren eigenen unterscheiden. Wir sind wenig kompatibel mit Menschen, die gegensätzliche Werte und Lebensmotive haben. Obwohl ergänzende Fertigkeiten und Fähigkeiten in Partnerschaften hilfreich sein können, führen gegensätzliche Persönlichkeitsmerkmale, Werte oder Motive meist zu Konflikten.

DAS PRINZIP DER TRENNUNG

Signifikante Unterschiede in intrinsisch verankerten Werten führen zu Auseinandersetzungen, die sich selten lösen lassen. Der Psychologe

John Gottman von der Washingtoner Universität beobachtete, dass 69 Prozent der ehelichen Konflikte dauerhaft sind (Gottman & Silver, 1999). „Bei unseren alle vier Jahre stattfindenden Folgeuntersuchungen von Paaren stellen wir immer wieder fest, dass sie immer noch über das exakt gleiche Thema streiten. Es scheint dann, als seien nur vier Minuten anstelle von vier Jahren vergangen“ (Gottman & Silver, 1999, S. 129-130).

DAS PRINZIP DES „SELF-HUGGING“

Als ich in den Tiefen der Ohio State-Universitätsbibliothek an einem Forschungsprojekt arbeitete, stieß ich auf George Ramsays Buch über „Das Wesen des Glücks“ aus dem Jahr 1843. Die Seiten waren mehr als 150 Jahre den Elementen ausgeliefert, verblasst und brüchig. Ich gab aber mein Bestes, so viel wie möglich darin zu lesen. Die folgende Passage erweckte meine Aufmerksamkeit:

Derselbe Unterschied zwischen dem Gefühl an Vorstellungskraft und der Armut daran erklärt beim Menschen etwas, was oft beobachtet wurde. Nämlich, dass die eine Hälfte der Menschen ihr Leben damit verbringt, sich über die Bestrebungen der anderen zu wundern. Nicht in der Lage zu sein, sich vorzustellen, dass Vergnügen auch aus anderen als den eigenen Vorlieben entspringen kann, lässt sie auf andere als unmerklich besser als Verrückte blicken, die bloß auf unnütze Spielereien aus seien. Sie nehmen sich selbst als die einzig Klugen wahr, während sie in Wahrheit einfach nur engstirnig sind. (vgl. S. 168)

Ich habe jahrelang über die Bedeutung dieser Worte nachgedacht. Ich glaube jetzt, dass George Ramsey – ein unscheinbarer Philosophieprofessor des 19. Jahrhunderts an der Universität von Oxford in England – mit Erfolg die psychologischen Geheimnisse von Langzeitbeziehungen entschlüsselt hat. Inzwischen nehme ich an, dass seine Idee des „Self-hugging“ erklärt, warum Menschen mit gegensätzlichen Bestrebungen dazu neigen, sich misszuverstehen und häufig streiten. Wegen der Bedeutung seiner Aussagen werfe ich einen genaueren Blick auf das, was er geschrieben hat.

1. **ER SCHREIBT:** „Derselbe Unterschied zwischen dem Gefühl an Vorstellungskraft und der Armut daran erklärt beim Menschen etwas, was oft beobachtet wurde. Nämlich, dass die eine Hälfte der Menschen ihr Leben damit verbringt, sich über die Bestrebungen der anderen zu wundern." **WAS ER DAMIT MEINT:** Wir neigen dazu, Menschen misszuverstehen, die Interessen nachgehen, an denen wir keinen Spaß haben. **BEISPIEL:** Der Verschwender und der Sparer missverstehen einander. Der Verschwender genießt es, shoppen zu gehen, der Sparer hingegen hält das für unklug und möglicherweise sogar unverantwortlich. Der Sparer hat Freude daran, sein Geld zur Bank zu bringen und es zu sparen, aber der Verschwender hält es für närrisch, sich selbst des Spaßes zu berauben. Sparen ist die Freude des Geizhalses, aber eine Frustration für den Shopper. Ausgeben ist dem Shopper eine Freude, aber lässt den Sparer sich unwohl fühlen. Demnach ist jeder irritiert von den Entscheidungen des anderen.

2. **ER SCHREIBT:** „Nicht in der Lage zu sein, sich vorzustellen, dass Vergnügen auch aus anderen als den eigenen Vorlieben entspringen kann, lässt ..." **WAS ER DAMIT MEINT:** Sparer und Shopper sind unterschiedlich gestrickt. Dem Sparer ist es nicht möglich, das Vergnügen zu empfinden (oder es sich überhaupt vorzustellen), das der Shopper aus dem Geldausgeben zieht. Dem Shopper ist es nicht möglich, das Behagen zu empfinden (oder es sich überhaupt vorzustellen), das der Sparer aus dem Ansparen von Geld zieht.

3. **ER SCHREIBT:** „... lässt sie auf andere als unmerklich besser als Verrückte blicken, die bloß auf unnütze Spielereien aus seien." **WAS ER DAMIT MEINT:** Menschen mit unterschiedlichem Streben werten sich gegenseitig ab. Der Sparer denkt, dass der Shopper einen unverantwortlichen, närrischen Lebensstil hat und der Shopper denkt das gleiche über den Sparer. Jeder ist der Auffassung, dass die Welt glücklicher sei mit seinen persönlichen Unternehmungen anstelle der Ziele des anderen.

4. **ER SCHREIBT:** „Sie nehmen sich selbst als die einzig Klugen wahr, während sie in Wahrheit einfach nur engstirnig sind.

“**WAS ER DAMIT MEINT:** Wenn wir entdecken, wer wir sind, haben wir eine Tendenz zu denken, dass wir etwas über die menschliche Natur und nicht nur über uns selbst gelernt haben. Der Sparer denkt, es liegt in der menschlichen Natur, glücklicher damit zu sein, lebensnotwendige Güter wie Geld anzusammeln, während der Shopper denkt, dass es der Natur des Menschen entspricht, alles zu kaufen, wonach ihn gerade verlangt. Jeder ist stolz auf das, was er zu wissen glaubt. Jeder verwechselt Engstirnigkeit in Bezug auf die andere Person mit Weisheit.

Zusammenfassend ist „Self-hugging“ ist die natürliche Neigung zu denken, dass unsere Wertvorstellungen die besten sind – und zwar nicht nur für uns selbst, sondern für alle. Wenn Menschen erfahren, dass ein bestimmter Lebensstil sie glücklich macht, denken sie, dass sie etwas über die menschliche Natur im Allgemeinen gelernt haben, während sie in Wahrheit nur etwas über sich selbst erfahren haben. Gesellige Menschen denken, „unter Leute zu gehen macht Spaß“, während sie doch eigentlich denken sollten, „Mir macht es Spaß, unter Leute zu gehen“. Intellektuelle nehmen an, „Es liegt in der menschlichen Natur, Spaß am Lernen zu haben“, während sie auf „Mir macht Lernen Spaß“ schließen sollten. Selbstbewusste Psychologen behaupten „Autonomie ist ein Zeichen menschlichen Wachstums“, während sie doch davon sprechen sollten, dass „Autonomie wichtig für ihr eigenes persönliches Wachstum“ ist.

„Self-hugging“ ist eine natürliche Neigung zu denken, dass unsere Wertvorstellungen die besten sind – und zwar nicht nur für uns selbst, sondern einfach für alle.

Aufgrund des „Self-hugging“ haben viele nicht so glückliche Menschen Zweifel darüber, was zum Glück führt. Sie denken: „Wenn ich doch nur erfolgreicher oder wohlhabend wäre oder besser aussehen würde, wäre ich wahrhaft glücklich“. Manche nicht so glückliche Menschen sind so überzeugt zu wissen, was zum Glück führt, dass sie anderen Menschen, die eigentlich glücklicher sind als sie, Ratschläge erteilen. Ein unglücklicher Intellektueller kann einem glücklichen Nichtintellektuellen beispielsweise mitteilen: „Du kannst nicht wirklich glücklich sein. Um wirklich glücklich zu sein, musst du dir großes Wissen und Einsicht aneignen.“ Ein nicht so glücklicher Puritaner schaut einen Playboy an und denkt: „Sein Glück ist seicht. Wie kann irgendjemand mit Menschen auf eine so oberflächliche Art und Weise umgehen? Er wäre glücklicher, wenn er tiefe, beständige Beziehungen finden könnte."

„Self-hugging" tritt dort in Erscheinung, wo es um unsere stärksten und geringsten Lebensmotive geht. Starke Lebensmotive motivieren uns dazu, starke Wertvorstellungen anzunehmen, was es schwieriger für uns macht, Menschen mit gegensätzlichen Werten zu verstehen. Geringe Lebensmotive haben den gleichen Effekt. Betrachten wir das Beispiel eines ambitionierten Elternteils und eines entspannten Kindes. Der ambitionierte Elternteil fragt das nicht ambitionierte Kind: „Warum suchst du dir nicht einen Job und arbeitest härter, um etwas aus deinem Leben zu machen?" Das nicht ambitionierte Kind kontert: „Warum tust du nicht mal etwas anderes als immer nur arbeiten, arbeiten, arbeiten?" In diesem Beispiel hat der Elternteil eine starke Ausprägung Macht, während das Kind eine geringe Ausprägung Macht hat. Der Streit ist entfacht durch „Self-hugging". Das heißt, der Elternteil drängt seine Werte dem Kind auf in dem Glauben, dass dies das Beste für das Kind sei. Das Kind drängt seine Werte dem Elternteil auf, tadelt ihn für sein „zu viel" an Arbeit, für sein Nicht-Innehalten, um das Leben zu genießen. Die Konfliktlösung erfordert, dass beide Parteien (ambitioniert/nicht-ambitioniert) begreifen, dass sie unterschiedliche Menschen sind und es somit sein kann, dass der eine etwas wertschätzt, gegen das der andere eine intrinsische Abneigung verspürt und umgekehrt. Toleranz von Individualität stellt oftmals die einzig mögliche Lösung dar.

DAS PRINZIP DER WERTETYRANNEI

Am besten betrachtet man die menschliche Motivation als eine Durchsetzung von zentralen Werten und nicht als psychische Energie. Wir sind eine Spezies, die motiviert ist, ihre Werte und Bestrebungen durchzusetzen. In einer Beziehung werden sich zwei Menschen mit unterschiedlichen Werten und Bestrebungen gegeneinander behaupten wollen. Durch das „Self-hugging"-Prinzip denkt jede Person, dass die eigenen Wertevorstellungen die besten seien. Demgemäß versuchen sie, die Werte des anderen zu verändern in dem Glauben, dass dies nur dem Wohl der jeweils anderen

Person diene. Ich verwende den Begriff „Wertetyrannei“, um auf den Versuch hinzuweisen, die Werte des Partners oder anderer, mit denen man eine längerfristige Beziehung hat, zu verändern (wie z. B. ein Kind oder ein Angestellter).

> „Wertetyrannei“ bezieht sich auf die Versuche einer Person, die eigenen Werte anderen aufzudrängen, in dem Glauben, es sei zum Besten des anderen.

„Wertetyrannei“ verweist auf die Versuche einer Person, die eigenen Werte anderen aufzudrängen, in dem Glauben, es sei zum Besten des anderen. Der Elternteil, Lehrer oder Chef mit einem geselligen Charakter denkt, dass ruhige Menschen viel verpassen. So denkt er auch, dass ruhige Menschen sich vor Ablehnung fürchten und deshalb lieber für sich bleiben. In Wahrheit ist nichts verkehrt an ruhigen Menschen. Introvertierte werten Geselligkeit einfach nur anders als Extravertierte.

In zwischenmenschlichen Beziehungen tauchen dieselben Streitpunkte immer und immer wieder auf. Vielleicht wendeten auch Ihre Eltern Wertetyrannei bei Ihnen an, um Sie zu verändern, oder vielleicht machen Sie das Gleiche mit Ihrem Partner oder Ihren Kindern. Unsere Welt wäre eine bessere, wenn wir Menschen, deren Werte unseren eigenen widersprechen, einfach tolerieren könnten und aufhören würden, andere verändern zu wollen, damit sie uns ähnlicher werden.

KAPITEL 9
WAS MENSCHEN VONEINANDER DENKEN

Mit den RMP®-Ergebnissen zweier zufälliger Kandidaten können wir das Prinzip des „Self-hugging" anwenden, um einzuschätzen, was sie wahrscheinlich übereinander denken würden, wenn sie über einen längeren Zeitraum zusammen arbeiten oder leben würden. Bei den Lebensmotiven, bei denen sie übereinstimmen, beide haben ein „stark" ausgeprägtes Lebensmotiv oder beide haben ein „gering" ausgeprägtes Lebensmotiv – neigen beide dazu, positiv über den anderen zu denken. Stimmen sie hingegen nicht überein – einer hat ein bestimmtes Lebensmotiv „stark" ausgeprägt, der andere „gering"– dann neigen sie dazu, den anderen abzuwerten und häufig zu streiten. Grundsätzlich gilt beim Arbeiten mit dem RMP®, dass wir die „durchschnittlich" ausgeprägten Lebensmotive nicht interpretieren.

Nicht zusammenpassende Lebensmotive im RMP® motivieren Wertekonflikte. Ein (Ehe-)Partner mit einem hohen Bedürfnis nach Status schätzt es beispielsweise, in einer teuren, besseren Wohngegend zu wohnen, während der andere (Ehe-)Partner mit einem niedrigen Bedürfnis nach Status sich möglicherweise in einer statusträchtigen Wohngegend gehemmt und unwohl fühlt. Wahrscheinlich würden die beiden immer wieder über Themen, die Status und Prestige betreffen, in Streit geraten. Dieser Streitpunkt lässt sich nicht einfach – wenn überhaupt – lösen, da es ein Konflikt der Kernwerte ist.

> Nicht zusammenpassende Bedürfnisse im RMP® motivieren Wertekonflikte.

Im Folgenden werden typische Implikationen für zusammenpassende und nicht zusammenpassende Lebensmotive in der Beziehung zweier Menschen gezeigt. Es spielt keine Rolle, ob wir eine Liebesbeziehung zwischen zwei Partnern oder eine berufliche Beziehung zwischen Vorgesetztem und Mitarbeiter oder zwei Arbeitskollegen analysieren.

Tabelle 9-1 Was Menschen mit übereinstimmenden und nicht übereinstimmenden Lebensmotiven voneinander denken

Lebensmotiv	Gedanken
 **Anerkennung** ist das Bedürfnis nach positivem Selbstwert.	**Stark/Stark:** Beide sind unsicher und zögern, Misserfolg zu riskieren. **Gering/Gering:** Beide sind selbstbewusst mit einer „Ich kann es"-Einstellung. **Stark/Gering:** Die selbstbewusste Person denkt, dass die unsichere Person zu viel Bestätigung braucht oder zu wenig entscheidungsfreudig ist. Die unsichere Person hält die selbstbewusste Person für eingebildet oder aalglatt. Es ergeben sich sich wiederkehrende Streitereien über das Ausprobieren von Neuem und/oder Riskieren von Misserfolg.
 **Neugier** ist das Bedürfnis nach Erkenntnis.	**Stark/Stark:** Beide sind Intellektuelle. **Gering/Gering:** Beide sind praktisch veranlagt, keiner hat Spaß an intellektuellen Tätigkeiten. **Stark/Gering:** Die intellektuelle Person hält die praktische Person für langweilig. Die praktische Person hält die intellektuelle für arrogant, unpraktisch und/oder „nerdy". Wiederkehrende Streitereien drehen sich um die Schwierigkeit, einander zu verstehen, zu viel zu reden, Oberflächlichkeit und/oder um den Stellenwert der Kindererziehung.
 **Essen** ist das Bedürfnis nach Nahrung.	**Stark/Stark:** Beide genießen es, zu essen. **Gering/Gering:** Beide machen sich nichts aus kulinarischen Dingen. **Stark/Gering:** Der Wenigesser unterstellt dem Vielesser fehlende Willenskraft. Der Vielesser denkt, der Wenigesser gönnt sich nichts. Wiederkehrende Streitereien über Mahlzeiten, Gewicht und/oder Selbstkontrolle.

Familie ist das Bedürfnis, Kinder aufzuziehen und Zeit mit den Geschwistern zu verbringen.	**Stark/Stark:** Beide wollen eine Familie gründen. **Gering/Gering:** Keiner will eine Familie gründen. **Stark/Gering:** Der Familienmensch hält den Nicht-Familienmenschen für selbstsüchtig oder denkt, er verpasse das Beste im Leben. Der Nicht-Familienmensch bemängelt beim Familienmenschen, dass er gebunden ist und sein eigenes Leben für die Kinder opfert. Wiederkehrende Streitereien über Kinderwunsch, Erziehungsfragen und/oder die Zeit, die man nicht zu Hause verbringt.
Ehre ist das Bedürfnis nach einem aufrechten Charakter.	**Stark/Stark:** Beide halten Versprechen und sind verantwortungsvoll. **Gering/Gering:** Beide sind zweckorientiert. **Stark/Gering:** Die prinzipientreue Person hält die zweckorientierte Person für selbstsüchtig und charakterlos. Die zweckorientierte Person hält die prinzipientreue Person für rechthaberisch und scheinheilig. Wiederkehrende Streitereien über Themen wie Ethik, Loyalität und/oder Verantwortung.
Idealismus ist das Bedürfnis nach sozialer Gerechtigkeit.	**Stark/Stark:** Beide machen sich Gedanken über Fairness und soziale Gerechtigkeit. **Gering/Gering:** Beide haben eine realistische, nüchterne Einstellung zu sozialen Ungerechtigkeiten. **Stark/Gering:** Der Idealist denkt, dem Realisten fehlt es an Mitgefühl. Der Realist hält den Idealisten für einen Träumer. Wiederkehrende Streitereien über soziale Gerechtigkeit, Fairness, humanitäre Hilfe und/oder Politik.
Unabhängigkeit ist das Bedürfnis nach Eigenständigkeit.	**Stark/Stark:** Beide sind unabhängig und selbstständig. **Gering/Gering:** Beide sind voneinander abhängig und verlassen sich aufeinander. **Stark/Gering:** Die unabhängige Person hält die abhängige Person wahrscheinlich für unreif und/oder bedürftig. Die abhängige Person hält die unabhängige Person möglicherweise für stur oder denkt, dass sie Angst vor Nähe hat. Wiederkehrende Streitereien über Dinge wie emotionale Unterstützung oder Sturheit.

 **Ordnung** ist das Bedürfnis nach Struktur.	**Stark/Stark:** Beide sind strukturiert und ordentlich. **Gering/Gering:** Beide gehen „ihrer Nase nach", sträuben sich gegen Planmäßigkeit und sind spontan. **Stark/Gering:** Die organisierte Person hält die spontane Person für ineffizient und/oder unorganisiert. Die spontane Person denkt, die organisierte Person beschäftigt sich mit Trivialitäten. Wiederkehrende Streitereien um Fragen der Haushaltsführung.
 **Körperliche Aktivität** ist das Bedürfnis nach körperlicher Betätigung.	**Stark/Stark:** Beide sind aktive Menschen. **Gering/Gering:** Beide sind eher inaktiv. **Stark/Gering:** Die aktive Person hält die inaktive Person für faul. Die inaktive Person findet die aktive Person anstrengend. Wiederkehrende Streitereien um Themen der Fitness, der körperlichen Ertüchtigung und/oder des Lifestyles.
 **Macht** ist das Bedürfnis nach Einfluss oder Führungspositionen.	**Stark/Stark:** Beide sind bestimmend und ambitioniert. Sie schätzen Kompetenz. **Gering/Gering:** Beide sind weniger durchsetzungsfähig und entspannt. **Stark/Gering:** Die durchsetzungsfähige Person findet die nicht durchsetzungsfähige Person zu locker oder zu wenig erfolgreich. Die nicht durchsetzungsfähige Person denkt, dass die durchsetzungsfähige Person zu viel arbeitet, kontrollierend und zu ambitioniert ist. Wiederkehrende Streitereien über Themen der Kontrolle und wie hart jeder arbeitet.
 **Eros** ist das Bedürfnis nach Schönheit und Sex.	**Stark/Stark:** Beide sind leidenschaftliche Menschen. **Gering/Gering:** Beide haben eine asketische Persönlichkeit. **Stark/Gering:** Die leidenschaftliche Person hält die asketische Person für prüde, blockiert und/oder selbstverleugnend. Die asketische Person denkt, die leidenschaftliche Person ist hedonistisch, vergnügungssüchtig, nicht-spirituell oder auf unwichtige Lebensbelange fokussiert. Wiederkehrende Streitereien über Themen wie Sinnlichkeit, Romantik oder Ästhetik.

Sparen ist das Bedürfnis, Dinge anzusammeln.	**Stark/Stark:** Beide sind Sammler. **Gering/Gering:** Keiner ist Sammler. **Stark/Gering:** Der Sammler denkt über den Nichtsammler, dass er verschwenderisch ist und/oder nicht auf Dinge achtgibt. Der Nichtsammler hält den Sammler für einen Geizkragen oder Knauserer. Wiederkehrende Streitereien über das Achtgeben auf Besitz und/oder Geld.
Beziehungen ist das Bedürfnis nach Kameradschaft mit Gleichgesinnten.	**Stark/Stark:** Beide sind gesellig, lebenslustig und interessiert daran, zu Gruppen bzw. Clubs dazuzugehören. **Gering/Gering:** Beide sind introvertiert, zurückgezogen oder Einzelgänger. **Stark/Gering:** Die gesellige Person denkt, die introvertierte Person ist schüchtern und hat wahrscheinlich Angst vor Zurückweisung. Die introvertierte Person hält die gesellige Person für oberflächlich. Wiederkehrende Streitereien über das gemeinsame gesellschaftliche Leben.
Status ist das Bedürfnis nach Respekt der gesellschaftlichen Stellung.	**Stark/Stark:** Beide schätzen Wohlstand, Status und Reputation. **Gering/Gering:** Beide identifizieren sich mit der Mittelschicht. **Stark/Gering:** Die auf Status fokussierte Person hält die egalitäre Person für unbedeutend. Die egalitäre Person hält die statusfokussierte Person für elitär, steif und zu formell. Wiederkehrende Streitereien über Themen der Reputation, des Prestiges und/oder Formalitäten.
Ruhe ist das Bedürfnis nach Sicherheit.	**Stark/Stark:** Beide sind ängstlich. **Gering/Gering:** Beide sind mutig oder abenteuerlustig. **Stark/Gering:** Die ängstliche Person hält die abenteuerlustige Person für leichtsinnig. Die abenteuerlustige Person denkt, die ängstliche Person ist ein Feigling. Wiederkehrende Streitereien über das Thema, ob man Gefahr suchen oder meiden sollte.

Rache ist das Bedürfnis, diejenigen zu konfrontieren, die uns verletzen.	**Stark/Stark:** Beide sind wetteifernd und suchen Konfrontationen. **Gering/Gering:** Beide sind konfliktvermeidend; keiner ist wetteifernd. **Stark/Gering:** Die wetteifernde Person denkt, die konfliktvermeidende Person ist schwach und/oder naiv. Die konfliktvermeidende Person hält die wetteifernde Person für zornig, einschüchternd und/oder zu aggressiv. Wiederkehrende Streitereien über Themen, die Wettstreit und Konfrontation betreffen.

TEIL 3

ANWENDUNGEN DES REISS MOTIVATION PROFILE®

KAPITEL 10
SELBSTFINDUNG

Im Sommer 1963 beschloss ich nach meinem Highschool-Abschluss, den bekannten Ausspruch von Sokrates „Erkenne dich selbst" ernst zu nehmen. Ich schrieb mich in einen Einführungskurs in Philosophie des City College of New York ein. Eines Tages saß ich nachmittags mit meinen Philosophiebüchern unter einem Baum und war entschlossen, mich selbst in einem viel tieferen Sinne, als ich es bis zu diesem Moment getan hatte, kennenzulernen. Ich versuchte zu meditieren, aber nichts blubberte aus meinem inneren Selbst an die Oberfläche. Schnell stellte ich fest, dass es eine Sache ist, wenn Sokrates seine Studenten dazu anleitet, sich selbst zu kennen, aber eine ganz andere, eine Methode zu finden, um dieses Ziel zu erreichen. „Erkenne dich selbst" ist leichter gesagt als getan.

Seit diesem heißen Sommernachmittag, den ich unter einem Baum sitzend damit verbrachte, mich selbst kennenzulernen, sind nun fast 50 Jahre vergangen. Das von mir entwickelte RMP® ist zu einer populären Selbstfindungsmethodik geworden. Wie alle guten Werkzeuge zur Selbstfindung zeigt es genau das auf, was Sie eigentlich schon immer vage im Kopf hatten, ohne es genauer spezifizieren zu können. Selbstfindung ist ein Prozess des Entdeckens, wer wir sind und wie ähnlich bzw. unterschiedlich wir in Bezug auf andere Menschen sind. Psychologen haben drei Methoden der Selbstfindung entwickelt, die psychodynamische Theorie, die Theorie der Persönlichkeitstypen und die menschliche Bedürfnistheorie.

- Die Intention der psychodynamischen Selbstfindung ist es, Menschen über ihre unbewussten Gedanken und Sehnsüchte in Kenntnis zu setzen und aufzuzeigen, wie ihre verborgenen seelischen Prozesse in Verbindung zu vergangenen Kindheitserfahrungen stehen können. Sie basiert auf Freuds Theorie der psychischen Erkrankung.
- Die Persönlichkeitstyp-Theorie nach Isabel Myers und Katherine Briggs hat zum Ziel, Menschen etwas über angeborene Neigungen

bezüglich der Informationsverarbeitung zu lehren, und wie solche Neigungen ihre Persönlichkeitsmerkmale bestimmen können. Myers und Briggs geben an, den Mystizismus des Schweizer Psychologen Carl Jung – ein Psychotherapeut und Beobachter menschlichen Verhaltens – praktisch anzuwenden.

- Die in diesem Buch behandelte menschliche Bedürfnistheorie informiert uns darüber, wie unsere Persönlichkeitsmerkmale aus unseren intrinsischen Motiven und Wertvorstellungen entstehen. Sie basiert auf Studien zu den bewussten Absichten, die anhand von breiten, wissenschaftlich validierten Befragungen diverser Personengruppen aufgedeckt wurden.

Das RMP® fällt unter den Bereich der Selbstfindung, basierend auf Bedürfnissen, Motiven und Werten. Menschen, die das RMP® anwenden, lernen etwas darüber, was sie motiviert und welchen Stellenwert sie den universellen Zielen beimessen. Sie gewinnen Einsicht darüber, wie sich ihre Motive und Werte auf Beziehungen auswirken – im Bereich Arbeit, Schule oder Familie.

Das RMP® kann uns helfen, die „blinden Flecken" unserer Persönlichkeit zu erkennen. Damit sind Merkmale gemeint, die alle, die uns kennen, an uns wahrnehmen können, die wir selbst aber irgendwie übersehen. Betrachten Sie das Beispiel von Barack Obama, der mit seiner Multitasking-Fähigkeit prahlte („walk while chewing gum"). Im RMP® würde er wahrscheinlich einen geringen Wert für das Lebensmotiv Ordnung erzielen. Ein durch ein geringes Bedürfnis nach Ordnung motivierter blinder Fleck ist es, nicht zu bemerken, dass andere einen für übereifrig halten. Kurz nachdem er Präsident geworden war, initiierte Obama eine Vielzahl neuer Projekte, im Prinzip alles, von der Überholung der Krankenversicherung bis hin zu einer neuen nationalen Energiepolitik. Er war blind für die simple Tatsache, dass er zu viele Projekte zur gleichen Zeit angegangen hatte. Er dachte, dass er andere beeindrucken würde, indem er ihnen zeigt, wie viele gute Ideen er hat und wie kompetent er ist. Viel zu spät bemerkte er, dass viele Beobachter davon ausgingen, dass er scheitern würde, einfach weil er zu viel zu früh wollte. Oder denken Sie an den Präsidentschaftskandidaten John Kerry, der in Interviews sehr nuancierte Antworten gab, um sich von dem eher uninteressiert wirkenden George W. Bush abzuheben. Kerry war blind dafür wahrzunehmen, wie schwierig es für normale Menschen war, zu verstehen was er sagte. Bushs politisches Team hatte damit Erfolg, ihm vorzuwerfen, er sei zu intellektuell und zu verwirrend. Der Präsidentschaftskandidat Mitt Romney hatte wiederum einen blinden Fleck, was die Bewertung von Themen wie Wohlstand und soziale Stellung betraf, Werte also, die vom Lebensmotiv Status motiviert sind. Psychologisch betrachtet ist sein Statement, sich um 47 Prozent der Bevölkerung nicht zu scheren, in etwa das Bindeglied zwischen Status und Aufmerksamkeit. (Vergleichend hierzu sei auf meinen Blog „Was ich von Prinz Charles lernte" verwiesen.) Wir schenken unsere Aufmerksamkeit Menschen mit hohem Status, aber wir ignorieren solche mit niedrigem Status.

Das RMP® wird häufig mit dem Myers Briggs Typenindikator (MBTI) verglichen, da beide Tools benutzt werden, um Toleranz in Hinblick auf verschiedene Persönlichkeiten zu lehren. Die Botschaft des MBTI ist, dass wir uns in Bezug auf unsere Wahrnehmung sowie die Organisation unserer Energie stark voneinander unterscheiden. Die Unterschiede sind so groß, dass wir uns häufig missverstehen, was wiederum zu unnötigen Konflikten und anderen Problemen führt. Wir brauchen ein tieferes Verständnis und höhere Toleranz für Individuen, deren Persönlichkeitstypen nicht unseren eigenen gleichen. Das RMP® wird benutzt, um uns eine ähnliche Lektion zu erteilen. Wir sind in einem größeren Ausmaß Individuen, als es allgemein angenommen wird. Ein Mensch schätzt die Arbeit, ein anderer schätzt Muße. Einer liebt Abenteuer, während ein anderer lieber Vorsicht walten lässt. Durch größeres Verständnis und Toleranz können wir das Konfliktpotenzial – das viele Ressourcen, Zeit und Energie frisst – wesentlich reduzieren.

Der MBTI schneidet in Hinblick auf essentielle wissenschaftliche Kriterien schlecht ab. Einige Behavioristen stellen die Validität des MBTI in Frage (Barbuto, 1997; Garden, 1991; Girelli & Stake, 1993; Hunsley et al, 2003; Pittegner, 1993). Das Tool ist sowohl von der Armee der Vereinigten Staaten als auch vom Education Testing Service negativ bewertet worden (Pettingger, 1969). Hauptproblem ist hier die fehlende Beweisführung in Hinblick auf die 16 Persönlichkeitstypen, die der MBTI auswerten soll. Manche der 16 Typen existieren möglicherweise gar nicht. Eine weitere Schwäche des MBTI ist sein Fokus auf eine eher begrenzte Zahl an motivierenden Persönlichkeitseigenschaften, im Besonderen

Ordentlichkeit, Geselligkeit und intellektuelle Neugier. Dem MBTI mangelt es an Umfang, da er eine Vielzahl von relevanten Aspekten der Persönlichkeit vernachlässigt wie z. B. Elternschaft, Status, Eros, körperliche Aktivität, Erfolge, Konkurrenzfähigkeit und Sparen. Die theoretische Grundlage basiert auf zu wenigen Dimensionen der Persönlichkeit, um eine detaillierte Analyse der „normalen" Persönlichkeit liefern zu können.

Obgleich das RMP® umfangreicher ist als der MBTI, sind die beiden Instrumente dennoch kompatibel, wenn man sie in Kombination für die Selbstfindung einsetzt. Beide Instrumente vermitteln Toleranz gegenüber den unterschiedlichen Persönlichkeiten, eine besonders im Bereich Teamwork und Beziehungen wichtige Botschaft. Beide lehren uns Selbsterkenntnis. Um den Selbstfindungsprozess zu unterstützen, empfehle ich den kombinierten Gebrauch beider Instrumente, da zwei Instrumente Menschen dazu bringen können, tiefergehender darüber nachzudenken, wer sie sind. Wenn die beiden Instrumente in Kombination benutzt werden, kann man Testergebnisse miteinander vergleichen und darüber nachdenken, welche einen am besten beschreiben. Das RMP® ist das überlegene Tool, wenn es um wissenschaftliche Genauigkeit geht, aber der MBTI ist immer noch von pädagogischem Wert, und der kombinierte Gebrauch beider Tools regt Menschen an, über die Übereinstimmungen und Diskrepanzen der beiden Ergebnis-Sets nachzudenken.

Alexander Steinmetz, früherer Personalleiter bei der Schott Corporation, ist zertifizierter RMP® und MBTI Master. In einer Abhandlung mit dem Titel „RMP® versus MBTI: Comparison Application in Consulting and Training" („RMP® versus MBTI: Vergleichende Anwendung im Consulting und Training") verglich er seine Erfahrungen beim kombinierten Arbeiten mit beiden Instrumenten. Nachdem seine Klienten beide Instrumente für eine Weile benutzt hatten – so seine Beobachtungen –, bevorzugten die meisten das RMP® und hörten mit der Zeit auf, den MBTI zu benutzen. Weiterhin entdeckte er, dass das RMP® bei der Bemessung von Stress im Job sowie der Konfliktbewältigung die signifikant überlegenere Methode darstellt. Auf Teamebene war das RMP® für die Teammitglieder besonders einfach zu verstehen. Auch mochten die Personen, die mit beiden Tools gearbeitet hatten, die Tatsache, dass die RMP®-Skalierung als Kontinuum gemessen wird, während die Punkte beim MBTI in Form von Entweder-oder-Wahlmöglichkeiten angeordnet sind.

KAPITEL 11
MOTIVATION IM BERUF

Die 16 Lebensmotive sind von Coaches und Businessberatern auf den Businessbereich angewendet worden, besonders von Dr. Maximilian Koch in Österreich, Dr. Thomas Mengel in Kanada, Peter Boltersdorf und Alexander Steinmetz in Deutschland, John Delnoy in den Niederlanden, Dr. Alexey Kornilov in Russland, Joanne Lee und Kelvin Lim in Singapur, Daniele und Brunello Gianella in der Schweiz und Dr. Jody Simpson in den USA.

FÜHRUNGSKRÄFTETRAINING

Das RMP® wird in Trainingsprogrammen zum Zwecke der Verbesserung emotionaler Intelligenz, Selbstwahrnehmung und/oder menschlicher Entwicklung benutzt. Es kann ergänzend zu Schulungen, die auf Maslows Motivationstheorie und/oder dem Myers Briggs Persönlichkeitstypentest basieren, eingesetzt werden bzw. diese ersetzen.

Mengel (2012) erörterte ein Modell, das die 16 Grundbedürfnisse in Victor Frankls (1965) Sinnforschung einbindet. Wie in seiner Abhandlung „Living, Learning, Leadership – Motivation in the Context of Identity Development of Undergraduate Students" berichtet, bot Mengel das RMP® einer Klasse von 25 Studenten in einem Führungskräftetrainingsprogramm der Universität an. Des Weiteren begleitete er Testgruppen und führte Befragungen durch, um die Meinung der Studenten zu den Profilen herauszufinden. Er stellte fest, dass 62 Prozent der Befragten das RMP® ziemlich oder sehr exakt fanden. Wie die folgenden Kommentare nahelegen, half das RMP® einigen Studenten, sich selbst besser zu verstehen.

Es zwang mich dazu, über mich selbst nachzudenken. Dies kam einer Art des Erwachens gleich. Meins [Ergebnis] sagte aus, dass ich ein hohes Bedürfnis nach Ordnung und körperlicher Aktivität habe und ich weiß, dass mein Tag nicht produktiv ist, wenn ich vorher keine Liste angefertigt oder meinen Tag geplant habe. Wenn ich ein paar Tage keinen Sport gemacht habe, fühle ich mich immer niedergeschlagen. In diesem Jahr gab es Phasen, in denen ich diese Grundbedürfnisse ignoriert habe, und das Profil hat mich daran erinnert. Es war eine Erinnerung daran, ... wer ich bin.

Als wir am Anfang dieses Buch lasen, verstand ich nicht ganz, warum wir uns damit befassen sollten, also beschloss ich, den Modelltest nicht durchzuführen. Als uns aber in der Klasse die Ergebnisse vorgestellt wurden und ich sah, wie jede Person sich vom Rest der Leute unterschied, war ich beeindruckt. Neugierig von dem, was ich an diesem Tag in der Klasse gesehen hatte, machte ich den Test aus dem Buch doch noch, um herauszufinden, was das Profil über mich sagen würde. Nachdem ich die Auswertung gemacht hatte, war ich überrascht, die Ergebnisse zu sehen: Ich lernte viel über mich selbst, so schnitt ich z. B. sehr hoch im Bedürfnis Macht ab. Ich schnitt niedrig beim Bedürfnis Sparen ab. Außerdem stellte sich das Reiss Motivation Profile® als wirklich exakt heraus, welches ich beim ersten Lesen über das Profil stark angezweifelt hatte. Das Reiss Motivation Profile® half mir dabei, verschiedene Aspekte meiner Persönlichkeit zu identifizieren und befähigte mich weiterhin, zu erkennen wie einzigartig ich war und worin ich mich von anderen Menschen abhob. Ich glaube, ich kann mich selbst glücklich schätzen, dieses Buch vorgestellt bekommen zu haben und die Gelegenheit gehabt zu haben, mich selbst durch dieses Profile bewerten zu lassen.

COACHING VON FÜHRUNGSKRÄFTEN

Das RMP® ist das Kernstück einer neuen Strategie, um Menschen im Job zu coachen. Diese neue Methode ist sowohl schnell als auch exakt und führt demzufolge oft zu kostengünstigen und praktischen Lösungen.

Das RMP® ist das Kernstück einer neuen Strategie, um Menschen im Job zu coachen. Diese neue Methode ist sowohl schnell als auch exakt und führt demzufolge oft zu kostengünstigen und praktischen Lösungen.

Viele Anpassungsprobleme können analysiert werden, wenn man sich anschaut, wie die Bedürfnisse und Wertvorstellungen eines Menschen zu den Anforderungen des Jobs oder des häuslichen Umfelds passen.

Üblicherweise sind die Bedürfnisse, die am schwierigsten zu befriedigen sind, diejenigen, die am meisten von der Norm abweichen. In anderen Worten sind es unsere stärksten – und unsere geringsten – Lebensmotive, die uns mit der größten Wahrscheinlichkeit Probleme bei der Arbeit oder zu Hause verursachen.

Hat eine Person beispielsweise ein Problem bei der Arbeit, schaut sich der RMP®-Master die wichtigsten Lebensmotive des Menschen dahingehend an, wie gut oder schlecht sie zu seinen derzeitigen Arbeitspflichten oder seinem Arbeitsteam passen. Ein Business Coach berichtete z. B. von einem Besitzer eines Geschäfts, der das Verkaufen als belastend empfand und darin auch nicht besonders gut war. Die Ergebnisse des RMP® dieser Person zeigten ein geringes Bedürfnis nach Beziehungen, was darauf hindeutet, dass er ein introvertierter Mensch ist, der Smalltalk nicht mag. Er sollte also jemanden einstellen, der seine Produkte für ihn verkauft, oder sein Geschäft wird nie florieren.

Ein Freund von mir betreute einmal einen Arzt, dessen professionelle Fähigkeiten exzellent waren, der jedoch in einem zu gemächlichen Tempo arbeitete. Er hatte ein stark ausgeprägtes Lebensmotiv Neugier, welches ihn dazu motivierte, außerordentliches Wissen in seinem Fachbereich zu erlangen, und ein gering ausgeprägtes Lebensmotiv Macht, welches ihn motivierte, seine Freizeitbeschäftigungen zu schätzen und grundsätzlich nicht so hart zu arbeiten, wie es von einem Topexperten verlangt wird. Der Berater ermutigte ihn dazu, seinen Beruf zu wechseln. Er wechselte in die Supervision von Studenten, ein Job, den er verfolgen konnte, ohne besonders hart arbeiten zu müssen, und war darin sehr erfolgreich.

Tom ist ein Workaholic. Er arbeitet immer, scheinbar 24 Stunden am Tag, sieben Tage die Woche. Er hat Spaß am Arbeiten, aber seine langen Arbeitszeiten verursachen Probleme mit seiner Frau und seinen Kindern zu Hause. Das wahrscheinliche Bedürfnis, das sein Verhalten antreibt, ist ein stark ausgeprägtes Lebensmotiv Macht (Erfolg), möglicherweise kombiniert mit einem gering ausgeprägten Lebensmotiv Familie. Die Lösung seines Problems hängt davon ab, welche anderen Bedürfnisse Tom motivieren könnten, weniger zu arbeiten und seiner Familie mehr Aufmerksamkeit zu schenken. Die Lösung beginnt jedenfalls damit, dass jeder versteht, dass es ein extremes Bedürfnis nach Erfolg und nicht etwa eine psychische Erkrankung ist, die Tom dazu motiviert, soviel zu arbeiten.

KONFLIKTLÖSUNG

Das RMP® wird zur Konfliktlösung eingesetzt, um die Funktionalität des Teams zu steigern. Normalerweise setzt der Coach oder Psychologe das RMP® bei den Personen, die in Konflikt miteinander stehen, ein. Sie kommen dann zusammen, um ein tieferes Verständnis der Problematik zu gewinnen und ihre Konfliktpunkte zu diskutieren. Im Folgenden möchte ich ein von Dr. Andy Dix zur Verfügung gestelltes Beispiel vorstellen. Er arbeitet für ein großes Telekommunikationsunternehmen. Dr. Dix nannte dieses Fallbeispiel „Misunderstanding Motives Kills Teamwork".

Tom war es sehr peinlich, als er ein paar typographische Fehler in dem Werbetextvorschlag entdeckte, den er soeben einem Kunden überreicht hatte. Tom stellte Sally wegen der Fehler zur Rede, sagte ihr, er habe sich darauf verlassen, dass sie eine fehlerfreie Präsentation erstelle, und nun habe er das Gefühl, nicht mehr länger auf die Qualität ihrer Arbeit vertrauen zu können.

Sally war von dieser Konfrontation sichtlich erschüttert und ging zum Büro ihres Vorgesetzten, um sich über den ihrer Meinung nach unangebrachten Ausbruch von Tom und seine unangemessene Kritik an ihr zu beschweren. Der Vorgesetzte sprach sowohl mit Tom als auch mit Sally über den Vorfall, aber beide Parteien verhielten sich defensiv und waren der Meinung, sie hätten mit mehr Respekt behandelt werden sollen. Jeder von ihnen war unschlüssig, ob er noch weiter mit dem anderen zusammenarbeiten könne.

Der Vorgesetzte kontaktierte daraufhin einen Reiss Motivation Profile® Master, der das RMP® mit Tom und Sally durchführte und eine individuelle Abschlussbesprechung mit jeder Person durchführte. Tom entdeckte, dass er ein gering ausgeprägtes Lebensmotiv Unabhängigkeit hat. Um seine Verkaufsziele umzusetzen, glaubte er, ein Team von zuverlässigen Mitarbeitern um sich herum zu brauchen, so in etwa wie Navy Seals einander ihr Leben anvertrauen, wenn sie sich auf gefährlicher Mission befinden. Er hatte das Gefühl, dass Sally sich nicht so viel aus ihrem Job machte wie er selbst und dass ihre Unachtsamkeit beweise, wie unzuverlässig sie ist. Anhand des RMP® konnte Tom sehen, dass sein fehlendes Vertrauen in Sally sein Bedürfnis nach gegenseitiger Abhängigkeit frustrierte.

Die Ergebnisse von Sallys RMP® enthüllten stark ausgeprägte Lebensmotive Anerkennung, Macht und Status sowie ein durchschnittlich ausgeprägtes Lebensmotiv Unabhängigkeit. Während ihres Profil-Abschlussgesprächs erklärte sie, dass sie mit einer beachtlichen Reihe von persönlichen Zweifeln bezüglich ihrer Fähigkeiten in ihrer neuen Rolle zu kämpfen hatte. Sie fühlte sich von Tom eingeschüchtert und empfand seine Erwartungen als unangemessen. Von Tom auf diese Art konfrontiert, fühlte sie sich persönlich unter Beschuss genommen und sie hielt Tom für respektlos und unverschämt. Sie war sehr betroffen von diesem Vorfall, da sie dachte, sie habe in ihrer neuen Rolle versagt und ihr Chef würde sie nun für eine Versagerin halten. Ihre Gefühle, ungerecht behandelt worden zu sein, hatten sie so sehr überwältigt, dass sie in Tränen ausbrach.

Der RMP®-Master forderte Tom und Sally auf, gegenseitig ihre Bedürfnisse anhand einer zusammenfassenden Beschreibung der 16 Lebensmotive zu bewerten. Mit Erlaubnis beider Parteien zeigte der RMP®-Master ihnen nun die tatsächlichen RMP®-Auswertungen. Sie hatten beide die Motive der anderen Person als ähnlich ihren eigenen eingeschätzt und hatten die grundsätzlichen Unterschiede in ihren Motiven, die zu ihrem Missverständnis geführt hatten, völlig übersehen.

Der RMP®-Master leitete nun eine Gruppendiskussion mit Tom, Sally und ihrem Vorgesetzten an, mit der Zielsetzung, ein gegenseitiges Verstehen herbeizuführen. Tom und Sally erfuhren, was für den anderen von großer Wichtigkeit war und wie ihrer beider Differenzen zu dem Vorfall beigetragen hatten. Aktionspläne und Joberwartungen wurden entwickelt und von allen Beteiligten gemeinsam beschlossen. Tom erklärte sich bereit, mehr positives Feedback über das, was er an Sallys Vorschlägen schätzt, zu geben, und sie ließ ihn wissen, wie er bezüglich Fehlern und Korrekturen ihrer Vorschläge am besten vorgehen kann, ohne sie zu kränken. Tom stimmte zu, häufiger mit ihr zu kommunizieren und sich Zeit zu nehmen, die Vorschläge zu überprüfen, bevor er sie den Kunden vorstellt. Sally erklärte sich bereit, häufiger im direkten Gespräch mit Tom zu kommunizieren, um ihn über die Entwicklung und die Fortschritte ihrer Entwürfe auf dem Laufenden zu halten. Die beiden haben in den letzten drei Monaten erfolgreich zusammen gearbeitet, und es wird nun offen über die anhand des RMP® ermittelten Bedürfnisse des anderen gesprochen. Beide berichteten über ein hohes Maß an Kooperation und Zufriedenheit in ihrer Arbeitsbeziehung.

Der Personalmanagementexperte und Businessberater Alexander Steinmetz begann damit, das Reiss Motivation Profile® bei Konflikten einzusetzen, die aus interpersonellen Missverständnissen und Antipathien entstehen. Als ein Beispiel seiner Arbeit werden wir die Fallstudie von Daniel und Christa betrachten, die in einem Büro mit acht Verkaufsleitern zusammenarbeiten. Daniel und Christa müssen in enger Kooperation miteinander arbeiten, um ihre Kunden zu beliefern. Sie sind gleichgestellte Mitarbeiter, die beide ihre Berichte an den CEO weiterleiten. Eines Montags ging Christa auf ihren Chef zu, um ihm mitzuteilen, dass sie ihre Kündigung einreichen werde, wenn sie noch länger mit Daniel zusammenarbeiten müsse. Sie habe schlaflose Nächte, in denen sie sich Sorgen darüber mache, ihren Kunden nicht angemessen gerecht werden zu können, wenn sie gezwungen sei, in einem solch chaotischen Arbeitsumfeld zu arbeiten.

Christa beschwerte sich, dass in der Zusammenarbeit mit Daniel alles in letzter Minute erledigt würde, ohne ordentliche Planung. Wenn sie versuche, ihre Bedenken zu äußern, antworte Daniel lediglich, dass alles im Werden sei und es keinen Grund zur Besorgnis gäbe. Er erwarte von ihr, einfach ruhig zu bleiben, selbst wenn sie unvorbereitet in ein Meeting mit Kunden gingen. Auf der anderen Seite beschwerte sich Daniel darüber, dass Christa übermäßig besorgt und unflexibel sei. Sie wirke oft überfordert und sei emotional, was er nicht möge. Seiner Meinung nach seien die Dinge unter Kontrolle.

Wer hat also recht?

- Was ist die Grundursache des Konflikts?
- Wie ist die Dynamik des Konflikts?
- Wie kann der Konflikt gelöst werden?

Steinmetz bat beide Mitarbeiter, das Reiss Motivation Profile® auszufüllen. Die Ergebnisse zeigten, dass Daniel stark ausgeprägte Lebensmotive

Neugier und Unabhängigkeit sowie gering ausgeprägte Lebensmotive Beziehungen, Ordnung, Rache, Ruhe, Status und Anerkennung aufwies. Sein Wert bezüglich Macht befand sich am äußeren oberen Rand des Durchschnittswerts. Die RMP®-Ergebnisse für Christa wiesen stark ausgeprägte Lebensmotive Ordnung und Ruhe sowie gering ausgeprägte Lebensmotive Macht, Neugier, Beziehungen und Idealismus auf. Ihr Wert bezüglich Rache lag am äußeren oberen Rand des Durchschnittswerts.

Basierend auf diesen RMP®-Ergebnissen formulierte Steinmetz Antworten zu den Fragen Nummer 1 und Nummer 2.

1. Die Grundursache des Problems resultiert aus unterschiedlichen Arbeitsstilen. Christas gering ausgeprägtes Lebensmotiv Neugier motiviert sie, pragmatisch und unbeeindruckt von kreativen Ideen zu sein, während ihr stark ausgeprägtes Lebensmotiv Ordnung sie antreibt, detailorientiert zu arbeiten und Vorbereitung und Planung wertzuschätzen, ohne Interesse an Aktionen in letzter Minute und unvorhergesehenen Änderungen. Ihr stark ausgeprägtes Lebensmotiv Ordnung ist der Grund dafür, dass sie Daniels unorganisierte Art als „Dieser Mann erschafft Chaos“ beschreibt.

   Auf der anderen Seite motiviert Daniels gering ausgeprägtes Lebensmotiv Ordnung seine Spontaneität, während sein relativ stark ausgeprägtes Lebensmotiv Macht sein Streben nach Erfolg vorantreibt. Er schätzt Flexibilität, hat Spaß an Multitasking und ist eine „Auf den letzten Drücker“-Person, die es trotzdem immer hinbekommt, abzuliefern. Wenn erforderlich, achtet er auf Details, reißt sich aber nicht um Projektmanagement-Aufgaben, welche er als Papierkram ansieht, der von der Lösung ablenkt. Er sagt über Christa, dass sie überexakt und unflexibel ist.

   Dementsprechend decken die RMP®-Ergebnisse einen Konflikt der Persönlichkeit, der Werte und Ziele auf, allesamt motiviert von starken versus geringen Werten für Ordnung.

2. Die Dynamik des Konflikts beginnt da, wo Christa sich Sorgen über eine mögliche Nichteinhaltung der Terminvorgaben macht und keine

Lösung hierfür parat hat (stark ausgeprägtes Lebensmotiv Ordnung). Beide sind introvertiert (gering ausgeprägtes Lebensmotiv Beziehungen) und werden demnach leicht als uninteressiert an anderen Menschen missverstanden, während ihnen in Wirklichkeit einfach nichts an Smalltalk liegt. Christa redet im Grunde genommen nur dann mit Daniel, wenn die beruflichen Sorgen ihr den Schlaf rauben. Daniel mag Harmonie (gering ausgeprägtes Lebensmotiv Rache), ist furchtlos und selten in Sorge. Er ist sich sicher, dass die Dinge schon funktionieren werden (gering ausgeprägtes Lebensmotiv Anerkennung). Wenn Daniel sicher, zuversichtlich und ruhig handelt, hat Christa das Gefühl, dass er sie nicht ernst nimmt und wird noch aufgebrachter (relativ stark ausgeprägtes Lebensmotiv Rache).

3. Was wurde getan, um den Konflikt zu lösen?

a. Steinmetz förderte ein größeres gegenseitiges Verständnis, welches den Konflikt entschärfte, indem es die Tendenz reduzierte, das Verhalten des Gegenübers persönlich zu nehmen. Daniel begann damit, Christas Bedürfnisse nach Struktur und guter Planung wertzuschätzen. Christa fand heraus, dass Daniel nicht wirklich chaotisch ist, sondern nur ein anderes Arbeitsmuster hat und es ihm leicht fällt, mit ungewissen Situationen umzugehen. Des Weiteren realisierte sie, dass sein Selbstvertrauen keine Arroganz ist.

b. Steinmetz ermutigte sie, häufiger miteinander zu kommunizieren, indem er ihnen vor Augen führte, dass sie beide aufgrund eines niedrigen Bedürfnisses nach Beziehungen eher schüchtern sind und dementsprechend dazu neigen, weniger häufig zu kommunizieren als notwendig wäre. Sie führten regelmäßige, formelle Abläufe ein, um mehr Informationen auszutauschen.

c. Steinmetz verwendete sein Wissen über ihre Motive, um ihre Aufgabenbereiche entsprechend anzupassen. Christa wurde die Projektleitung erteilt. Sie plante die Projekte, setzte Terminvorgaben fest und achtete darauf, dass alles in richtigen Bahnen lief. Ihr wurde außerdem zugestanden, dass sie Daniel auf mögliche Verspätungen oder verpasste Details hinweisen darf. Die Kommunikation mit Kunden wurde je nach Themengebiet zwischen den beiden aufgeteilt. Wie also reagierte Daniel auf die Tatsache, dass Christa die Leitung des Projektmanagements übertragen bekam und er somit alleinverantwortlich für Kundenlösungen und konzeptionelle Arbeit war? Sehr positiv! Warum war er nicht beleidigt? Sein Lebensmotiv Ordnung ist gering ausgeprägt und er hat dementsprechend keinen Spaß an detailorientiertem Projektmanagement, während sein Lebensmotiv Neugier stark ausgeprägt ist. Dementsprechend mag er es, über neue Lösungen für Kunden nachzudenken.

Dieses Fallbeispiel macht deutlich, wie das RMP® dazu eingesetzt werden kann, Motive und deren Auswirkungen auf Arbeitsstil, Persönlichkeitsmerkmale und interpersonelle Beziehungen zu analysieren. Die Beschreibung des Konflikts in Hinblick auf menschliche Bedürfnisse dient dazu, die Situation durch die Anregung eines gegenseitigen Verständnisses zu entschärfen. Menschen, die die Motive und Werte anderer verstehen, können lernen, trotz unterschiedlicher Bedürfnisse miteinander auszukommen.

ANSTELLUNG (RECRUITING)

Wird das RMP® als Tool beim Recruiting von Mitarbeitern verwendet, sollte das Profil mit den Anforderungen der Arbeitsstelle abgeglichen werden. Grundsätzlich kann der Wert im Bereich Ehre als Messinstrument für die potenzielle Loyalität zur Firma interpretiert werden; der Wert im Bereich Anerkennung dient als Maßstab für potenzielle Unzufriedenheit und die Häufigkeit von Beschwerden, und der Wert für Unabhängigkeit gibt Aufschluss über die Teamfähigkeit.

KAPITEL 12
MOTIVATION IN SCHULEN

Wenn Schulen ihre Schüler anhand von Einstufungstests einschätzen, wird der Bereich Motivation häufig vernachlässigt. Pädagogen gehen fälschlicherweise davon aus, dass alle Schüler mit dem Potenzial, Freude am Lernen zu haben, geboren werden und sie dementsprechend wenig Bemühungen in die Motivation von Schülern stecken müssen. Die Realität zeigt jedoch, dass manche Schüler sich vom klassischen Lernen im Klassenzimmer nicht angesprochen fühlen. Außerdem variieren die Interessengebiete selbst unter den intellektuell interessierten Schülern stark. Langeweile im Klassenzimmer stellt eine deutliche Einschränkung dessen dar, was Schüler lernen können. Das Reiss School Motivation Profile® (RSMP®) wird eingesetzt, um einzuschätzen, was Schüler der Mittel- und Oberstufe motiviert. Als eine Adaption des RMP® wurde es entworfen, um schnellere Ergebnisse als das Tool für Erwachsene zu erzielen. Es beinhaltet nur 13 der 16 Lebensmotive (alle außer Essen, Sparen und Eros). Das reduziert die Gesamtanzahl der Fragen von 128 auf 104 und es eliminiert alle Fragen nach Sex, da sie unangebracht für den Einsatz an Schulen sind.

Der RSMP® kann zu folgenden Zwecken eingesetzt werden:

- Einschätzung der Ursachen für schwache akademische Leistungen (schlechte Noten)
- Einschätzung des Gewaltpotenzials eines Schülers
- Einschätzung der Interessen des Schülers in Hinblick auf eine spätere berufliche Laufbahn (siehe Kapitel 15)

SECHS GRÜNDE FÜR SCHLECHTE NOTEN

Der RSMP® kann herangezogen werden, um die folgenden sechs Gründe für schlechte Noten einzuschätzen:

1. Grund: Angst vor Versagen
(hohe Werte auf der RSMP®-Skala für Anerkennung)
Manche Schüler tun sich schwer mit der Schule, weil sie nicht motiviert

sind, sich ausreichend anzustrengen und Leistungen zu bringen. Normalerweise haben diese Schüler eine überdurchschnittliche Angst vor Versagen (durch hohe Werte auf der RSMP®-Skala für Anerkennung angedeutet). Da sie erwarten, zu versagen, halten sie sich in ihren Bemühungen zurück (z. B. Atkinson & Feather, 1966). Sie mögen sich bei einfachen Aufgaben anstrengen, nicht jedoch, wenn sie herausgefordert sind. Auch können sie schlecht mit Kritik umgehen. Wenn Lehrer oder Eltern sie kritisieren, klinken sie sich möglicherweise aus und hören nicht mehr zu. Sie können schlecht damit umgehen, kritisiert, angeschrien oder bewertet zu werden. Diese Schüler werden wahrscheinlich am besten klarkommen, wenn Eltern und Lehrer hinter ihnen stehen und sie ermutigen. Die große Mehrzahl der Schüler, die an Schulpsychologen weitervermittelt werden, weist einen hohen Wert auf dieser Skala auf.

2. Grund: Desinteresse
(niedrige Werte auf der RSMP®-Skala für Neugier)
Manche Schüler tun sich mit der Schule schwer, weil sie intellektuelle Anstrengungen nicht mögen. Sie sind lediglich bereit, ein Minimum an Lernaufwand zu betreiben, um Dinge zu verstehen. Das Konzept des Desinteresses ist unpopulär. Pädagogen betrachten Neugier als eine angeborene Freude, etwas, das potenziell jeden motiviert. Sie deuten an, dass Lehrer einfach nur die angeborene Neugier ihrer Schüler ansprechen müssen, um sie zu motivieren. Ich stimme dieser Sichtweise nicht zu. Ich glaube, dass der Lernprozess frustrierend sein kann, insbesondere, wenn tiefgehendes Denken erforderlich ist. Obgleich es sich gut anfühlt, wenn wir etwas verstanden haben, ist doch der Lernprozess als solcher nicht notwendigerweise freudvoll. Es gibt große Unterschiede, was das Maß an Lernbereitschaft bei Schülern angeht. Nicht neugierige Schüler mögen den Lernprozess oder besonders tiefgehendes und ausdauerndes Nachdenken nicht.

3. Grund: Mangelnder Ehrgeiz
(niedrige Werte auf der RSMP®-Skala für Macht)
Mangelnder Ehrgeiz ist ein drittes Motivationsproblem, das zu schlechten Noten in der Schule führen kann. Diese Schüler sind wahrscheinlich sehr locker und unkonzentriert. Sie arbeiten nicht genug, um gut in der Schule zu sein. Sie neigen dazu, niedrig auf der RSMP®-Macht-Skala

abzuschneiden. Schüler mit niedrigen RSMP®-Werten im Bereich Macht machen keine Werbung für sich. Sie setzen sich bescheidene Ziele und vermeiden Herausforderungen, weil sie sich nicht anstrengen wollen. Nicht ambitionierte Schüler, die intelligent sind, erzielen möglicherweise durchschnittliche bis überdurchschnittliche Noten, aber nur, wenn sie diese erreichen können, ohne viel dafür zu tun. Diese Schüler mögen bereit sein, in einem moderaten Tempo zu arbeiten, aber nicht mehr. Wenn sie dazu gedrängt werden, mehr zu tun, brechen sie möglicherweise ab. Sie werden wahrscheinlich herausfordernde Bereiche meiden, aber sich wacker in mäßig herausfordernden Bereichen schlagen. Wie „herausfordernd" oder „mäßig herausfordernd" definiert wird, hängt natürlich vom kognitiven Potenzial des Schülers ab. Nach abgeschlossener Schulausbildung werden diese Menschen möglicherweise weiterhin intensives Arbeiten vermeiden. Wahrscheinlich werden sie ihr Leben lang hinter ihrem Potenzial zurückbleiben, nicht weil sie nicht kompetent wären, sondern weil sie in andere Richtungen motiviert sind.

4. Grund: Desorganisation (niedrige Werte auf der RSMP®-Skala für Ordnung)

Schüler, die geringe Werte auf der Skala für Ordnung aufweisen, neigen dazu, unorganisiert zu sein. Sie kommen in der Schule möglicherweise schlecht zurecht, weil einige Lehrer sie wegen Nachlässigkeit, Unaufmerksamkeit für Details und Schlampigkeit abwerten. Des Weiteren haben diese Schüler häufig „zu viele Baustellen" offen, um auch nur eine davon gewissenhaft zu erledigen. So beginnen sie möglicherweise eine neue Aktivität, bevor sie die gegenwärtige abgeschlossen haben. Manche von ihnen müssen lernen, auf eine bestimmte Aufgabe fokussiert zu bleiben und eine Arbeit zu erledigen, bevor sie die nächste beginnen. Diese Schüler kommen am besten mit unstrukturierten Aufgaben und in einem locker organisierten Umfeld klar bzw. mit Aufgabenstellungen, die flexible Regeln aufweisen.

5. Grund: Streitlust (hohe Werte auf der RSMP®-Skala für Rache)

Streitlustiges Verhalten ist während der gesamten Lebensspanne eine wichtige Ursache dafür, dass ein Mensch hinter seinen Möglichkeiten zurückbleibt. Diese Menschen machen sich leicht aus potenziellen Freunden Feinde. Streitlustige Schulkinder geraten auf dem Spielplatz, in der

Schulcafeteria, in Schulgängen, Schultoiletten oder sogar im Klassenzimmer in Streitsituationen. Diese Schüler kommen wahrscheinlich am besten in Wettkampf- bzw. Wettstreitsituationen zurecht. Ist ein Schulkind unangemessen kampflustig, sollten Eltern und Psychologen ihm den Unterschied zwischen gesellschaftlich angemessenem Wettstreit und unangemessener Aggression oder Konfrontation deutlich machen. Einige (nicht alle) Schüler mit hohen RSMP®-Werten für Rache weisen eine Aggressionsproblematik auf.

6. Grund: Mangel an Verantwortungsbewusstsein (niedrige Werte auf der RSMP®-Skala für Ehre)

Schüler mit Charakterproblemen bleiben hinter ihrem Potenzial zurück, weil sie bei Arbeiten auf Täuschungsversuche zurückgreifen, vor ihren Pflichten zurückscheuen und z. B. ihre Hausaufgaben nicht machen oder Lehrer sie wegen ihrer Charakterschwächen herabsetzen. Diese Schüler brauchen möglicherweise Lehrer, die strikte ethische Grenzen setzen. Sie müssen lernen, dass ihre Lehrer und Eltern sie nicht mit allem davonkommen lassen und dass Menschen, die täuschen, höchstwahrscheinlich erwischt und bestraft werden. Normalerweise werden sie sich an die Regeln halten, wenn es für sie von Vorteil ist, dies zu tun, aber auf sich alleine gestellt werden sie versuchen zu tricksen.

Einschätzung des Aggressionspotenzials

Das RSMP® eines potenziell gewalttätigen Schülers sieht folgendermaßen aus:

- Schüler mit sehr hohen Werten auf der Rache-Skala schätzen Vergeltung.
- Von diesen Schülern hört man nachdrückliche Aussagen wie: „Ich versuche, mich zu rächen, wenn ich angegriffen werde. Wenn ich wütend werde, schlage ich zurück“.
- Schüler mit hohen Werten auf der Skala für Anerkennung sind ungewöhnlich empfindlich in Bezug auf Zurückweisung, was einen potenziellen Auslöser für Aggression darstellt.
- Diese Schüler äußern Statements wie: „Ich mache mir Sorgen, dass andere Fehler bei mir finden. Ich habe große Schwierigkeiten, mit Zurückweisung umzugehen“.

Die Kombination zwischen hohen Rachewerten und hohen Anerkennungswerten indiziert eine gesteigerte Wahrscheinlichkeit von Aggression und möglicherweise Gewalt. Für solch einen Menschen treibt das Suchen nach Aufmerksamkeit die aggressiven Impulse hin zu dramatischen Handlungen. Umgekehrt legt die Ausprägung niedriger Werte auf der Rache-Skala nahe, dass Aggression unwahrscheinlich ist.

Andere Werte im RSMP®, die relevant für die Vorhersage gewalttätigen Verhaltens sind:

1. Ein überdurchschnittlicher Wert auf der Status-Skala legt ein starkes Bedürfnis nach Aufmerksamkeit nahe. Ein Großteil der „Schulrowdys" sucht schlicht nach Aufmerksamkeit.

2. Ein sehr niedriger Wert auf der Ruhe-Skala bedeutet, dass der Schüler keine Angst davor hat, verletzt zu werden. Bei Schülern, die aggressive Verhaltensweisen an den Tag legen, fehlt häufig die Angst vor Aggression, welche normalerweise unsere gewalttätigen Impulse unterdrückt. Auf der anderen Seite sprechen hohe Werte auf der Ruhe-Skala für Ängstlichkeit bzw. Schüchternheit. Aggressives Verhalten ist demnach unwahrscheinlich.

3. Ein sehr niedriger Wert auf der Ehre-Skala bedeutet, dass der Schüler sich keine Gedanken um Recht oder Unrecht macht, während ein sehr niedriger Wert auf der Idealismus-Skala ein Hinweis darauf ist, dass es dem Schüler an Mitgefühl gegenüber anderen fehlt. Niedrige Werte auf diesen beiden Skalen legen minimale moralische Bedenken gegen den Ausdruck aggressiven Verhaltens nahe.

Wie alle psychologischen Tools ist auch das Reiss School Motivation Profile® nicht in jedem Fall gültig. Schulpsychologen sollten dieses Tool als einen Teil einer umfassenden Einschätzung benutzen.

KAPITEL 13
PAARBERATUNG

Der Eheberater Dr. Stephen Judah in Columbus und ich schufen das Reiss Relationship Profile® (RRP®), das die Kompatibilität zweier Menschen einschätzt. Es geht hierbei einfach um einen Vergleich der RMP®s zweier Personen.

- Ein „passendes" Lebensmotiv ist stark (hoch) bei beiden Individuen oder gering (niedrig) bei beiden Individuen.
- Ein „nicht passendes" Lebensmotiv ist stark (hoch) bei einer Person, aber gering (niedrig) bei der anderen.

Die Ergebnisse des RRP® schließen den „Inkompatibilitätsindex-Wert" ein, welcher den absoluten Grad der Unterschiedlichkeit der Grundbedürfnisse darstellt. Es ist die Summe der Unterschiede bei den absoluten Werten der Punktzahlen. Je höher der Indexwert, desto größer die potenzielle Inkompatibilität des Paares. Wie viele nicht passende Bedürfnisse signalisieren denn nun eine ungesunde Beziehung? Obwohl fünf oder sechs Nichtübereinstimmungen signifikante Probleme bedeuten mögen, muss das Paar für sich selbst entscheiden, ob die Stärken der Beziehung die Schwächen aufwiegen oder umgekehrt. Das RRP® ist nur ein Tool, das Menschen dabei hilft, Entscheidungen zu treffen und ihre Beziehung möglicherweise zu verbessern.

Das RRP® schätzt Kompatibilität, nicht romantische Liebe ein. Die Ergebnisse zeigen die Lebensbereiche, in denen die Partner in dieselbe Richtung ziehen im Vergleich zu denen, in welchen sie gegeneinander arbeiten. Was Beziehungen zum Teil so kompliziert macht, ist meiner Meinung nach die Tatsache, dass eine Person sich in jemanden verlieben kann, mit dem er oder sie nicht auskommt. In Hinblick auf den Verlauf bzw. Ausgang einer Liebesbeziehung sind manche Lebensmotive wichtiger als andere. Ordentliche und spontane Menschen mögen über Fragen der Haushaltsführung streiten, aber diese Streitpunkte stellen selten signifikante Probleme für eine Ehe dar. Auf der anderen Seite haben Paare, die über die Frage, Kinder zu bekommen und eine Familie zu gründen, streiten, ein signifikantes Problem. Kein Kompromiss wird diese unterschiedlichen Sichtweisen lösen können.

Sexuelle Kompatibilität ist offensichtlich sehr wichtig für eine erfolgreiche Ehe. Wenn einer der Partner viel häufiger Sex haben will als der andere, ist die Bühne für wiederkehrende Frustration, Streitereien, Untreue und Racheakte eröffnet. Der leidenschaftliche Partner wird sich wahrscheinlich darüber beschweren, dass der asketische Partner nur sporadisch interessiert ist, während der asketische Partner dem leidenschaftlichen Partner vorhält, dass er nur an das Eine denkt.

EINSCHÄTZUNG DER INTIMITÄT

Viele verheiratete Menschen beschweren sich, dass ihr Partner ihre Gefühle nur zögernd teilt oder bei Beziehungsgesprächen emotionale Unterstützung und Verständnis vermissen lässt. Manchmal können solche Probleme im Sinne einer Inkompatibilität des Bedürfnisses nach Unabhängigkeit verstanden werden. Der Partner, der mehr emotionale Unterstützung sucht, mag ein gering ausgeprägtes Lebensmotiv Unabhängigkeit haben, während der Partner, der emotionale Nähe vermeidet, wahrscheinlich ein stark ausgeprägtes Lebensmotiv Unabhängigkeit in sich trägt.

Unabhängige Menschen mögen es normalerweise nicht, von anderen Menschen abhängig zu sein. Auch emotionale Unterstützung fällt für manche unter diese Abhängigkeit. Einigen der besonders unabhängigen Menschen fällt es schwer, Dankbarkeit für ihnen gewährte Gefallen auszudrücken, weil das Anerkennen ihrer Bedürfnisse nach Unterstützung auf ihre Abhängigkeit von anderen aufmerksam machen würde. Viele unabhängige Menschen tun sich schwer mit intensiven emotionalen Erlebnissen. Unabhängige Menschen sind weniger häufig religiös, vermutlich, weil sie sich nicht auf jemanden verlassen wollen, nicht mal auf Gott. Im Gegensatz dazu finden von anderen abhängige (interdependente) Menschen Trost darin, zu wissen, dass sie sich auf andere in Bezug auf ihre Bedürfnisse verlassen können. Sie sind normalerweise motiviert, intime oder enge Beziehungen einzugehen. Viele interdependente Menschen schätzen gefühlsbetonte Erfahrungen oder emotionale Nähe, oder sie streben sogar an, eins mit dem Partner zu werden.

In einer Beziehung sind sowohl unabhängige als auch interdependente Partner motiviert, die eigenen Bedürfnisse zu bedienen, was zwangsläufig die Bedürfnisse des Partners frustriert. Die unabhängige Person ist motiviert, sich auf sich selbst zu verlassen, was wiederum häufig damit einhergeht, dass das Ausmaß an emotionalem Vertrauen limitiert wird. Mit der Zeit wird diese Person möglicherweise immer weniger über ihre Gefühlswelt sprechen wollen. Die interdependente Person braucht in der Beziehung emotionale Nähe, was der selbstständigen Person unangenehm ist.

Gemäß des „Self-hugging" hält die unabhängige Person die interdependente Person für „schwach", weil sie andere Menschen braucht. Der interdependente Partner denkt, dass der unabhängige Partner seine Gefühle und sein Bedürfnis nach Intimität verbirgt. Jeder der beiden fragt sich, was mit dem anderen nicht stimmt. Das Paar wird sich wahrscheinlich wiederholt über Themen wie emotionale Nähe, Sturheit, Abhängigkeit und „nicht über seine Gefühle sprechen" streiten. Die unabhängige Person wird sich vielleicht darüber beschweren, dass die interdependente Person zu bedürftig, unreif oder „eine Last" ist und der interdependente Partner wird sich möglicherweise beklagen, dass der unabhängige Partner keine ausreichende emotionale Unterstützung bietet und kaltherzig oder unsensibel ist.

Die meisten Menschen weisen sowohl unabhängige als auch interdependente Persönlichkeitsmerkmale auf. Manchmal sind sie selbstständig, verlassen sich aber in anderen Momenten auf ihre Partner oder Lebensgefährten. Menschen, die sowohl unabhängige als auch interdependente Persönlichkeitsmerkmale zu unterschiedlichen Zeiten aufweisen, haben in der Regel ein durchschnittlich ausgeprägtes Bedürfnis. Hauptsächlich dann, wenn die Bedürfnisse einer Person nach Unabhängigkeit stark sind, wird sie ein generelles Vermeiden von Nähe an den Tag legen. Hauptsächlich dann, wenn das Bedürfnis einer Person nach Unabhängigkeit gering ist, wird sie eine generelle Abhängigkeit zur Schau stellen.

EINSCHÄTZUNG VON UNTREUE

Zwei der 16 Lebensmotive – Eros und Ehre – sind relevant, wenn es um das Verständnis von Treue im Gegensatz zu Untreue in Liebesbeziehungen und Ehen geht.

Um zu verstehen, wie Eros die Wahrscheinlichkeit von Untreue beeinflussen kann, wende ich das „Prinzip der starken Bedürfnisse“ an, das in der Theorie der 16 Lebensmotive seinen Ursprung hat. Dieses Prinzip sagt aus, dass die Anzahl der begehrten Bedürfnisobjekte mit der Stärke des Bedürfnisses einer Person steigt. Eine Person mit einem starken Appetit neigt z. B. dazu, alles Mögliche zu essen, während eine Person mit geringem Appetit dazu neigt, wählerisch zu sein. Eine neugierige Person informiert sich gerne zu verschiedensten Themen, während eine nicht neugierige Person nur etwas über ein oder zwei favorisierte Themengebiete lernen möchte. Eine gesellige Person (stark ausgeprägtes Lebensmotiv Beziehungen) freundet sich mit vielen Menschen an, während eine zurückgezogene Person (gering ausgeprägtes Lebensmotiv Beziehungen) nur ein paar enge Freunde sucht. Menschen mit einem stark ausgeprägten Lebensmotiv Status kaufen häufig die teuersten Objekte, während die mit einem gering ausgeprägten Lebensmotiv Status sich unbeeindruckt von materiellen Gütern zeigen.

Wenden wir das Prinzip der starken Bedürfnisse auf den Bereich Sexualität an, so können wir davon ausgehen, dass Menschen mit starken sexuellen Bedürfnissen viele verschiedene Partner suchen werden, während solche mit geringen sexuellen Bedürfnissen weniger interessiert an einer großen Anzahl an Partnern sind. Diese Prognose wird nicht immer zutreffen – es gibt zahlreiche Menschen, die ein starkes Bedürfnis nach Sexualität haben und dennoch loyal gegenüber ihren Partnern sind – nur denke ich, das RMP® prognostiziert sowohl Untreue als auch Promiskuität viel besser als irgendeine andere Methode, die mir bekannt ist.

Menschen mit starken sexuellen Bedürfnissen mögen eine Vielzahl von Partnern suchen, jedoch bedeutet dies nicht, dass sie leichtsinnig sind. Ich denke, es ist unzulänglich zu behaupten, dass der ehemalige Präsident der USA, Bill Clinton, leichtsinnig war, nur weil er außerehelichen Sex hatte und dabei erwischt wurde. Das Konstrukt „Stärke des Bedürfnisses“ prognostiziert Promiskuität; ich bezweifle, dass das Einschätzen von „Leichtsinnigkeit“ etwas zu solchen Prognosen beträgt. Die Bedürfnisse nach Sexualität und risikoreichem Verhalten sind weitgehend nicht verwandt. Des Weiteren glaube ich, dass Leichtsinnigkeit nicht allein aufgrund des sexuellen Verhaltens unterstellt werden kann, sondern sich auch in allen anderen Lebensbereichen manifestieren muss, um als Charaktereigenschaft gewertet zu werden.

Darüber hinaus hat das Grundbedürfnis nach Ehre Auswirkungen auf mögliche Untreue. Menschen mit einem starken Bedürfnis nach Ehre fühlen sich eher ihrem Wort verpflichtet und werden deshalb normalerweise ihr Ehegelübde ernst nehmen. Sie sind stolz darauf, ihre Versprechen zu halten. Verheiratete Menschen mit jeweils starken Bedürfnissen nach Sexualität und Ehre werden versuchen, ihr sexuelles Verlangen innerhalb des ehelichen Schlafzimmers zu befriedigen. Im Gegensatz hierzu glauben zweckorientierte Menschen, dass nichts falsch daran ist, seine Versprechen zu brechen, wenn sich Gelegenheiten bieten. Diese Menschen haben wenig moralische Hemmungen, was das Betrügen ihres Partners angeht.

Die Theorie der 16 Lebensmotive sagt die Wahrscheinlichkeit, dass eine verheiratete Person ihren Partner betrügen wird, wie folgt voraus:

- Starkes Bedürfnis nach Sexualität, geringes Bedürfnis nach Ehre = sehr hohe Wahrscheinlichkeit der Untreue.
- Starkes Bedürfnis nach Sexualität, starkes Bedürfnis nach Ehre = überdurchschnittliche Wahrscheinlichkeit der Untreue.
- Geringes Bedürfnis nach Sexualität, geringes Bedürfnis nach Ehre = unterdurchschnittliche Wahrscheinlichkeit der Untreue.
- Geringes Bedürfnis nach Sexualität, starkes Bedürfnis nach Ehre = signifikant niedrige Wahrscheinlichkeit der Untreue.

KAPITEL 14
SPORT UND WELLNESS

Nachdem ich 2001 mein Buch „Who am I?“ (dt. „Wer bin ich und was will ich wirklich?“) publiziert hatte, wiesen Leser mich auf die Relevanz der 16 Lebensmotive im Hinblick auf Sport hin, wobei es erst einmal nicht ganz klar war, wie hier Verbindungen hergestellt werden konnten. Peter Boltersdorf, ein deutscher Businessberater und Sportcoach, lieferte die erste erfolgreiche Anwendung für den Bereich Sport. Er begann, sich für die 16 Lebensmotive zu interessieren, nachdem er einen Bericht über sie in einer belgischen Zeitung gelesen hatte. Nach einem Treffen mit mir machte er sich daran, eine Anwendung für den Sportbereich zu entwickeln. Peters erster Gebrauch des RMP® für Sport war bei einem Unterliga-Fußballverein aus Mainz, der in der Mitte der Fußballsaison hauptsächlich wegen der schlechten Leistungen eines Starspielers um seine Platzierung kämpfte. Peter stellte fest, dass der Spieler ein „stark ausgeprägtes Lebensmotiv Anerkennung“ hatte und bemerkte weiterhin, dass der Mainzer Coach den Spieler kontinuierlich während der Spiele abwertete, indem er „Spiel ordentlich! Spiel ordentlich!“ schrie. Da ein Spieler mit stark ausgeprägtem Lebensmotiv Anerkennung durch Kritik eher entmutigt wird, riet Peter dem Coach, den Spieler während des laufenden Spiels nicht anzuschreien. Die Leistungen des Spielers verbesserten sich dramatisch und das Team gewann weiter und stieg letztendlich in eine höhere Liga auf.

Als Peter mir über diese Beratung berichtete, gewann ich neue Einsichten darüber, wie die 16 Lebensmotive im Bereich Sport anzuwenden sind. Durch Zuordnen jedes Lebensmotivs zu spezifischen athletischen Neigungen konnte ich sehen, dass ein Spieler mit einem gering ausgeprägten Lebensmotiv Ehre möglicherweise eine Tendenz dazu hat, Elfmeter herbeizuführen. Ein Spieler mit einem stark ausgeprägten Lebensmotiv Status wird die besten Leistungen im Spiel gegen einen Gegner mit hohem Status abrufen können. Im Gesamten betrachtet entstanden die Werte für den Sportbereich aus meinem generellen Wissen über die 16 Lebensmotive. Später evaluierte ich die Lebensmotive aller Spieler eines NCAA Division I Baseballteam, eines NCAA Division I Golfteams sowie NCAA Division III Fußball- und Tennisteams. Die

Ergebnisse zeigten dramatische Unterschiede in dem, was die verschiedenen Teams motivierte. Die Division-I-Spieler wurden hauptsächlich von Wettstreit und Erfolg motiviert, während die Division-III-Spieler – also die von kleineren Schulen – vorrangig von sozialen Erfahrungen motiviert waren. In anderen Worten, Division-I-Spieler wollten gewinnen, aber den in Division III spielenden (zumindest diejenigen, die wir einschätzten) ging es vorrangig um soziale Interaktion.

Nach dem Evaluieren der Lebensmotive der einzelnen Spieler führte ich mit jedem ein Gespräch unter vier Augen. So sagte ich beispielsweise zu einem Baseballspieler: „Die Ergebnisse meiner Einschätzung legen nahe, dass Sie eine Neigung dazu haben, bessere Leistungen an einem Spieltag als im Training zu bringen. Wir wissen, dass meine Einschätzungen oft unzureichend sind; was meinen Sie denn selbst, spielen Sie besser während eines Spiels als beim Training?" Trotz der Einladung, meiner Einschätzung zu ihren Lebensmotiven zu widersprechen, stellten wir fest, dass die Athleten in ungefähr 85 Prozent der Fälle den ihnen zugeordneten Tendenzen zustimmten.

Daraufhin sprachen wir separat mit den Trainern der Spieler, die ebenfalls der großen Mehrzahl der Ergebnisse zustimmten. Am Ende des Jahres schnitt das Division-I-Golfteam als sechstbestes des Landes ab (die beste Leistung in der Geschichte der Universität) und das Baseballteam zeigte bescheidene Verbesserungen im Vergleich zum Vorjahr. (Wir erkundigten uns bei den Division-III-Teams nicht über den Ausgang ihrer Leistungen, da deren erklärtes Ziel in der Teilnahme, nicht im Sieg bestand.)

Wir führten eine wissenschaftliche Studie durch, die darauf abzielte, ein Motivationsprofil für Sportler zu identifizieren (Reiss, Wiltz & Sherman, 2001). Hierbei legten wir das RMP® 415 Collegestudenten vor, die während ihrer Highschool- oder Collegezeit in keiner, einer, zwei oder mehr Schulsportmannschaften trainiert hatten. Wie viele verschiedene Sportarten ein Schüler ausübte, konnte mit den Lebensmotiven körperliche Aktivität, Beziehungen, Familie, Rache, Macht und Neugier assoziiert werden. Auf den Ergebnissen dieser Studie basierend ist das Motivationsprofil für Sportler grundsätzlich in aktiv (stark

> Sportler neigen dazu, familienorientiert zu sein.

ausgeprägtes Lebensmotiv körperliche Aktivität), kontaktfreudig (stark ausgeprägtes Lebensmotiv Beziehungen), familienorientiert (stark ausgeprägtes Lebensmotiv Familie), wetteifernd (stark ausgeprägtes Lebensmotiv Rache), erfolgsorientiert (stark ausgeprägtes Lebensmotiv Macht) und praktisch oder nicht intellektuell (gering ausgeprägtes Lebensmotiv Neugier) eingeteilt.

Die vielleicht erstaunlichste Entdeckung war, dass Athleten familienorientiert sind. Dies wurde erwiesenermaßen nicht nur anhand unserer Forschungsbeispiele in den USA beschrieben, sondern auch bei der von Peter Boltersdorf vorgenommenen Einschätzung von Berufssportlern und Weltklasseamateuren in Deutschland. Generell ist die beste Vorgehensweise für Trainer, um ihr Team zu motivieren, den Schwerpunkt auf ihre Vorbildfunktion für Kinder zu legen.

Heute stellt die Theorie der 16 Lebensmotive der Sportpsychologie neue Methoden zur Verfügung. Unser derzeitiges Modell wendet die 16 Lebensmotive an, um einzuschätzen:

- was einen Sportler motiviert;
- wozu der Sportler neigt (wie z. B. Führung, Unbeständigkeit, Elfmeter-Kandidat);
- in welcher Beziehung der Sportler wahrscheinlich zu den Trainern steht (was jeder Sportler an seinem Trainer mag bzw. nicht mag; was jeder Trainer an jedem Spieler mag bzw. nicht mag).

Peter Boltersdorf hat mit dem Einsatz dieser Methoden signifikanten Erfolg. Einer seiner Vereine gewann eine Weltmeisterschaft im Handball, die weltweit live übertragen wurde. Er beriet einen Bundesliga-Fußballverein, der im Kampf um den Deutschlandpokal vertreten war. Matthias Steiner, der von Peter beraten wurde, gewann eine Goldmedaille im Gewichtheben bei den Olympischen Spielen in Peking 2008.

Nachdem die 16 Lebensmotive auf den Bereich des Sports angewendet werden konnten, machten wir sie auch für den Wellnessbereich geltend. Jeder Mensch weiß, wie man gesund lebt – ernähre dich gesund und in Maßen und treibe regelmäßig Sport. Dennoch haben viele Menschen eine inadäquate

Motivation, täglich und regelmäßig einem vernünftigen Plan des gesunden Lebens zu folgen. Wir entwickelten deshalb das „Reiss Motivation Profile® for Wellness", um Individuen dabei zu helfen, Methoden für die Steigerung der Motivation zu Fitness und gesunder Lebensweise zu finden.

Das Reiss Motivation Profile® für Wellness und das Reiss Motivation Profile® für den Bereich Sport unterscheiden sich lediglich in Bezug auf den interpretativen Bericht, der mit den Ergebnissen einhergeht. Bei dem interpretativen Bericht für RMP® Wellness handelt es sich um einen verständlich geschriebenen Kommentar darüber, wie man sich am besten dazu motivieren kann, gesund zu essen und sich ausreichend zu bewegen. Es wird z. B. geklärt, ob man am besten alleine oder mit Freunden zusammen Sport treibt, in einer Sporthalle oder in der Natur, und es bietet Tipps zur Appetitkontrolle an, die an der Persönlichkeit des Einzelnen orientiert sind. Es ist übrigens die einzige Version des RMP®, die der Öffentlichkeit direkt zugänglich ist. (www.16desires.com)

KAPITEL 15
KARRIEREBERATUNG

Das RMP® eignet sich gut als Werkzeug für die Karriereberatung. Ein erfahrener RMP®-Master kann Menschen potenziell passende Jobs aufzeigen. Hier nun die vorgeschlagenen Berufsbilder für jedes Lebensmotiv. (Bitte bedenken Sie, dass in der Business-Version des RMP® eine Skala zum Einschätzen des Lebensmotivs Schönheit die Eros-Skala ersetzt, ergo keine Fragen zum Thema Sexualität gestellt werden.)

ANERKENNUNG

Starkes Streben. Manche Menschen mit einem stark ausgeprägten Lebensmotiv Anerkennung werden wahrscheinlich in Berufen ohne regelmäßige Überprüfungen gut klarkommen, wie z. B. Angestellter einer Kirche, Beamter, manche Positionen im Schuldienst, Kleinunternehmer, Gärtner, LKW-Fahrer und grundsätzlich in jedem Job in einem Unternehmen, in dem es einen freundlichen, unterstützenden oder nicht-beurteilenden Vorgesetzten gibt. Sie werden es wahrscheinlich nicht mögen, in einem Beruf zu arbeiten, der Selbstvertrauen erfordert oder in dem man permanenter Kritik ausgesetzt ist – wie z. B.: Verkauf, Politik, Wissenschaftler in der Forschung oder Schauspieler. Mit einem urteilenden Vorgesetzten, der schnell ist, wenn es ums Kritisieren geht, kommen sie wahrscheinlich generell nicht gut zurecht.

Geringes Streben. Menschen mit einem gering ausgeprägten Lebensmotiv Anerkennung schlagen sich oftmals besser als die meisten anderen Menschen in Berufen, die wiederkehrende Beurteilung, Zurückweisung oder Kritik beinhalten. Beispiele solcher Jobs sind Berufe in Verkauf, Telemarketing oder Politik sowie Schriftsteller, Schauspieler oder Professor im Bereich Forschung. Einige sind wahrscheinlich hoch motiviert in Bereichen, die Abenteuer wie z. B. Reisen in ferne und exotische Länder beinhalten.

SCHÖNHEIT

Starkes Streben. Einige Menschen mit einem stark ausgeprägten Lebensmotiv Schönheit kommen wahrscheinlich gut in Berufen klar, die künstlerische Fähigkeiten, Design, Anmut, Geschmack oder den Gebrauch von Farben beinhalten. Mögliche Beispiele umfassen Architekt, Kosmetiker, Tänzer, Designer, Fashionmodel, Naturforscher und Florist.

Geringes Streben. Manche Menschen mit einem gering ausgeprägten Lebensmotiv Schönheit sind schlecht für einen Beruf geeignet, der ein Auge für Ästhetik, Design oder Sinnlichkeit verlangt. Mögliche Beispiele für ungeeignete Berufe sind Architekt, Kosmetiker, Tänzer, Designer, Fashionmodel und Florist. Mit der Durchschnittsperson verglichen werden diese Menschen vielleicht eher Berufe wählen, die Arbeiten in unattraktiven oder abgelegenen Gegenden oder unter schwierigen Bedingungen beinhalten, wie z. B. das Arbeiten in einem sozialen Brennpunkt oder auf einem Erdölfeld.

NEUGIER

Starkes Streben. Menschen mit einem stark ausgeprägten Lebensmotiv Neugier sind wahrscheinlich an intellektuell stimulierenden Berufen interessiert. Beispiele hierfür sind Astronaut, leitender Angestellter, Kommissar, Redakteur, Ingenieur, Journalist, Anwalt, Bibliothekar, Krankenpfleger, Wissenschaftler und Lehrer. Auf der anderen Seite sind sie wahrscheinlich weniger interessiert an einer Karriere, die minimale intellektuelle Bemühungen erfordert, wie z. B. Tierpfleger, Monteur, Friseur, Schreiner, Bürokraft für Dateneingabe, Fabrikarbeiter, Haarstylist, Näher, Maler, Haustechniker, Lastkraftfahrer, Schreibkraft und Kellner.

Geringes Streben. Menschen mit einem gering ausgeprägten Lebensmotiv Neugier sind wahrscheinlich interessiert an einer Karriere, die gesunden Menschenverstand und praktisches Wissen erfordert. Mögliche Beispiele sind: Monteur, Friseur, Schreiner, Konstruktionsarbeiter, Haarstylist, Fabrikarbeiter, Landwirt, Feuerwehrmann, Näher, Polizeibeamter,

Mechaniker, Maler, Gärtner und Kellner. Auf der anderen Seite werden sie möglicherweise Berufe vermeiden wollen, die tiefgehendes Nachdenken oder Wissen über viele Themen erfordern, wie bspw. leitender Angestellter, Kommissar, Redakteur, Ingenieur, Investor, Journalist, Anwalt, Bibliothekar, Krankenpfleger, Wissenschaftler und Lehrer.

ESSEN

Starkes Streben. Menschen mit einem stark ausgeprägten Lebensmotiv Essen werden möglicherweise interessiert an einem Beruf sein, der Wissen über Nahrungsmittel, Essenszubereitung, Diät und/oder Essgewohnheiten erfordert. Mögliche Beispiele sind Koch, Caterer, Leiter eines Supermarkts, Restauranttester und Restaurantmanager.

Geringes Streben. Einige der Menschen mit einem gering ausgeprägten Lebensmotiv Essen werden sich vielleicht eher für Jobs interessieren, die das Schlanksein belohnen, wie z. B. Fashionmodel, Diätberater oder Coach für Gewichtsabnahme. Da „Wenigesser" mitunter dazu neigen, relativ unaufmerksam in Bezug auf Themen im Bereich Essen zu sein, sind sie im Nachteil, wenn es um das Erlernen eines Berufs geht, der mit Essen bzw. mit der Zubereitung von Speisen zu tun hat und/oder Essensgewohnheiten als Schwerpunkt hat. Mögliche Beispiele von Berufen, über deren Ausübung sie sorgfältig nachdenken sollten, schließen Caterer, Koch, Leiter eines Supermarkts, Restauranttester und Restaurantmanager ein.

FAMILIE

Starkes Streben. Menschen mit einem stark ausgeprägten Lebensmotiv Familie sind möglicherweise interessiert an einem Beruf, der relevant für Kinder und Familien ist oder das Versorgen von Pflanzen und Tieren betrifft. Einige der vielen Beispiele beinhalten Sportler, Manager bzw. Mitarbeiter in einem Freizeitcamp, Mitarbeiter in der Tagespflege, Landwirt, Hotelmanager, Hausangestellter, Hauswirtschafter, Kinderkrankenpfleger oder Arzt, gesetzlicher Vormund, Politiker, Immobilienmakler oder

Lehrer. Sie werden möglicherweise besonders interessiert an einer Tätigkeit sein, die ihnen genügend Freiräume gewährt, um Zeit mit ihrer Familie zu verbringen, wie z. B. Teilzeitjobs oder Homeoffice-Jobs.

Geringes Streben. Menschen mit einem gering ausgeprägten Lebensmotiv Familie werden sich eher für einen Beruf interessieren, der wenig mit Kindern zu tun hat. Einige der vielen Beispiele für solche Karrieren und Berufe schließen leitender Angestellter, Fabrikarbeiter, Berufssoldat, Nachtwächter und Börsen- oder Rohstoffhändler ein.

EHRE

Starkes Streben. Menschen mit einem stark ausgeprägten Lebensmotiv Ehre sind wahrscheinlich interessiert an Berufen, die ihren Schwerpunkt auf Integrität, Charakter oder Loyalität legen. Mögliche Beispiele umfassen Geistliche, Richter, Wissenschaftler, Lehrer und Obmann. Auf der anderen Seite werden sie sich wahrscheinlich unwohl fühlen in Berufen, in denen von ihnen erwartet wird, dass sie aus Profitgründen ein minderwertiges Produkt produzieren.

Geringes Streben. Menschen mit einem gering ausgeprägten Lebensmotiv Ehre sind vermutlich interessiert an einem Beruf, der seinen Schwerpunkt auf Eigeninteresse legt bzw. bei dem man Vorteile aus Gelegenheiten ziehen muss. Beispiele hierfür sind Geschäftsmann, Unternehmer, Investor und Börsenmakler. Auf der anderen Seite interessieren sie sich wahrscheinlich eher nicht für Berufe, bei deren Ausübung von ihnen erwartet wird, ohne angemessenes Entgelt anderen zu helfen. Mögliche Beispiele hierfür sind humanitärer Helfer, Freiwilliger, Sozialassistent und Berufssoldat.

IDEALISMUS

Starkes Streben. Menschen mit einem stark ausgeprägten Lebensmotiv Idealismus sind wahrscheinlich interessiert an einem Beruf, in dem sie anderen Menschen helfen, gesellschaftliche Bedingungen verbessern oder Gerechtigkeit vorantreiben können. Mögliche Beispiele beinhalten Angestellter im Bereich der alternativen Energie (Solar-, Windenergie), Beamter, Geistlicher, Bürgeraktivist, Umweltschützer, Richter, Arzt, Sozialarbeiter und Obmann. Andererseits werden sie sich vermutlich unwohl fühlen in Berufen, in denen von ihnen erwartet wird, gegen die Interessen der Armen, Bedürftigen und Unterdrückten zu arbeiten. Mögliche Beispiele hierfür sind Bilanzprüfer, Gerichtsvollzieher, Diplomat, Inkassobeamter.

Geringes Streben. Menschen mit einem gering ausgeprägten Lebensmotiv Idealismus sind eher interessiert an Berufen, die ihre nüchterne Gesinnung belohnen. Mögliche Beispiele beinhalten Bilanzprüfer, Banker, Gerichtsvollzieher, Chemiearbeiter, Diplomat, Investor, Gerichtsvollzieher und Börsenmakler. Auf der anderen Seite fühlen sie sich wahrscheinlich unwohl in Bereichen, die Idealismus honorieren. Mögliche Beispiele beinhalten Bürgeraktivist, Beamter, Sozialarbeiter und Umweltschützer.

UNABHÄNGIGKEIT

Starkes Streben. Menschen mit einem stark ausgeprägten Lebensmotiv Unabhängigkeit sind vermutlich interessiert an Berufen, die ein hohes Maß an Freiheit und eigenständiger Entscheidungsfindung gewährleisten. Mögliche Beispiele beinhalten Buchautor, Rohstoffhändler, Unternehmer, Investor, Börsenmakler. Auf der anderen Seite mögen sie wahrscheinlich keine Berufe, in denen ein hohes Maß an Teamwork und emotionaler Sensibilität vorausgesetzt wird. Mögliche Beispiele hierfür sind Geistlicher, Berater, Berufe in der mittleren Führungsebene, Betreuer, und Vertreter.

Geringes Streben. Menschen mit einem gering ausgeprägten Lebensmotiv Unabhängigkeit sind vermutlich interessiert an Berufen, die ein hohes Maß an Teamwork oder emotionaler Sensibilität bieten. Mögliche Beispiele beinhalten Geistlicher, Berater, mittleres Management, Betreuer und Vertreter. Auf der anderen Seite werden sie es wahrscheinlich nicht mögen, in einem Beruf zu arbeiten, der ein hohes Maß an unabhängiger Entscheidungsfindung erfordert. Mögliche Beispiele beinhalten Unternehmer, Mittelständler und Börsenmakler.

ORDNUNG

Starkes Streben. Menschen mit einem stark ausgeprägten Lebensmotiv Ordnung kommen am besten in Positionen zurecht, in denen ihre Aufgaben klar spezifiziert sind, regelmäßig und zuverlässig Supervisionen stattfinden und sie ihre Zeit damit verbringen, zu organisieren, zu planen oder Regeln anwenden. Sie sind wahrscheinlich interessiert an Berufen, die Detailgenauigkeit, konkrete Arbeitsabläufe, Organisation, genaue Wiedergabe oder Sauberkeit honorieren. Mögliche Beispiele sind Buchhalter, Reinigungskraft, Büroangestellter, Lektor, Rechtsanwalt, Krankenpfleger, Apotheker, Arzt, Steuerprüfer und Kellner. Auf der anderen Seite sind sie wahrscheinlich weniger interessiert an Berufen, die Flexibilität oder Spontaneität honorieren. Mögliche Beispiele beinhalten Berufe in der Werbebranche, Flugsicherungslotse, Fachberater, Schriftsteller, Spekulant, Obmann und Börsenmakler.

Geringes Streben. Menschen mit einem gering ausgeprägten Lebensmotiv Ordnung sind vermutlich an Berufen interessiert, die Spontaneität und/oder die Fähigkeit, mit Ungewissheit umzugehen, honorieren. Mögliche Beispiele beinhalten Berufe in der Werbebranche, Flugsicherungslotse, Fachberater, Schriftsteller, Spekulant und Börsenmakler. Auf der anderen Seite sind sie wahrscheinlich weniger geeignet für Berufe, die Detailgenauigkeit, feste Arbeitsabläufe, Organisation, Wiederholungen oder Sauberkeit honorieren. Mögliche Beispiele enthalten Buchhalter, Reinigungskraft, Lektor, Haushälter, Rechtsanwalt, Unterhändler, Krankenpfleger, Büroleiter, Arzt und Kellner.

KÖRPERLICHE AKTIVITÄT

Starkes Streben. Menschen mit einem stark ausgeprägten Lebensmotiv Körperliche Aktivität sind wahrscheinlich an einem Beruf interessiert, der körperliche Stärke, Durchhaltevermögen, Fitness oder athletische Fähigkeiten honoriert. Mögliche Beispiele enthalten Athlet, Sporttrainer, Flugbegleiter, Feuerwehrmann, Möbelpacker, Polizist, Soldat und Kellner. Auf der anderen Seite interessieren sie sich wahrscheinlich eher nicht für Berufe, die inaktive Tätigkeiten beinhalten, wie z. B. IT-Berufe, Schreibtischtätigkeiten, Richter, Universitätsprofessor oder Börsenmakler.

Geringes Streben. Menschen mit einem gering ausgeprägten Lebensmotiv Körperliche Aktivität sind vermutlich eher an einem Beruf interessiert, der wenig körperlichen Einsatz erfordert. Mögliche Beispiele enthalten Sprecher, Buchautor, Bürokraft, Lektor, Programmierer, Investor und Webdesigner. Auf der anderen Seite sind sie wahrscheinlich weniger interessiert an Berufen, die körperliche Stärke, Durchhaltevermögen, Fitness oder sportliche Fertigkeiten erfordern. Mögliche Beispiele beinhalten Sportler, Polizist, Feuerwehrmann, Militärdienst, Möbelpacker und Kellner.

MACHT

Starkes Streben. Menschen mit einem stark ausgeprägten Lebensmotiv Macht sind wahrscheinlich an Berufen interessiert, die Führungsqualitäten und/oder hohe Leistungsbereitschaft honorieren und herausfordernd sind. Mögliche Beispiele sind Bauunternehmer, Unternehmer, leitender Angestellter, Rechtsanwalt, Manager, Offizier im Militärdienst, Politiker und Wissenschaftler. Auf der anderen Seite sind sie vermutlich eher nicht an Berufen interessiert, die sie nicht fordern oder die überwiegend aus assistierenden Tätigkeiten bestehen. Mögliche Beispiele beinhalten Bürokraft, Flugbegleiter, Assistent, Ghostwriter, Labortechniker und Sekretär.

Geringes Streben. Menschen mit einem gering ausgeprägten Lebensmotiv Macht werden vermutlich eher von Berufen angesprochen, die feste Arbeitszeiten ohne Überstunden versprechen und die somit viel Raum für Freizeitaktivitäten gewähren. Mögliche Beispiele beinhalten Kassierer, Bürokraft, Zahnarzthelfer, Regierungsangestellter, Labortechniker, Berufssoldat und Sekretär. Auf der anderen Seite sind sie wahrscheinlich weniger interessiert an Berufen, die Führungsqualitäten honorieren. Mögliche Beispiele hierfür sind Unternehmer, leitender Angestellter, Rechtsanwalt und Politiker.

SPAREN

Starkes Streben. Menschen mit einem stark ausgeprägten Lebensmotiv Sparen können ihr Potenzial wahrscheinlich am besten abrufen, wenn sie in Arbeitsfeldern eingesetzt sind, die Sparsamkeit oder Sammeltätigkeiten honorieren. Beispiel hierfür sind Lagerleiter, Museumskurator, Finanzabteilungsleiter, Banker, Inhaber eines Geschäfts für Bastelbedarf, Händler für seltene Münzen oder Briefmarken, Hausarbeiter oder Gebrauchtwagenhändler. Positionen, die das Ausgeben größerer Geldbeträgen erfordern, wie z. B. Einkäufer, Aufkäufer von Einzelhandelsketten, Wehrtechnik-Beschaffer und Abfallbeseitiger werden sie eher frustrieren.

Geringes Streben. Menschen mit einem gering ausgeprägten Lebensmotiv Sparen mögen wahrscheinlich Berufe, bei denen es um die Beseitigung von Stoffen oder den Einkauf von Waren geht. Beispiele beinhalten Einkäufer, Aufkäufer von Einzelhandelsketten, Wehrtechnik-Beschaffer und Abfallbeseitiger. Berufe, in denen Sparsamkeit und Sammeltätigkeiten honoriert werden, wie z. B. Finanzchef, Banker, Hausmeister oder Handwerker oder Sammler seltener Münzen, sind vermutlich eher frustrierend für sie.

BEZIEHUNGEN

Starkes Streben. Menschen mit einem stark ausgeprägten Lebensmotiv Beziehungen sind vermutlich an einem Beruf interessiert, der soziale Kompetenzen und das Interesse an anderen Menschen honoriert. Mögliche Beispiele umfassen Beamter, psychologischer Berater, Flugbegleiter, Interviewer, Markthändler, Eventmanager, Public Relations, Leiter im Freizeit- und Wellnessbereich, Personalvermittler und Handelsvertreter. Sie mögen wahrscheinlich keine Berufe, in denen man zum einem großen Teil alleine arbeiten muss. Mögliche Beispiele beinhalten Buchautor, Nachtwächter, Maler, Sicherheitsbediensteter, Lastkraftfahrer oder jeden Beruf an einem abgelegenen und isolierten Ort, wie z. B. Forscher in der Antarktis.

Geringes Streben. Menschen mit einem gering ausgeprägten Lebensmotiv Beziehungen finden sich am besten in Berufen zurecht, die nur unregelmäßigen, sporadischen Kontakt zu anderen Menschen erfordern. Mögliche Beispiele hierfür sind Jobs, die von Zuhause ausgeübt werden können, Arbeiten in ländlichen Gegenden, Buchautor, Nachtwächter, Sicherheitsbediensteter, Lkw-Fahrer, Jobs im Zustelldienst oder Forscher in der Antarktis. Sie sind vermutlich nicht besonders geeignet für Berufe, die ein hohes Maß an sozialem Kontakt beinhalten. Mögliche Beispiele umfassen Beamter, psychologischer Berater, Interviewer, Markthändler, Eventmanager, Public Relations, Leiter im Wellness- und Freizeitbereich, Personalvermittler und Handelsvertreter.

STATUS

Starkes Streben. Menschen mit einem stark ausgeprägten Lebensmotiv Status sind wahrscheinlich an einem Beruf interessiert, der gesellschaftlich angesehen ist. Prestige kann mit dem Beruf selbst, dem Arbeitgeber, den Kosten des Produkts oder sogar dem Ort in Verbindung stehen. Mögliche Beispiele umfassen Sportler, Zahnarzt, Diplomat, leitender Angestellter, Investmentbanker, Juwelier, Rechtsanwalt, Verkäufer von Autos der Luxusklasse, Arzt und Börsenmakler. Sie werden es nicht mögen, in einem Beruf zu arbeiten, der mit der Arbeiterklasse assoziiert wird oder dem es generell an Ansehen mangelt. Mögliche Beispiele umfassen Monteur, Bauarbeiter, Schadensregulierer, Angestellter in der Dateneingabe, Warenhausvertrieb, Fabrikarbeiter, Bestattungsunternehmer, Mechaniker, Kindermädchen, Maler, Handwerker und Taxifahrer.

Geringes Streben. Menschen mit einem gering ausgeprägten Lebensmotiv Status sind vielleicht an einem Beruf interessiert, der mit der Arbeiterklasse assoziiert wird. Mögliche Beispiele beinhalten Monteur, Bauarbeiter, Schadensregulierer, Angestellter in der Dateneingabe, Warenhausvertrieb, Fabrikarbeiter, Bestattungsunternehmer, Mechaniker, Kindermädchen, Maler, Handwerker und Taxifahrer. Sie mögen wahrscheinlich keine Arbeitsfelder, die das Interagieren mit wohlhabenden und offiziellen Personen beinhalten. Mögliche Beispiele umfassen Diplomat, Investmentbanker, Verkäufer von Luxusgütern und Mitarbeiter im diplomatischen Dienst.

RUHE

Starkes Streben. Menschen mit einem stark ausgeprägten Lebensmotiv Ruhe sind vermutlich an einem Beruf interessiert, der seinen Schwerpunkt auf Sicherheit legt und wenig Stress beinhaltet. Mögliche Beispiele umfassen Friseur, Bauunternehmer, Schreiner, Florist, Förster, Bestattungsunternehmer, Haushälter, Reinigungskraft, Bibliothekar, Diätberater, Maler und Handwerker. Stressige Berufe oder Karrieren, die erfordern, dass man sich Gefahren aussetzt, mögen sie wahrscheinlich nicht. Mögliche Beispiele dafür sind Sportler, Inkassobeamter, Flugsicherungslotse, Bombenentschärfer, Sicherer von Gefahrengut, Polizist, Sicherheitsbediensteter, Soldat, Chirurg und Reisebegleiter.

Geringes Streben. Das Potenzial von Menschen mit einem gering ausgeprägten Lebensmotiv Ruhe kommt am besten in Berufen zur Geltung, in denen man unter Stress arbeiten muss oder das Umgehen mit Gefahr zum täglichen Geschäft gehört. Mögliche Beispiele umfassen Sportler, Inkassobeamter, Flugsicherungslotse, Bombenentschärfer, Beseitiger von Gefahrengut, Elektriker, Krankenpfleger, Polizist, Sicherheitsbediensteter, Soldat, Chirurg, Wertpapierhändler und Reiseverkehrskaufmann. Ihnen liegt wahrscheinlich nichts an Berufen, die ihren Schwerpunkt auf Sicherheit legen und wenig Stress beinhalten. Mögliche Beispiele umfassen Friseur, Bauunternehmer, Schreiner, Geistlicher, Florist, Förster, Bestattungsunternehmer, Haushälter, Reinigungskraft, Bibliothekar, Diätberater, Maler und Handwerker.

RACHE

Starkes Streben. Manche Menschen mit einem stark ausgeprägten Lebensmotiv Rache werden an einem Beruf interessiert sein, in dem Wert auf Wettbewerb, Schutz oder Konfrontation gelegt wird. Mögliche Beispiele umfassen Anwalt, Vertreter, Sportler, Inkassobeamter, leitender Angestellter im Businessbereich, Coach, Unternehmer, Rechtsanwalt, Boxer, Sicherheitsbeamter und Soldat. Sie sind vermutlich wenig interessiert an einem Beruf, der seinen Schwerpunkt auf Freundlichkeit und Konfliktvermeidung bzw. -bewältigung legt. Mögliche Beispiele hierfür umfassen Seniorenbegleiter, Richter, Verhandlungsführer und Lehrer.

Geringes Streben. Menschen mit einem gering ausgeprägten Lebensmotiv Rache sind gut für Berufe geeignet, die Kooperation mit anderen

Menschen erfordern. Mögliche Beispiele umfassen Seniorenbegleiter, Richter, Verhandlungsführer und Lehrer. Auf der anderen Seite sind sie wahrscheinlich weniger interessiert an einem Beruf, der seinen Schwerpunkt auf Wettbewerb, Schutz oder Konfrontation legt. Mögliche Beispiele umfassen Anwalt, Vertreter, Sportler, Inkassobeamter, leitender Angestellter im Businessbereich, Coach, Unternehmer, Rechtsanwalt und Soldat.

KAPITEL 16
MARKETING

Eine Reihe von Firmen hat das RMP® bereits für den Gebrauch im Bereich Werbung und Marketing entdeckt. Da der RMP®-Fragebogen in die meisten europäischen Sprachen sowie eine steigende Anzahl asiatischer Sprachen übersetzt wurde, steht Werbefachleuten mittlerweile ein individueller Maßstab zur Verfügung, der genutzt werden kann, um auf internationaler Ebene Markenanalysen vorzunehmen sowie Werbung und Produkte zu prüfen.

Eine wissenschaftliche Methode für das Evaluieren der Motive und Werte, die mit einem Produkt assoziiert werden, wurde 2004 beispielhaft in dem Artikel „Warum Menschen Reality-TV schauen" behandelt. Ich publizierte diesen gemeinsam mit James Wiltz. Hier baten wir 239 Erwachsene, sich selbst mit dem RMP® zu bewerten und einen Fragebogen auszufüllen, in dem es darum ging, wie viel Reality-TV sie schauten und wie sehr sie dieses mochten. Wir errechneten die durchschnittlichen RMP®-Werte für drei Gruppen von Personen: Solche, die keine Reality-TV-Shows anschauen, solche, die eine Show ansehen und die Gruppe derer, die sich zwei oder mehr Shows ansehen. Die Ergebnisse zeigten eine Korrelation zwischen dem Lebensmotiv Status und der Vorliebe in Bezug auf Reality-TV. Das Lebensmotiv Status drückt die Werte des Materialismus, des Wohlstands, des Ruhms sowie der Popularität aus, welche einen Teil des Reizes von Reality-TV-Shows auszumachen scheinen.

Wie in der Studie von Reiss und Wiltz (2004) aufgezeigt, können Marketingleute das RMP® benutzen, um die Kernwerte zu identifizieren, die unser Interesse an einem Produkt bzw. einer Marke motivieren. Die Methode sieht vor, das RMP® drei unterschiedlichen Gruppen von Teilnehmern vorzulegen, die sich darin unterscheiden, wie sehr sie ein bestimmtes Produkt oder eine Marke schätzen. Die Lebensmotive, die im Wertebereich systematisch variieren, sind gleichzeitig auch diejenigen, die mit großer Wahrscheinlichkeit das Interesse motivieren. Damit sind die Werte, die mit diesen Lebensmotiven in Verbindung stehen, auch diejenigen, die wahrscheinlich mit dem Produkt oder der Marke assoziiert werden.

In den vergangenen Jahren haben mindestens drei große internationale Konzerne das RMP® für ihre Werbung herangezogen. Wie in der Werbebranche allgemein üblich, werden diese Studien von Datenschutzvereinbarungen abgesichert, die es mir verbieten, die Konzerne oder die mir bekannten Ergebnisse der Studien offenzulegen. Ein offensichtliches Problem bei Online-Marketingbefragungen ist, dass schlecht eingeschätzt werden kann, ob die Teilnehmer gültige Antworten geben oder den Fragebogen nur möglichst schnell hinter sich bringen. Die RMP®-Vertrauens-Skala (siehe Kapitel 22) kann hier verwendet werden, um Teilnehmer auszuschließen, die willkürliche und somit ungültige Antworten geben.

Die 16 Lebensmotive erlauben uns, die von einer Marke ausgedrückten Werte mit denen zu vergleichen, die in der Werbung bedient werden. Betrachten Sie z. B. den Werbeslogan „What happens in Vegas, stays in Vegas." Dieser Slogan drückt den Wert der Zweckmäßigkeit aus, der von einem gering ausgeprägten Lebensmotiv Ehre motiviert ist. Der Wert besteht hier darin, nicht erwischt zu werden. Da der Markenname für Las Vegas „Sin City" ist – Sünde fällt unter einen gering ausgeprägten Ehre-Wert – ist der Werbeslogan ein Treffer, da er die Werte der Marke gut wiedergibt. In anderen Worten, die Werbung ist „on message", hat also ihren Zweck erfüllt. Hier nun ein weiteres Beispiel einer Werbung, die die Werte, die mit dem Produkt assoziiert sind, genau trifft. Viele Jahre lang war der Slogan der Marke Nike „Just do it!" Im Sinne der Theorie der 16 Lebensmotive drückt dieser Slogan die Werte einer Person mit einem gering ausgeprägten Lebensmotiv Neugier aus. Bei dem Produkt handelte es sich, wie wir wissen, um Turnschuhe. Die Gruppe der Sportler hat übereinstimmend ein gering ausgeprägtes Lebensmotiv Neugier auf der RMP®-Skala. Demzufolge spricht der Slogan „Just do it!" die Werte der Zielgruppe an.

KAPITEL 17
MENSCHEN MIT BESONDEREN BEDÜRFNISSEN

Meine Kollegen und ich konstruierten zwei psychometrische Instrumente, um die Bedürfnisse und Lebensmotive von Menschen mit Lernbehinderungen über 11 Jahre hinweg einzuschätzen. Diese Tools werden von Eltern, Lehrern oder Betreuern angewendet. Sie werden „Reiss Profile® MR/DD“ sowie „Reiss Profile® of Human Needs ID (RMP ID)“ genannt. Diese Arbeit ist von besonderer Relevanz, wenn es um das Planen der Zukunft eines Menschen mit Lernbehinderung geht. Die Instrumente ermutigen Betreuer, sich auf das zu konzentrieren, was den Menschen zu einer einzigartigen Person macht. Es geht darum, was diesen Menschen ausmacht und was er oder sie für ein erfülltes Leben benötigt. Die Ergebnisse dieser Einschätzungen bieten zahlreiche Vorschläge zur Verbesserung der Lebensqualität und der Maximierung des Glücksempfindens für den Einzelnen.

Die Analyse der menschlichen Bedürfnisse macht es möglich, die Sprache der Behinderung (z. B.: Mensch mit geistiger Behinderung) durch eine Sprache der Individualität (z. B.: „freundlicher Mensch“) zu ersetzen. Die Einschätzung der menschlichen Bedürfnisse stellt hier eine neue und leistungsstarke Methode zur Verfügung, um Betreuern zu ermöglichen, die menschlichen Qualitäten des von ihnen betreuten Menschen zu sehen und sie nicht einzig in Hinblick auf ihre Behinderung wahrzunehmen.

KAPITEL 18
RELIGION UND SPIRITUALITÄT

Im Zygon, einem renommierten akademischen Journal, das sich mit Wissenschaft und Religion beschäftigt, publizierte ich eine neuartige wissenschaftliche Theorie über die Frage, welche Rolle die 16 Lebensmotive in der Religion spielen (Reiss, 2004). Ich habe vor, diese Ideen auszuweiten, um die wissenschaftliche Forschung über religiöse Erfahrungen zu fördern und so die Anwendung der 16 Lebensmotive auf die religiöse Seelsorge zu unterstützen.

Die Theorie der 16 Lebensmotive bietet eine neuartige, wissenschaftlich überprüfbare Theorie der Religion. In erster Linie ist es die Sinnfrage, die zur Religion führt. Zweite Voraussetzung ist, dass die 16 Lebensmotive 16 Elemente der bedeutungsvollen menschlichen Erfahrung darstellen. Wenn diese Voraussetzungen beide, wie von mir angenommen, existieren, können wir zahlreiche Verbindungen zwischen den 16 Lebensmotiven und religiösen Praktiken und Überzeugungen herleiten. Wie erwartet, deckt Religion tatsächlich alle 16 Lebensmotive ab.

1. Menschen verstehen Gott als den denkbar größten Ausdruck von mindestens 13 der 16 Lebensmotive. Die von Menschen angefertigten Abbildungen von Gott handeln von universellen Zielen, die von allen wertgeschätzt werden. Diese Abbildungen stellen nach, was bedeutsam für das menschliche Dasein ist. Hier möchte ich aufzeigen, wie ich die göttlichen Attribute mit den Lebensmotiven verbinde:

- **Retter:** ein Ausdruck des Lebensmotivs Anerkennung. Ich gehe davon aus, dass Erlösung die größtmöglich vorstellbare Bestätigung darstellt.
- **allwissend:** ein Ausdruck des Lebensmotivs Neugier. Allwissenheit ist das größtmöglich vorstellbare Wissen.
- **Liebe:** ein Ausdruck des Lebensmotivs Familie

- **Moral:** ein Ausdruck des Lebensmotivs Ehre
- **Gerechtigkeit:** ein Ausdruck des Lebensmotivs Idealismus
- **Autarkie:** ein Ausdruck des Lebensmotivs Unabhängigkeit. Nichts und niemand kann in unserer Vorstellung mehr autark sein als Gott.
- **ewig während:** ein Ausdruck des Lebensmotivs Ordnung
- **allmächtig:** ein Ausdruck des Lebensmotivs körperliche Aktivität (Stärke)
- **Schöpfer:** ein Ausdruck des Lebensmotivs Macht. Die Schöpfung ist die größtmöglich vorstellbare Errungenschaft.
- **Freunde,** ein Ausdruck des Lebensmotivs Beziehungen
- **göttlich:** ein Ausdruck des Lebensmotivs Status. Göttlichkeit ist der höchste Status, den wir uns vorstellen können, sogar höher als das Königtum.
- **Beschützer:** ein Ausdruck des Lebensmotivs Ruhe. Göttlicher Schutz bietet die größtmöglich vorstellbare Sicherheit vor Gefahr.
- **Zorn:** ein Ausdruck des Lebensmotivs Rache

Die drei Lebensmotive, die in jüdisch-christlichen Gottesdarstellungen nicht ausgedrückt werden, sind Essen, Eros und Sparen. Der jüdisch-christliche Gott isst nicht, heiratet nicht und legt keine lebensnotwendigen Vorräte an. Nichtsdestotrotz stellt das kirchliche Leben den Gläubigen Aktivitäten zur Verfügung, die diese Lebensmotive abdecken. Religiöse Essensvorschriften bieten „Hilfestellungen zur Handhabung" des Lebensmotivs Essen an. Die römisch-katholische Kirche sieht sich selbst als eine Braut Christi, und in manchen Orden kleiden sich die Nonnen in Erwartung ihrer Vermählung mit Christus als Bräute. Die Kirche verkauft Relikte und verschiedene religiöse Objekte für Sammler. Zwischen Dogma und kirchlichem Leben adressiert Religion alle 16 Lebensmotive, sodass Individuen alle ihre Bedürfnisse durch das aktive Praktizieren ihrer Religion befriedigen können.

Wir sollten nun nicht – wie Freud es tat – die religiösen Vorstellungen als Projektionen der Lebensmotive betrachten, sondern eher als einen Ausdruck der Werte. Es sollte uns nicht überraschen, dass die göttlichen Attribute Qualitäten darstellen, die von jedem Menschen wertgeschätzt werden. Wäre dem nicht so, würde es psychologisch unmöglich sein, Gott anzubeten.

2. Fast jede religiöse Geschichte, jedes Symbol oder jede Erfahrung drückt eines oder mehrere der 16 Lebensmotive aus. Schöpfung äußert z. B. das stark ausgeprägte Lebensmotiv Macht; die Zehn Gebote drücken ein stark ausgeprägtes Lebensmotiv Ehre aus und die Bergpredigt ist Ausdruck eines gering ausgeprägten Lebensmotivs Rache. Zusammengefasst adressieren religiöse Überzeugungen, Praktiken und Symbole jedes der 16 Lebensmotive menschlicher Natur.

3. Religiöse Selbstfindung. Das RMP® ermöglicht es religiösen Menschen, einen Blick darauf zu werfen, was für sie persönlich die Anziehungskraft der Religion ausmacht. In Tabelle 18-1 fasse ich die RMP®-Ergebnisse von Emma, einer unserer freiwilligen Teilnehmerinnen, zusammen. Ich betrachte sie als eine religiöse Person, da sie ihre Kirche mindestens zweimal in der Woche besucht, zu manchen Zeiten sogar viermal in der Woche. Sie betet täglich. Zum Zeitpunkt unserer Einschätzung war sie eine 63-jährige Mutter zweier Kinder und hatte vier Enkelkinder.

Tabelle 18-1 Reiss Motivation Profile® für Emma

gering	durchschnittlich	stark
Neugier	Anerkennung	Essen
Körperliche Aktivität	Unabhängigkeit	Ehre
Macht	Ordnung	Idealismus
Status	Eros	Familie
Rache	Ruhe	Sparen
		Beziehungen

Die Ergebnisse von Emmas RMP® zeigen, dass sie sechs stark ausgeprägte Lebensmotive und fünf gering ausgeprägte Lebensmotive hat. Ich möchte nun beschreiben, wie diese Lebensmotive in ihrem religiösen Leben umgesetzt werden.

- Als ich sie nach ihren intensivsten religiösen Erinnerungen fragte, antwortete Emma: „Meine kirchliche Trauung, die Taufe meiner Kinder und meine Enkelkinder in der Kirche zu erleben und zu wissen, dass sie dieselbe Sonntagschule wie ich damals besuchen. Beerdigungen berühren mich, weil sie auf das Versprechen des ewigen Lebens hinweisen.“ Halten Sie sich vor Augen, dass Emmas intensivste Erinnerungen hauptsächlich von ihrer Familie – also einem ihrer stärksten Lebensmotive – handeln. Emmas Religion hilft ihr, das Bedürfnis nach Familie abzudecken und bestärkt ihre Familienwerte. So erklärte sie: „Wir alle sind Teil der kirchlichen Familie; und die gleiche Religion zu haben, ist eine vereinigende Kraft.“
- Emma lebt in einer kostengünstigen, ländlichen Gegend und kommt finanziell gerade so über die Runden. Als Haiti von einem Erdbeben heimgesucht wurde, ging sie zur Kirche, betete für die Opfer und spendete Geld für die Menschen in Haiti. Sie wendete sich an ihre Religion, um ihr Mitgefühl auszudrücken, was unter ihr stark ausgeprägtes Lebensmotiv Idealismus fällt.
- Emma akzeptiert die Bibel als historische Tatsache. Sie glaubt an den Teufel und hat einen recht fundamentalistischen Ansatz in ihrer religiösen Denkweise. Dies deckt sich mit ihrem gering ausgeprägten Lebensmotiv Neugier; sie hinterfragt nicht, was über Gott und Religion gelehrt wird. Die einzige Ausnahme ist, dass sie nicht an den Zorn Gottes glaubt, was wiederum zu ihrem gering ausgeprägten Lebensmotiv Rache passt.

ZUSAMMENFASSUNG: MOTIVATIONSPROFIL RELIGIÖSER MENSCHEN

Religiöse sowie säkulare (weltliche) Organisationen bieten alternative Lebensentwürfe und Aktivitäten für die Befriedigung unserer Bedürfnisse an. Wir tragen beispielsweise ein Bedürfnis in uns, unsere Kinder zu erziehen. Wir können sie in eine staatliche oder eine kirchliche Schule schicken. Unsere Kinder haben ein Bedürfnis nach positiven sozialen Erfahrungen. Wir können sie ermutigen, an Tanzveranstaltungen einer staatlichen oder kirchlichen Schule teilzunehmen. Unser Bedürfnis nach Altruismus können wir befriedigen, indem wir für weltliche oder kirchliche Hilfsorganisationen spenden.

Wir verfügen über ein beträchtliches Maß an Freiheit, wenn es darum geht, wie wir unsere Bedürfnisse abdecken. Zumindest in demokratischen Gesellschaften können Menschen frei darüber entscheiden, wie religiös oder nicht-religiös sie sein wollen. Niemand kann mir befehlen, meine Religion zu unterstützen oder an Gottesdiensten teilzunehmen. Ich lebe also, wie ich es möchte, genauso wie jeder andere, der in einer demokratischen Gesellschaft zu Hause ist.

Warum nun befriedigen manche Menschen ihre Bedürfnisse zu einem großen Teil über religiöse Aktivitäten, während andere dies über säkulare (weltliche) Aktivitäten tun? Vielleicht hängt es von den speziellen Bedürfnissen des Einzelnen ab. Möglicherweise sind Menschen mit bestimmten Motivationsprofilen eher dazu geneigt, sich der Religion zuzuwenden, um ihre Bedürfnisse abzudecken, während Personen mit einem anderen Motivationsprofil eher weltlichen Aktivitäten zugeneigt sind.

Gibt es vielleicht ein bestimmtes Bedürfnis, das mit der Religiosität assoziiert werden kann? Um dieses faszinierende Thema zu erforschen, baten wir 558 erwachsene Amerikaner aus verschiedenen Gesellschaftsschichten, das RMP® auszufüllen und in etwa festzulegen, wie religiös sie sind: sehr, ein wenig, überhaupt nicht oder atheistisch (Reiss, 2000). Aufgrund der geringen Anzahl von Atheisten fassten wir die Kategorien „überhaupt nicht“ und „atheistisch“ zu der Kategorie „nicht religiös“ zusammen. Die vier größten Konfessionen, die in unserer beispielhaften Untersuchung vertreten waren, sind katholisch (n=171), methodistisch (n=54), baptistisch (n=44) und presbyterianisch (n=44). Das Durchschnittsalter betrug 33 Jahre (in einer Spanne von 18 bis 83 Jahren).

Tabelle 18.2 Zusammengefasstes RMP® für sehr religiöse Menschen

überdurchschnittlich	durchschnittlich	unterdurchschnittlich
Familie	Anerkennung	Rache
Ehre	Neugier	Eros
Idealismus	Essen	Unabhängigkeit
Ordnung	Körperliche Aktivität	
	Macht	
	Sparen	
	Beziehungen	
	Status	
	Ruhe	

Die Ergebnisse sind in Tabelle 18-2 dargestellt. Die gläubigen Christen, die an der Studie teilgenommen haben, wiesen überdurchschnittliche Ausprägungen in Bezug auf Ehre (Moral), Familienleben, Idealismus (Wohltätigkeit) und Ordnung (Ritual) auf. Sie lagen bei der Bewertung von Unabhängigkeit, Eros (Sex) und Rache unter dem Durchschnitt. Die Studie legt nahe, dass das Bedürfnis nach Ehre wahrscheinlich das wichtigste psychologische Motiv der religiösen Menschen, die an dieser Studie teilgenommen haben, darstellt. Ehre motiviert Loyalität gegenüber den Vorfahren im gleichen Maße wie Charakterbildung. Menschen mit einem stark ausgeprägten Lebensmotiv Ehre sind loyal, verantwortungsbewusst, vertrauenswürdig, rechtschaffen und selbstdiszipliniert. Im Gegensatz dazu sind Menschen mit einem gering ausgeprägten Lebensmotiv Ehre zweckorientiert und opportunistisch. Die Ergebnisse lassen vermuten, dass

Religion zu einem weitaus höheren Prozentsatz „ehrenhafte" Menschen anspricht und weniger häufig Opportunisten.

Religion ist attraktiv für „ehrenhafte" Menschen, weil sie deren Werte unterstützt. Religion ist von Tradition durchsetzt und fördert die Erinnerung an die Vorfahren. Sie vermittelt den Heranwachsenden Moral. Religion ermutigt dazu, einen moralischen Gott anzubeten und den Teufel abzulehnen, der das wahre Böse darstellt. Sie lobt die Selbstdisziplin von Heiligen und Asketen.

In Kontrast dazu bietet Religion wenig Unterstützung für Menschen mit einem gering ausgeprägten Lebensmotiv Ehre. Diese Individuen schätzen Opportunismus und Zweckdienlichkeit. Religion hat über Zweckdienlichkeit, Treulosigkeit gegenüber Eltern oder Vorfahren, Lügen usw. nichts Gutes zu sagen. Menschen, die stolz auf ihre Fähigkeit sind, jede Gelegenheit zu ihrem Vorteil zu nutzen, empfinden in religiösen Lehren wahrscheinlich eine Ablehnung ihrer Werte. Diese Menschen werden sich vermutlich eher weltlichen Aktivitäten widmen (Finanzen, Business oder Sport), um Unterstützung ihrer Werte zu erhalten.

Die Ergebnisse unserer Studie lassen außerdem darauf schließen, dass religiöse Menschen einen unterdurchschnittlichen Wert auf der Skala für Unabhängigkeit erzielen. Warum sind religiöse Menschen in ihrem Denken interdependenter als nicht religiöse Menschen? Vielleicht hat es damit zu tun, dass unabhängige Menschen es nicht mögen, sich auf andere verlassen zu müssen, Gott eingeschlossen. Sie sind womöglich eher abgeneigt, Fürbitten an Gott zu formulieren. Sie sind vielleicht stur oder bestehen darauf, dass Dinge auf ihre Art gehandhabt werden. Sie tendieren dazu, ihre Individualität oder ihren Stolz zur Schau zu stellen. Die religiösen Menschen in unserer Studie zeigten ein überdurchschnittliches Bedürfnis nach Familie. Christliche Kirchen predigen immer wieder den zentralen Wert der Familie. Sie ermutigen junge Menschen, zu heiraten und ihre Kinder im Glauben zu erziehen. Sie bieten soziale Aktivitäten für Familien an. Im Gegensatz dazu stellen sie relativ wenig Unterstützung für Menschen, die nicht heiraten wollen, oder verheiratete Paare ohne Kinderwunsch zur Verfügung. Ich kenne keine biblische Geschichte, in der ein Paar, das beschloss, kinderlos zu bleiben, von Gott oder der Kirche für seine Entscheidung gelobt wurde.

Weiterhin fanden wir heraus, dass gläubige Christen einen viel niedrigeren Wert im Bereich Konfrontation und Aggression sowie einen viel höheren Wert im Bereich Kooperation und Freundlichkeit aufwiesen als nicht-gläubige Christen. Dieses Ergebnis deckt sich mit der Lehre Christi, „die andere Wange hinzuhalten". Das Christentum stützt die Werte freundlicher Menschen, was dafür spricht, dass es somit ansprechender für diese Individuen ist als für aggressive Menschen.

Zusammenfassend sei gesagt, dass das aus unseren Studien hervorgehende Motivationsprofil gläubiger Christen stark ausgeprägte Lebensmotive Familie, Ehre, Idealismus und Ordnung einschloss sowie gering ausgeprägte Lebensmotive Unabhängigkeit, Eros und Rache. Dieses Profil legt nahe, dass das Christentum Menschen, die großen Wert auf Moral, Familienleben, Freundlichkeit und Miteinander legen, besonders anspricht. Religiöse Lehren unterstützen übereinstimmend diese Werte, während sie wenig oder gar keinen Rückhalt für Menschen mit gegensätzlichen Werten bieten. Das Motivationsprofil der Geistlichen mag sich von dem der Gemeinde unterscheiden. Bei einer Befragung von 49 protestantischen Seminaristen fand Haverkamp (1998) ein sehr stark ausgeprägtes Lebensmotiv Idealismus. Offensichtlich waren die gläubigen, jungen Seminaristen (alle männlich) in der Havercamp-Studie durchweg davon motiviert, die Welt verbessern zu wollen.

IST SPIRITUALITÄT EINE CHARAKTEREIGENSCHAFT?

Sollte die Liste der 16 Lebensmotive um Spiritualität als siebzehntes Lebensmotiv erweitert werden? Wie zuvor erwähnt, ist es nicht unüblich, dass Menschen sich die Liste der 16 Lebensmotive anschauen und dann fragen: „Wo ist die Spiritualität? Was ist mit Gott und der Religion?" Ich glaube, dass Menschen über eine umfassende Anordnung der Lebensmotive zu Gott in Verbindung treten, nicht etwa über eine einzelne Form des Kontakts bzw. eine separate Dimension des Charakters (Spiritualität genannt). Die 16 Lebensmotive repräsentieren die 16 Dimensionen einer bedeutungsvollen Erfahrung. So sind die Gläubigen z. B. durch ihr Lebensmotiv Familie mit Gott verbunden, wenn sie sich zusammenfinden, um ein schwieriges Gespräch mit einem rebellischen Kind zu führen. Sie sind mit Gott verbunden durch ihr Lebensmotiv Ehre, wenn sie sich um die Kranken oder ihre alternden Eltern kümmern. Sie sind mit Gott durch ihr Lebensmotiv Neugier (intellektuelle Stimulation) verbunden, wenn sie gemütlich in ihrem Sessel sitzen und Philosophiebücher lesen. Gott ist für alle da, die ihn suchen. Er tritt für die Gläubigen nicht nur dann in Erscheinung, wenn sie meditieren und beten, sondern inspiriert sie 24 Stunden lang und die ganze Woche über.

Religion ist nicht das siebzehnte Lebensmotiv, wie manche vorgeschlagen haben. Wenn ich die Spiritualität als siebzehntes Lebensmotiv anerkannt hätte, so würde dies implizieren, dass die Spiritualität eines Menschen separat und abgegrenzt vom Rest seines Lebens besteht. Der gegenwärtige Stand meiner Forschungsarbeit, ohne das Streben nach Spiritualität, sagt aus, dass alle Menschen 16 Lebensmotive oder Bedürfnisse in sich tragen, und es jedem freisteht, alle, einige oder keine durch religiöse bzw. spirituelle Aktivitäten abzudecken, oder aber alle, einige oder keine durch säkulare Aktivitäten zu befriedigen. Gott hat dem Menschen 16 wichtige Bedürfnisse mitgegeben und überlässt uns die Entscheidung, ob wir diese über religiöse oder weltliche Lebensweisen abdecken. Ich denke, Religion ist nicht etwa ein weiteres Bedürfnis oder eine Charaktereigenschaft, sondern vielmehr eine Lebensweise.

Bitte behalten Sie im Hinterkopf, dass die Erläuterungen zur Theorie der 16 Lebensmotive wissenschaftlich überprüfbar sind, was ungewöhnlich für eine Lehrtheorie der Religion ist. Die Bedürfnisse wurden mit Hilfe eines standardisierten psychologischen Messinstruments erhoben und sind somit als objektiv zu betrachten. Da die Maßeinheit unabhängig ist von dem religiösen Phänomen, besteht keinerlei Zirkularität.

GLAUBENSORIENTIERTE BERATUNG

Ich gehe davon aus, dass die 16 Lebensmotive in der Zukunft erfolgreich eingesetzt werden können, um den Bereich religiöse Beratung/Seelsorge zu unterstützen. Geistliche und Seelsorger helfen vielen Menschen, mit den Problemen ihres Lebens umzugehen, wie zum Beispiel bei ehelichen Konflikten, der Kindererziehung, Alkoholismus etc. Die 16 Lebensmotive unterstützen neue Beratungsmethoden, die schnell und einfach anwendbar sind; es ist dem Berater möglich, schon nach wenigen Sitzungen Hilfestellung zu geben. Weiterhin sprechen diese Methoden die Beratungsbedürfnisse ganz normaler Menschen – in Abgrenzung zu psychisch kranken Menschen – an.

TEIL 4

RMP®-HANDBUCH

KAPITEL 19
RMP® ANWENDUNG, AUSWERTUNG UND NORMEN

Die Auswertungen des RMP® sind gegenüber geringfügigen Abweichungen beim Ausfüllen der Fragen relativ stabil. Das Ausfüllen eines RMP®-Fragebogens dauert normalerweise etwa 15–20 Minuten. Es erfolgt stets online und wird alleine von der jeweiligen Testperson ausgefüllt. Hier nun die wichtigsten Aspekte, die man beim Ausfüllen beachten sollte:

- Jeder Einzelne sollte jede einzelne Testfrage beantworten und keine Lücken freilassen.
- Jeder Einzelne sollte die Beantwortung alleine vornehmen, ohne mit anderen darüber zu sprechen oder andere dabei zu Rate zu ziehen.
- Es gibt beim RMP® keine richtigen oder falschen Antworten.

Wenn eine Person eine Frage nicht versteht oder nach der Bedeutung eines Begriffs fragt, sollte der Testleiter den Klienten anweisen, diese Frage mit „0" (null), also neutral zu bewerten. Die RMP®-Vertrauens-Skala, die optional zur Anwendung kommen kann, wird an den Test nach Beantwortung des Fragebogens angehängt.

Die Anleitung für den Test, die vor dem Online-Fragebogen erscheint, weist sinngemäß die folgenden Punkte auf:

---

* *Im folgenden Text wurden Veränderungen des originalen englischen Textes vorgenommen, da sich der Prozess der Umsetzung des Tests sowie die angewandte Testpraxis seit Erscheinung des englischen Originaltextes verändert haben. Es wird besonders auf die Anwendung des Tests im deutschsprachigen Raum sowie auf die lizenzrechtlichen Aspekte Rücksicht genommen.*

Sie finden im Folgenden eine Anzahl von Aussagen, die sich auf Ihre Ziele, Bedürfnisse und Werte beziehen. Bitte bewerten Sie das Ausmaß, in dem Sie diesen Aussagen zustimmen bzw. nicht zustimmen. Wenn nach etwas gefragt wird, was in Ihrem Leben so noch nicht vorgekommen ist, stellen Sie sich bitte vor, wie Sie reagieren würden, wenn dies passieren würde. Wenn Sie z. B. keine Kinder haben und gefragt werden, wie viel Freude Ihnen die Kindererziehung macht, stellen Sie bitte Vermutungen darüber an, wie Sie sich fühlen würden, wenn Sie Kinder hätten. Wenn Sie sich unsicher sind, keine Meinung haben oder weder zustimmen noch nicht zustimmen, verwenden Sie den „0" Button bzw. nehmen Sie eine neutrale Bewertung vor.

Es ist üblich, ein Auswertegespräch mit den Teilnehmern zu führen.

Die Bewertungen sind:

-3	*stimme absolut nicht zu*
-2	*stimme nicht zu*
-1	*kann nicht voll zustimmen*
0	*neutral*
1	*stimme leicht zu*
2	*stimme zu*
3	*stimme voll und ganz zu*

Individuelle Auswertegespräche sind beim Einsatz des RMP® in höchstem Maße empfohlen. Der RMP®-Master geht die Ergebnisse mit dem Teilnehmer abschließend durch und bespricht deren Bedeutung. Dabei wird der Teilnehmer gefragt, ob er den jeweiligen Ergebnissen zu stark oder gering ausgeprägten Lebensmotiven zustimmen kann. Bei positiven Übereinstimmungen fragt der RMP®-Master nach, wie sich das jeweilige Lebensmotiv im täglichen Leben auswirkt. Bei Nichtübereinstimmung kann der RMP®-Master gemeinsam mit dem Teilnehmer herausarbeiten, was dazu führt, dass er den Ergebnissen nicht zustimmen kann. Im Folgenden werden einige Beispiele angeführt, wie solche Gespräche verlaufen können:

Empfehlungen für das Auswertegespräch: *„Die Ergebnisse des RMP® sind statistisch gesehen valide. Das bedeutet konkret, dass einige auf Sie zutreffen, aber auch einige nicht zutreffen können. Ich hoffe, Sie können mir dabei helfen herauszufinden, welche Ergebnisse Ihrer Meinung nach für Sie nicht valide* *sind. Die Ergebnisse legen nahe, dass Sie sich nicht besonders gerne körperlich anstrengen bzw. sportlich aktiv sind. Entspricht das Ihrer persönlichen Einschätzung? Kennen Sie die Tendenz bei sich, mit Ihrer Energie sparsam umzugehen?"*

AUSWERTUNG

Um die unautorisierte Anwendung und Auswertung von Tests zu verhindern, sind die Auswertekriterien und Normen des RMP® der Öffentlichkeit nicht zugänglich. Der Test kann ausschließlich online ausgewertet werden. Die ursprünglichen Normen basieren auf den Auswertungen von 1749 Personen. Sie stammten aus 29 Regionen aus unterschiedlichen Teilen der USA sowie Ontario, Kanada. Die Teilnehmer erhielten keinerlei finanzielle Vergütung für ihre Teilnahme und sie kamen aus unterschiedlichen Institutionen. Diese umfassten Englisch- und Psychologiekurse von Highschools, fünf private und staatliche Colleges, die tausende von Meilen voneinander entfernt liegen und deren Studenten aus unterschiedlichen Ethnien stammten, Mitglieder zweier Kirchengemeinden, die in verschiedenen Bundesstaaten beheimatet sind, Freiwillige einer Hilfsorganisation (Kiwanis Club), Experten aus allen Teilen der USA und Kanada, die an einem Seminar über geistige Behinderung teilgenommen hatten und Bewohner von Altenheimen.

Die von uns 2010 aktualisierten und angepassten Normen basierten auf einer exemplarischen Gruppe von ungefähr 30 000 Personen aus Nordamerika, Deutschland und den Niederlanden. Diese stammten überwiegend aus dem Businessbereich. Vor 2013 waren die von uns herangezogenen Normen Durchschnittswerte von Männern und Frauen. Seit Sommer 2013 wurden geschlechts- und altersspezifische Normen angewendet. Seit September 2017 liegen die aktuellen Normen vor, die auf einer Testanzahl von 79 888 Auswertungen aus unterschiedlichen Kontinenten und Ländern basiert. Weiter hinten im Text finden Sie dazu detaillierte Angaben.

KAPITEL 20
RMP® RELIABILITÄT UND VALIDITÄT

Die Liste der 16 Lebensmotive ist das einzige Modell der menschlichen Bedürfnisse, die sowohl empirisch abgeleitet als auch wissenschaftlich belegt wurde. Sie basiert auf Faktorenanalysen zu den stichprobenartigen Aussagen von Menschen über das, was sie motiviert. In diesem Kapitel sind die wissenschaftlichen Daten einschließlich der Kennzahlen zur Reliabilität und Validität zusammengefasst.

In unserer ersten Studie führten wir eine Umfrage mit 328 Fragen über Motive und Ziele mit einer Stichprobengruppe von 401 Erwachsenen mit unterschiedlichen Lebensentwürfen durch. Wir unterzogen danach diese Ergebnisse einer mathematischen Analyse, mit dem Ziel, bestimmen zu können, wie viele signifikante Lebensmotive wir interpretieren sollten. Basierend auf den Ergebnissen einer Maximum-Likelihood-Methode mit schiefwinkligem, direkten Oblimin-Rotationsverfahren lieferte diese erste Faktorenanalyse 15 Faktoren, von denen jeder ein anderes Motiv anzeigte. Diese ursprünglich 328 Fragen umfassende Umfrage wurde daraufhin stark angepasst, um die 15-Faktoren-Lösung abzustützen. Einhundertzehn Fragen wurden beibehalten und 110 neue Fragen dem Instrument hinzugefügt, sodass die zweite Umfrage 220 Fragen beinhaltete, also 108 weniger als der erste Entwurf.

> Die Liste der 16 Lebensmotive ist das einzige Modell der menschlichen Bedürfnisse, das empirisch entwickelt wurde.

Der Prozess der Faktorenanalyse und der Revision des Instruments wurde dreimal wiederholt, gefolgt von einer vierten, konfirmatorischen Faktorenanalyse. Jede Studie wurde mit einer anderen Stichprobe durchgeführt, sodass keine Person an mehr als einer Studie teilgenommen hat. Reiss und Havercamp (1998) und Havercamp und Reiss (2003) führten so insgesamt sechs RMP®-Faktorenanalysen (N=2,032) durch. Die Stichproben bestanden jeweils aus 401, 380, 341 und 398 Personen. Jede Studie umfasste Jugendliche und Erwachsene aus unterschiedlichen Gesellschaftsschichten sowie verschiedenen Wohnsitzstaaten. Die vierte Studie bestätigte die 15-Faktoren-Lösung.

Anschließend führten wir zwei zusätzliche Faktorenanalysen durch, um einen sechzehnten Faktor, genannt Sparen, hinzuzufügen. Dieser schätzt das Motiv des Sammelns ein. Bei der zweiten dieser Studien handelte es sich um eine konfirmatorische Faktorenanalyse mit einer neuen Stichprobe von 512 Erwachsenen, die aus verschiedenen Teilen des städtischen und ländlichen Ohios und Indiana stammten. Mit Hilfe einer obliquen Rotationsmethode fand Havercamp (1998) heraus, dass der Steiger-Lind Root Mean Square Error (RMSEA) .053 betrug; der Expected Cross-Validation Index (ECVI) war 38.962; der Non-Normed Fit Index betrug .894 und der Normed Fit Index lag bei .8379. Die Interpretation dieser Ergebnisse zeigte eine angemessene Übereinstimmung des 16-Faktoren-Modells mit den auf unserer zweiten konfirmatorischen Faktorenanalyse beruhenden Daten.

Die erfolgreichen konfirmatorischen Faktorenanalysen lieferten den replizierten Nachweis für die Konstruktvalidität der 16 Lebensmotive.

Forscher haben den Beweis für die Reliabilität und Validität jeder der 16 RMP®-Skalen geliefert. Im Folgenden wird dies hier kurz zusammengefasst. Ich habe die statistischen p-Werte hinzugefügt, um deutlich zu machen, wie ungewöhnlich stark die Aussagekraft ist. Die professionelle Praxis zeigt, dass die Aussagekraft des RMP® deutlich erkennbar ist, d. h. sie ist im alltäglichen Verhalten sichtbar.

Die Messinstrumente, die zur Einschätzung der Übereinstimmungsvalidität herangezogen wurden, sind folgende: NEO-P-I-R (Big 5; Costa and McCrae, 1992); Myers Briggs Typenindikator (MBTI; Myers, McCaulley, Quenk & Hammer, 1998); Work Preference Inventory measure of intrinsic and extrinsic motivation (Amabile, Hill, Hennessey und Tighe, 1994); Purpose in Life (Crumbaugh & Maholick, 1964); Positive and Negative Affect (Watson, Clark & Tellegen, 1988); Personality Research Form (Jackson,

1984); Sternberg Triangular Love Scale (Sternberg; 1998); Romantic Attractiveness Scale (Campbell, 1999); Relationship Assessment Scale (Hendrick, 1988) und Anxiety Sensitivity Index (Reiss, Peterson, Taylor, Schmidt & Weems, 2008).

ANERKENNUNG

Diese Skala dient zur Einschätzung für die Angst vor Misserfolg und Zurückweisung. Menschen mit starker Ausprägung zeigen sich anfällig dafür, unsicher zu sein, während Menschen mit geringer Ausprägung dazu neigen, selbstbewusst zu sein.

Die vierwöchige Test-Retest Reliabilität ergab .80. Der Cronbach Alpha Koeffizient zur Bestimmung der internen Konsistenz beträgt .80.

Die RMP®-Skala für Anerkennung korreliert positiv mit der Neurotizismus-Skala im „Big 5", $r = .50, p < .01$ (Olson & Weber, 2004). Diese Erkenntnis deckt sich mit den professionellen Beobachtungen, dass bei Personen, denen psychologische Beratung nahegelegt wird, hohe Werte gemeinsam auftreten.

Ergebnisse der RMP®-Anerkennungsskala korrelieren ebenfalls positiv mit dem „Negativen Affekt", $r = .46, p < .01$, aber korrelieren negativ mit der „Purpose in Life Skala", $r = .29$, $p < .01$. Diese Ergebnisse liefern den Nachweis für die Übereinstimmungs- und Faktorenvalidität der Skala.

Verglichen mit einer Gruppe von 737 Personen aus unterschiedlichen Gesellschaftsschichten schätzte sich eine Gruppe von 71 Athleten als unterdurchschnittlich auf der Skala für Anerkennung ein, $t\ (806) = 9.71$, $p < .001$, $d = 1.21$ (Havercamp & Reiss, 2003). Sportberater haben tausende von Athleten untersucht (Highschool- bis Profi-Level) und erzählten Anekdoten über die Neigung von Sportlern, niedrige Werte auf der Skala Anerkennung zu haben. Es gibt natürlich viele individuelle Ausnahmen für diese Beobachtungen. Die Ergebnisse decken sich jedoch mit der Vermutung, dass Selbstvertrauen für den sportlichen Erfolg sehr wichtig ist.

NEUGIER

Diese Skala wertet das Bedürfnis nach Wissen aus. Menschen mit starker Ausprägung neigen dazu, Intellektuelle zu werden, während Menschen mit geringer Ausprägung wahrscheinlich eher dazu neigen, praktisch orientiert zu sein. Schüler und Studenten mit geringen RMP®-Ausprägungen im Bereich Neugier fühlen sich vermutlich von traditionellen Schullehrplänen und intellektuellen Tätigkeiten eher gelangweilt.

Die vierwöchige Test-Retest Reliabilität ergab 84. Der Cronbach Alpha Koeffizient zur Bestimmung der internen Konsistenz beträgt .82.

Die RMP®-Neugier-Skala korreliert signifikant mit der intrinsischen Motivation $r = .54$ (Olson & Chapin 2007), und dem Positiven Affekt, $r = .26$, $p < .01$ (Olson & Chapin 2007). Verglichen mit den MBTI „Sensors“ schnitten die MBTI „Intuitives“ im Durchschnitt um .72 SD (SD = Standardabweichung) höher auf der RMP®-Neugier-Skala ab, $t = -3.00$, $p < .01$, $d = .85$ (Reiss & Wiltz, 2008). Diese Ergebnisse stützen die Übereinstimmungsvalidität der Skala.

Verglichen mit einer Gruppe von 737 Personen aus unterschiedlichen Gesellschaftsschichten, schnitt eine Gruppe von 52 Studenten mit dem Hauptfach Philosophie sehr hoch auf der RMP®-Neugier-Skala ab, $t\ (787) = 7.20$, $p < .01$, $d = 1.06$ (Havercamp & Reiss, 2003). Darüber hinaus schnitten 19 von 49 (38,8 Prozent) schwächeren Studenten mindestens .8 SD unter dem Normwert für Neugier ab, verglichen mit nur 4 von 49 (8,1 Prozent), die mindestens .8 SD über dem Normwert für Neugier lagen (Kavanaugh & Reiss, 2002). Diese Ergebnisse stützen die Kriteriumsvalidität der RMP®-Neugier-Skala. Die RMP®-Neugier korreliert positiv mit der Big 5 – Offenheit für Erfahrungen, $r = .46$, $p < .01$ (Olson & Weber, 2004). Dieses Ergebnis stützt die Anwendbarkeit der RMP®-Skala als wissenschaftliches Messinstrument.

ESSEN

Diese Skala besteht aus acht Fragen zur Einschätzung des Merkmals Appetit. Starke Ausprägungen weisen eine Neigung nahe, sich zu überessen, während geringe Ausprägungen theoretisch auf eine Neigung, wenig zu essen hinweisen. Die Werte korrelieren positiv mit der extrinsischen Motivation, $r = .35, p < .01$ (Olson & Chapin, 2007), korrelieren jedoch negativ mit dem Erwachsenenalter, $t\ (1,1713) = 4.82, d = .24$ (Reiss & Havercamp, 2005). Diese Ergebnisse stützen die Übereinstimmungsvalidität der Skala Essen.

Die vierwöchige Test-Retest Reliabilität ergab .82. Der Cronbach Alpha Koeffizient zur Bestimmung der internen Konsistenz beträgt .80.

Verglichen mit einer Gruppe von 737 Personen aus unterschiedlichen Gesellschaftsschichten, erreichte eine Gruppe von 44 übergewichtigen Erwachsenen deutlich überdurchschnittliche Ausprägungen auf der RMP®-Essen-Skala auf, $t = 4.55, p < .001, d = .71$, ebenso wie auch eine Gruppe von 55 Kochschülern, $t\ (795) = 3.43, p < .01, d = .47$ (Havercamp & Reiss, 2003). Diese Ergebnisse stützten die Kriteriumsvalidität der RMP®-Essen-Skala.

Olson und Weber (2004) erkannten eine .25 Korrelation zwischen der RMP®-Essen-Skala und dem Big 5 Neurotizismus. Die Signifikanz dieser Entdeckung ist unklar – es mag bedeuten, dass die Neurotizismus-Skala auf das Phänomen des Überessens hinweist, zumindest in geringem Maße.

FAMILIE

Diese Skala besteht aus acht Fragen, welche die Motivation zum Familienleben einer Person einschätzt. Starke Ausprägungen legen eine Neigung zu starken Elterninstinkten nahe und weisen auch – wenngleich bei einer kleinen Anzahl von Fällen – auf eine enge Bindung zu Geschwistern hin. Im Businessbereich wird vermutlich das Bedürfnis, Zeit für seine Kinder zu haben, (bei starken Ausprägungen) in Konflikt mit bestimmten Berufen stehen und so möglicherweise einem Ungleichgewicht in der Work-Life-Balance führen.

Die vierwöchige Test-Retest Reliabilität ergab .79. Der Cronbach Alpha Koeffizient zur Bestimmung der internen Konsistenz beträgt .92. Die RMP®-Familien-Skala korreliert positiv mit dem Sinn des Lebens, r = .33, p < .01 (Olson & Chapin, 2007); dem positiven Affekt, r = .26, p < .01 (Olson & Chapin, 2007); der Big 5 Umgänglichkeit, r = .22, p < .01 (Olson & Weber, 2004); und der Big 5 Gewissenhaftigkeit, r = .21, p < .01 (Olson & Weber, 2004). Verglichen mit MBTI „Thinkers" schnitten die MBTI „Feelers" .82 SD höher auf der RMP®-Familien-Skala ab, t (93) = 3.23, p < .01, d = .74 (Reiss & Wiltz, 2008). Diese Ergebnisse stützen die Übereinstimmungsvalidität der Skala.

Die berufliche Erfahrung mit tausenden von Highschool-, College- und Berufssportlern zeigt, dass Athleten starke Ausprägungen auf der RMP®-Familien-Skala aufweisen.

Eine Gruppe von 133 Christen, die sich selbst als „sehr religiös" einschätzten, schnitten höher auf der RMP®-Familien-Skala ab als eine Gruppe von 86 Christen und Atheisten, die sich selbst als „gar nicht religiös" einschätzten, t (1, 220) = -3.55, p < .01 (Reiss, 2000b). Da sich das Christentum auch Familienwerte zu eigen macht, weisen diese Ergebnisse auf eine hohe Kriteriumsvalidität der RMP®-Familien-Skala hin.

Reiss, Wiltz & Sherman (2001) testeten 415 College-Studenten und fanden heraus, dass die RMP®-Ausprägungen auf der Familien-Skala positiv in Zusammenhang mit der Anzahl der Highschool- oder Collegesportarten, die der Student betrieben hat, standen, F (2, 242) = 7.7, p < .01. Berufliche Erfahrungen mit tausenden von Highschool-, College- und Berufssportlern zeigen, dass Athleten starke Ausprägungen auf der RMP®-Familien-Skala aufweisen. Diese Ergebnisse veranschaulichen die Forschungsanwendbarkeit der RMP®-Familien-Skala.

EHRE

Diese Skala besteht aus acht Fragen, welche die Intensität der Motivation nach einem integren Charakter und moralischem Verhalten einschätzen. Starke Ausprägungen legen eine Neigung zu Loyalität, Zuverlässigkeit und die Wertschätzung des von den Vorfahren übermittelten Moralkodex (z. B. Zehn Gebote) nahe. Geringe Ausprägungen lassen theoretisch auf Zweckmäßigkeit, Opportunismus und Untreue schließen. Auf den Businessbereich bezogen tendieren ehrenhafte Menschen dazu, über viele Jahre für die gleiche Firma zu arbeiten, während zweckgerichtete Menschen eher dazu neigen, ihre Jobs bei sich bietender Gelegenheit zu wechseln.

In einer Stichprobe von 49 „schwächeren" High-School-Studenten erzielten 21 von 49 (42.9 %) deutlich unterdurchschnittliche RMP®-Werte für Ehre, vermutlich weil sie vor Hausaufgaben und anderen akademischen Pflichten zurückschreckten, während vier deutlich überdurchschnittliche Werte aufwiesen (Kavanaugh & Reiss, 2002).

Die RMP®-Ehre-Skala korreliert positiv mit der Big 5 Gewissenhaftigkeit, $r = .31$, $p < 01$ (Olson & Weber, 2004), dem Sinn des Lebens, $r = .33$, $p < .01$ (Olson & Chapin 2007) und dem Positiven Affekt, $r = .20$, $p < .05$ (Olson & Chapin 2007). Darüber hinaus korreliert die RMP®-Ehre-Skala mit dem Selbstvertrauen in der Berufswahl (Bath, 2002). Diese Ergebnisse weisen auf eine hohe Übereinstimmungsvaliditat der RMP®-Ehre-Skala hin.

Eine Gruppe von 137 Christen, die sich selbst als „sehr religiös" einschätzten, schnitten auf der RMP®-Ehre-Skala .52 SD höher ab als eine Gruppe von 86 Christen und Atheisten, die sich selbst als „gar nicht religiös" eingeschätzt hatten, $t\ (1, 220) = 5.08$, $p < .01$ (Reiss, 2000b). Diese Ergebnisse stützen die Kriteriumsvalidität der Ehre-Skala.

Reiss und Wiltz (2004) fanden heraus, dass die RMP®-Ehre-Ausprägungen bei Menschen, die regelmäßig zwei oder mehr Reality-TV-Shows anschauten, deutlich niedriger lagen, $F\ (2, 226) = 4.4$, $p < .02$. Dies mag bedeuten, dass Reality-TV generell eher die Werte von zweckgerichteten Menschen nährt.

Reiss und Havercamp (2005) fanden heraus, dass die RMP®-Ehre-Ausprägungen im Erwachsenenalter zunehmen, $t\ (1, 1713) = 10.0$, $d = 70$. Diese Ergebnisse veranschaulichen die Forschungsanwendbarkeit der RMP®-Ehre-Skala. Professionelle Erfahrung zeigt, dass Menschen mit Verhaltensproblemen geringere Ausprägungen im Bereich Ehre aufweisen. Diese Beobachtungen decken sich mit Reiss Hypothese (2008), dass Ehre antisoziale Impulse hemmt.

IDEALISMUS

Diese Skala besteht aus acht Fragen, die einschätzen, wie die Person zu gemeinnützigen Diensten, Freiwilligenarbeit und gesellschaftlichem Handeln steht. Starke Ausprägungen legen ein anhaltendes Interesse an sozialer Gerechtigkeit nahe, während geringe Ausprägungen theoretisch auf eine eher nüchterne Sichtweise in Hinblick auf soziale Themen schließen lassen.

Die vierwöchige Test-Retest Reliabilität ergab .69. Der Cronbach Alpha Koeffizient zur Bestimmung der internen Konsistenz beträgt .84.

Die RMP®-Idealismus-Skala korreliert positiv mit der Big 5 Umgänglichkeit, $r = .30$, $p < .01$ (Olson & Weber, 2004), der Big 5 Gewissenhaftigkeit, $r = .24$, $p < .01$ (Olson & Weber, 2004) dem Purpose in Life, $r = .28$, $p < .01$ (Olson & Chapin 2007) sowie der intrinsischen Motivation, $r = .24$, $p < .01$ (Olson & Chapin, 2002). Eine Gruppe von RMP®-Idealisten schnitt bei der Bewertung von Leidenschaft (Engel, Olson & Patrick, 2002) hoch ab. Diese Ergebnisse liefern den Beweis für die Übereinstimmungsvalidität des RMP®-Idealismus.

Verglichen mit einer Gruppe von 737 Menschen aus unterschiedlichen Gesellschaftsschichten schnitt eine Gruppe von 66 freiwilligen Helfern im Gemeinwesen auf der RMP®-Idealismus-Skala hoch ab, $t(801) = 3.31$, $p < .001$, $d = .43$; ebenso eine Gruppe von 49 protestantischen Religionsseminaristen, $t(784) = 5.18$, $p < .01$, $d = .77$. Diese Ergebnisse stützen die Kriteriumsvalidität der RMP®-Idealismus-Skala.

Reiss und Crouch (2005) fanden heraus, dass 314 registrierte Organspender höher auf der RMP Idealismus-Skala abschnitten als 169 Nicht-Spender, $t(481) = 1.88$, $p < .03$.

UNABHÄNGIGKEIT

Diese Skala besteht aus acht Fragen, welche die intrinsische Wertung der Eigenständigkeit einschätzen. Starke Ausprägungen legen Selbstständigkeit nahe, möglicherweise begleitet von Sturheit und/oder einer Wertschätzung von Individualität. Im Gegensatz dazu zeigen geringe Ausprägungen theoretisch eine gegenseitige Abhängigkeit, möglicherweise auch eine intrinsische

Atheisten ist Unabhängigkeit wichtiger als gläubigen Menschen.

Wertschätzung für emotionale Nähe und Bindung an. Professionelle Erfahrungen in den Bereichen Coaching und Paarberatung lassen darauf schließen, dass unabhängige Menschen schwierig im Umgang miteinander sein können. Im Businessbereich weisen starke Ausprägungen auf einen Führungsstil hin, bei dem Entscheidungen über die Köpfe anderer hinweg getroffen werden, während geringe Ausprägungen eine Führungskraft vermuten lassen, die es vorzieht, übereinstimmend mit ihren Mitarbeitern zu führen. Die vierwöchige Test-Retest Reliabilität ergab .72. Der Cronbach Alpha Koeffizient zur Bestimmung der internen Konsistenz beträgt .71.

Die RMP®-Unabhängigkeits-Skala korreliert negativ mit der Big 5 Umgänglichkeit, $r = .29$, $p < .01$ (Olson & Weber, 2004). Verglichen mit MBTI „Introverts" schnitten durchschnittliche MBTI „Extroverts" 0.61 niedriger auf der RMP®-Skala für Unabhängigkeit ab, $t\ (93) = -2.47$, $p < .05$, $d = 0.58$ (Reiss & Wiltz, 2008). Diese Ergebnisse liefern den Nachweis für die Übereinstimmungsvalidität der RMP®-Unabhängigkeits-Skala.

In einer Studie zur Religiosität ($N = 558$) fielen die RMP®-Unabhängigkeitswerte mit dem Grad steigender selbsteingeschätzter Religiosität, $F\ (2, 555) = 7.6$, $p < .01$ (Reiss, 2000b). Verglichen mit einer Gruppe von 737 Personen aus unterschiedlichen Gesellschaftsschichten schnitt eine Gruppe von protestantischen Theologiestudenten unterdurchschnittlich auf der RMP®-Skala für Unabhängigkeit ab, $t\ (784) = 5.18$, p y .01, $d = .77$ (Havercamp & Reiss, 2003). In einer Studie mit 45 fundamentalen Christen und 19 Atheisten fanden Beasley und Rowell (2003) heraus, dass geringe Unabhängigkeitswerte diese Gruppen differenzierten. Diese Ergebnisse decken sich mit der Idee, dass religiöse Menschen Einheit (wie beim „Einswerden" mit Gott) schätzen und mit der Betrachtungsweise, dass manche religiöse Menschen Unabhängigkeit als die Sünde des Stolzes betrachten. Diese Ergebnisse liefern den Nachweis für die Kriteriumsvalidität der RMP®-Unabhängigkeits-Skala.

ORDNUNG

Diese Skala besteht aus acht Fragen, die bewerten, wie viel Struktur eine Person braucht, um sich wohl zu fühlen. Starke Ausprägungen legen Ordentlichkeit nahe, während geringe Werte theoretisch auf Flexibilität und Spontaneität schließen lassen. Starke Ausprägungen legen nah, dass die Person detailorientiert ist, während geringe Werte theoretisch darauf hinweisen, dass die Person eher auf das große Ganze fokussiert ist. Erfahrungen im beruflichen Umfeld deuten darauf hin, dass ordentliche Menschen eher dazu neigen, Dinge bis zum Ende durchzuziehen, während spontane Menschen dazu tendieren, ihre Richtung schnell zu ändern.

Die vierwöchige Test-Retest Reliabilität ergab .81. Der Cronbach Alpha Koeffizient zur Bestimmung der internen Konsistenz beträgt .87.

Die RMP®-Ordnungs-Skala korreliert positiv mit der PRF Ordnung, $r = .60$, $p < .01$ (Havercamp & Reiss, 2003). Auf dem MBTI schnitten „Judgers" (Beurteiler") höher ab als „Perceivers" („Wahrnehmer"), $t(92) = 4.00$, $p < .001$, $d = .83$ (Reiss & Wiltz, 2008). Diese Ergebnisse zeigen den Nachweis für die Übereinstimmungsvalidität der RMP®-Ordnungs-Skala.

Die RMP®-Skala Ordnung korreliert negativ mit der „Offenheit für Erfahrungen"-Skala der Big 5, $r = .19$ $p < .05$ (Olson & Weber, 2004), jedoch positiv mit der Big 5 Gewissenhaftigkeit, $r = .33$, $p < .01$ (Olson & Weber, 2004). Die RMP®-Ordnung korreliert positiv mit dem Big 5 Neurotizismus, $r = .33$, $p < .01$ (Olson & Weber, 2004), möglicherweise weil die Autoren der Big 5 Neurotizismus-Skala Ordentlichkeit als zwanghaft betrachteten. Reiss und Crouch (2005) fanden heraus, dass die 314 registrierten Organspender niedriger auf der RMP®-Ordnung-Skala abschnitten als die 169 Nicht-Spender, $r(481) = 3.35$, $p < .01$, $d = 0.32$. Diese Ergebnisse veranschaulichen den Nutzwert der Skala in Bezug auf die Verhaltensforschung.

KÖRPERLICHE AKTIVITÄT

Diese Skala besteht aus acht Fragen, welche die individuelle Motivation zur körperlichen Betätigung bewerten. Die vierwöchige Test-Retest Reliabilität ergab.82. Der Cronbach Alpha Koeffizient zur Bestimmung der internen Konsistenz beträgt .89.

Die Ergebnisse korrelieren positiv mit der Teilnahme an Teamsportarten, $F(2{,}412) = 33.1$, $p < .01$ (Reiss, Wiltz & Sherman, 2001) sowie dem Positiven Affekt, $r = .44$, $p < .05$ (Olson & Shapin, 2007). Verglichen mit einer Gruppe von 737 Personen aus unterschiedlichen Gesellschaftsschichten schnitt eine Gruppe von 71 Athleten sehr hoch auf der RMP®-Skala für Körperliche Aktivität ab, $t(806) = 9.71$, $p < .01$, $d = 1.21$ (Havercamp & Reiss, 2003). Auch eine Gruppe von 65 ROTC Militär-Studenten wies starke Ausprägungen auf der RMP®-Körperliche-Aktivität-Skala auf, $t(800) = 6.26$, $p < .01$, $d = 0.81$. Die RMP®-Körperliche-Aktivität korreliert negativ zum erwachsenen Lebensalter, $t(1{,}1712) = 15.4$, $d = .86$ (Reiss & Havercamp, 2005). Diese Ergebnisse liefern den Nachweis für die Kriteriumsvalidität der RMP®-Körperliche-Aktivität-Skala.

MACHT

Diese Skala besteht aus acht Fragen, welche die Motivation, andere zu leiten und/oder zu beeinflussen, bewertet. Starke Ausprägungen weisen theoretisch auf eine intrinsische Wertschätzung von Führung, Erfolg und Selbstbehauptung hin. Geringe Ausprägungen legen eine Abneigung gegen „Rampenlicht“, fehlende Ambition und nicht-direktives Verhalten nahe. Erfahrungen im beruflichen Umfeld zeigen, dass Personen mit starker Ausprägung hart arbeitend sind, während solche mit geringen Ausprägungen eher entspannt und unbeschwert durch den Tag gehen.

Die vierwöchige Test-Retest Reliabilität ergab .84. Der Cronbach Alpha Koeffizient zur Bestimmung der internen Konsistenz beträgt .86.

Die Ausprägungen der RMP®-Skala Macht korrelieren positiv mit der PRF Dominanz-Skala, $r = .55$, $p < .01$ (Havercamp & Reiss, 2003) sowie der Big 5 Extraversion, $r = .39$, $p < .01$ (Olson & Weber, 2004). Verglichen mit MBTI „Introverts", schnitten MBTI „Extroverts" .39 SD höher auf der RMP®-Macht-Skala ab, $t(93) = 2.06$, $p < .05$, $d = .40$ (Reiss & Wiltz, 2008). Diese Ergebnisse liefern den Nachweis für die Übereinstimmungsvalidität der RMP®-Macht-Skala.

Die RMP®-Macht-Ausprägungen korrelieren positiver mit der Teilnahme an Schul- und Universitätssportarten, $F(2, 412) = 3.2$, $p < .05$ (Reiss, Wiltz & Sherman, 2001). Verglichen mit einer Gruppe von 737 Personen aus unterschiedlichen Gesellschaftsschichten schnitt eine Gruppe von 71 Sportlern .69 SD über der Norm für RMP®-Macht ab, $t(806) = 5.91$, $p < .01$ (Havercamp & Reiss, 2003). Eine Gruppe von 65 Griechisch-Studenten, die Mitglieder von studentischen Verbindungen waren, schnitten ebenfalls hoch ab, $t(350) = 0.01$, $p < .01$, $d = .78$, vermutlich, weil viele griechische Organisationen darauf abzielen, „Campus-Führer" zu rekrutieren (Havercamp & Reiss, 2003). Diese Ergebnisse liefern den Nachweis für die Kriteriumsvalidität der RMP®-Macht-Skala.

EROS

Diese Skala besteht aus acht Fragen, die die Libido einschätzen. Alle Items fragen direkt nach dem Interesse an Sexualität (hohe Augenscheinvalidität annehmend). Starke Ausprägungen weisen theoretisch auf einen starken Sexualtrieb hin, während geringe Ausprägungen einen unterdurchschnittlichen Sexualtrieb vermuten lassen. Lebenspartner mit signifikant unterschiedlichen Eros-Werten neigen dazu, über Themen der Sexualität zu streiten.

Die vierwöchige Test-Retest Reliabilität ergab .87. Der Cronbach Alpha Koeffizient zur Bestimmung der internen Konsistenz beträgt .89.

Die Ausprägungen korrelieren negativ mit der Big 5 Verträglichkeit, $r = .23$, $p < .01$ sowie dem Erwachsenenalter, $t(1{,}1713) = 8.33$, $p < .01$, $d = .41$ (Reiss & Havercamp, 2005).

SPAREN

Diese Skala besteht aus acht Fragen, welche die individuelle Motivation für das Sammeln bewerten. Starke Ausprägungen lassen auf eine Neigung zum Horten oder zur Sparsamkeit schließen, während geringe Ausprägungen theoretisch auf eine Tendenz zum Ausgeben oder Verschwenden schließen lassen. Beruflicher Erfahrung zufolge neigen verheiratete Paare mit großen Unterschieden bezüglich der Sparen-Ausprägungen dazu, über Geld bzw. Geldausgeben zu streiten.

Die vierwöchige Test-Retest Reliabilität ergab .80. Der Cronbach Alpha Koeffizient zur Bestimmung der internen Konsistenz beträgt .76.

Die RMP®-Ausprägungen korrelieren positiv mit der extrinsischen Motivation, $r = .30$, $p < .01$ (Olson & Chapin, 2007). Diese Ergebnisse legen nahe, dass RMP®-Sparer dazu neigen, materialistisch zu sein. RMP®-Sparenkorreliert weiterhin mit dem Big 5 Neurotizismus, $r = .28$, $p < .01$ (Olson & Weber, 2004) und dem Negativen Affekt, $r = .26$, $p < .01$ (Olson & Chapin, 2007), möglicherweise, weil das Horten ein mögliches Symptom von Zwangsstörungen darstellen kann.

Reiss und Crouch (2005) fanden heraus, dass 314 registrierte Organspender geringer auf der RMP®-Skala für Sparen abschnitten als 169 Nicht-Spender, $t(481) = 3.29$, $p < .01$, $d = .31$. Anscheinend hassen es manche Sparer so sehr, Dinge wegzuwerfen, dass sie nicht einmal nach dem Tod ihre Organe spenden wollen. Diese Ergebnisse legen den praktischen Nutzen der Forschungsergebnisse der RMP®-Skala für Sparen nahe.

BEZIEHUNGEN

Diese Skala besteht aus acht Fragen, die das intrinsische Interesse an sozialen Kontakten einschätzen. Starke Ausprägungen lassen theoretisch auf Geselligkeit schließen, während geringe Ausprägungen eine Neigung zu Privatsphäre, Schüchternheit und Einzelgängertum vermuten lassen.

Berufliche Erfahrungen mit dieser Skala zeigen, dass Menschen mit starker Ausprägung lebenslustig sind, während solche mit geringen Ausprägungen eher „ernsthaft“ sind. Eine starke Ausprägung lässt auf eine kontaktfreudige Person schließen, während eine geringe Ausprägung theoretisch auf eine Person hindeutet, die lieber für sich bleibt.

Die vierwöchige Test-Retest Reliabilität ergab .81. Der Cronbach Alpha Koeffizient zur Bestimmung der internen Konsistenz beträgt .86.

Die Ausprägungen der RMP®-Skala Beziehungen korrelieren positiv mit der Big 5 Extraversion, $r = .58$, $p < .01$ (Olson & Weber, 2004). Verglichen mit MBTI „Introverts“ schnitten MBTI „Extroverts“ um 1.03 SD höher auf der RMP®-Skala für Beziehungen ab, $t(93) = 5.16$, $p < .001$, $d = 1.08$ (Reiss & Wiltz, 2008). Die Werte der RMP®-Skala Beziehungen korrelieren außerdem positiv mit der Big 5 Offenheit für Erfahrungen, $r = .20$, $p < 05$ (Olson & Weber, 2004), dem Purpose in Life, $r = .25$, $p < .01$ (Olson & Chapin, 2007) sowie dem Positiven Affekt, $r = .26$, $p < .01$ (Olson & Chapin, 2007). Diese Ergebnisse liefern den Nachweis für die Übereinstimmungsvalidität der RMP®-Beziehungen-Skala.

Verglichen mit einer Gruppe von 737 Personen aus unterschiedlichen Gesellschaftsschichten schnitt eine Gruppe von 65 Griechisch-Studenten, die auch Mitglieder in Studentischen Verbindungen waren, hoch auf der RMP®-Skala für Beziehungen ab, $t(350) = 2.95$, $p < .01$, $d = .41$ (Havercamp & Reiss, 2003). Diese Ergebnisse liefern den Nachweis für die Kriteriumsvalidität der RMP®-Skala für Beziehungen.

STATUS

Diese Skala besteht aus acht Fragen, welche die Motivation nach Respekt, der sich aus einer hohen gesellschaftlichen Stellung und Prestige ergibt, auswertet. Starke Ausprägungen lassen theoretisch auf eine intrinsische Wertschätzung von Wohlstand, Popularität und/oder gesellschaftlichem Stand schließen, während geringe Ausprägungen eher Desinteresse an Wohlstand,

Popularität und/oder gesellschaftlichem Stand vermuten lassen. Starke Ausprägungen lassen auf jemanden schließen, der aufmerksam in Bezug auf VIPs ist, während geringe Werte auf jemanden hindeuten, der nicht interessiert an Titeln und Status innerhalb eines Unternehmens oder einer Branche ist. Die vierwöchige Test-Retest Reliabilität ergab .88. Der Cronbach Alpha Koeffizient zur Bestimmung der internen Konsistenz beträgt .88.

Bei einer Gruppe von 239 Erwachsenen fanden Reiss und Wiltz (2004) heraus, dass die RMP®-Status-Ausprägungen in positivem Zusammenhang zum Anschauen von Reality-TV-Shows stehen, $F(2, 226) = 18.1$, $p < .01$. Die von solchen Shows vermittelten Werte sind „Bekanntheit und Vermögen", also die Werte, die mit einem hohen RMP®-Status assoziiert werden (Reiss, 2008).

Die Ausprägungen der RMP®-Skala Status werden mit der extrinsischen Motivation in Verbindung gebracht, $r = .42$, $p < .01$ und, zu einem geringeren Ausmaß, mit dem Positiven Affekt, $r = .22$, $p < .05$ (Olson & Chapman, 2007). Diese Ergebnisse liefern den Nachweis für die Übereinstimmungsvalidität der RMP®-Status-Skala.

Verglichen mit einer Gruppe von 737 Personen aus unterschiedlichen Gesellschaftsschichten schnitt eine Gruppe von 49 Seminaristen sehr niedrig auf der RMP®-Skala für Status ab, $t(784) = -4.63$, $p < .01$, wie auch eine Gruppe von 66 freiwilligen Helfern, $t(784) = -5.58$, $p < .01$ (Havercamp & Reiss, 2003). Im Gegensatz dazu schnitt eine Gruppe von 65 Griechisch-Studenten, die Mitglieder studentischer Verbindungen waren, sehr hoch auf der RMP®-Status-Skala ab, $t(800) = 7.11$, $p < .01$ $d = .92$ (Havercamp & Reiss, 2003). Diese Ergebnisse liefern den Nachweis für die Kriteriumsvalidität der RMP®-Status-Skala. Bei den Seminaristen nahm man an, dass sie gering in Bezug auf den Status abschnitten, da sie teure Dinge meiden und eher einfache Kleidung bevorzugen. Ebenso ging man bei den freiwilligen Helfern von einem niedrigen Status-Wert aus, da sie sich mit den Unterdrückten identifizieren. Bei den Griechisch-Studenten wurde angenommen, dass sie einen hohen Status-Wert aufwiesen, weil die Mitgliedschaft in studentischen Verbindungen oftmals als Indikator von Popularität betrachtet wird.

Reiss und Crouch (2005) fanden weiters heraus, dass 314 registrierte Organspender niedriger auf der RMP®-Status-Skala abschnitten als 169 Nicht-Spender, $t(481) = 2.67$, $p < .01$, $d = .26$. Dieses Ergebnis deckt sich mit dem angewendeten Grundsatz, Organspender nicht zu bezahlen, was wohl auch der damit verbundenen anti-materialistischen Haltung der Spender entspricht. Diese Ergebnisse legen den praktischen Nutzen der Forschungsergebnisse der RMP®-Skala für Status nahe.

RUHE

> Die RMP®-Ruhe-Skala umfasst Fragen des Angstsensibilitätsindex (ASI), welcher in mehr als 1600 wissenschaftlich belegten Studien validiert wurde.

Diese Skala besteht aus acht Fragen, welche die Empfindlichkeit in Bezug auf Angst und Schmerz bewerten. Vier dieser Fragen sind dem aus 16 Items bestehenden Angstsensitivitätsindex (ASI), entnommen, welcher in mehr als 1600 publizierten Studien ausführlich validiert wurde. Die anderen vier Items schätzen die Schmerzsensitivität ein, welche vielen Studien zufolge mit der Angstsensitivität korrelieren (Reiss et al., 2008). Starke RMP®-Ruhe-Ausprägungen lassen theoretisch auf Ängstlichkeit und eine Neigung zu zukünftigen Panikattacken oder Angststörungen schließen, während geringe Ausprägungen „abenteuerlustige" Charaktereigenschaften vermuten lassen.

Die vierwöchige Test-Retest Reliabilität ergab .74. Der Cronbach Alpha Koeffizient zur Bestimmung der internen Konsistenz beträgt .82.

Die RMP®-Ruhe-Skala korreliert positiv mit dem ASI, $r = .58$, $p < .01$ (Havercamp & Reiss, 2003), dem Big 5 Neurotizismus, $r = .46$, $p < .01$ (Olson & Weber, 2004) und dem Negativen Affekt, $r = .32$, $p < .01$ (Olson & Chapin, 2007). Diese Ergebnisse erbringen den Nachweis der Übereinstimmungsvalidität der Skala.

Verglichen mit MBTI „Introverts" schnitten MBTI „Extroverts" um 0,36 SD niedriger auf der RMP®-Ruhe-Skala ab, $t(93) = -2.22$, $p < .01$,

$d = .35$ (Reiss & Wiltz, 2008). Dieses Ergebnis deckt sich mit früheren Untersuchungsergebnissen, wonach Menschen mit hohen ASI-Werten zu Panikattacken neigen (wie bei der Agoraphobie neigen Menschen mit Panikattacken dazu, zu Hause zu bleiben).

RACHE

Diese Skala besteht aus acht Fragen, welche die Stärke des Motivs, andere zur Rechenschaft zu ziehen, bewerten. Starke Ausprägungen legen theoretisch eine Neigung zu konfrontativem Verhalten nahe, während geringe Werte auf eine Veranlagung zur Konfliktvermeidung und/oder Versöhnung hinweisen. Starke Ausprägungen lassen auf jemanden schließen, der sehr wettbewerbsorientiert ist, während geringe Werte auf jemanden hindeuten, der es vorzieht, Dinge kooperativ und ohne Konfrontation anzugehen.

Die vierwöchige Test-Retest Reliabilität ergab .86. Der Cronbach Alpha Koeffizient zur Bestimmung der internen Konsistenz beträgt .92.

Die RMP®-Rache-Ausprägungen korrelieren positiv mit dem Big 5 Neurotizismus, $r = .31$, $p < .05$ (Olson & Weber, 2004) sowie dem Negativen Affekt, $r = .34$, $p < .01$ (Olson & Chapin, 2007). RMP®-Rache-Ausprägungen korrelieren negativ mit der Big 5 Verträglichkeit (Olson & Weber, 2004), $r = -.61$, $p < .01$, und dem Purpose in Life, $r = -.32$, $p < .01$ (Olson & Chapin, 2007). Diese Ergebnisse zeigen die Übereinstimmungsvalidität der RMP®-Rache-Skala auf.

Bei einer Gruppe von 558 Christen fand Reiss (2000b) heraus, dass die RMP®-Rache-Ausprägung viel niedriger bei Personen war, die sich selbst als „sehr religiös" einschätzten, als bei einer weniger religiösen Gruppe $F(2, 555) = -4.74$, $p < .01$. Deckungsgleich mit den Forschungsergebnissen, dass die Aggression mit zunehmendem Erwachsenenalter nachlässt (Eron & Huesmann, 1990), fanden Reiss und Havercamp (2005) heraus, dass die Ausprägungen der RMP®-Rache-Skala mit dem Alter abnahmen,

$t(1, 1713) = 9.77$, $p < .01$, $d = .91$. Diese Ergebnisse erbringen den Nachweis über die Kriteriumsvalidität der RMP®-Rache-Skala.

Reiss und Crouch (2005) fanden heraus, dass die 314 registrierten Organspender niedriger auf der RMP®-Rache-Skala abschnitten als die 169 Nicht-Spender, $t(481) = -.2.39$, $p < .05$, $d = .23$. In einer Stichprobe von 49 „schwachen" Highschool-Schülern hatten 24 von 49 (49.0 Prozent) signifikant überdurchschnittliche RMP®-Rache-Ausprägungen, möglicherweise, weil Kampflust zu schlechteren Leistungen führt (Kavanaugh & Reiss, 2002). Diese Ergebnisse zeigen den praktischen Nutzen der Forschungsergebnisse der RMP®-Skala für Rache auf.

KAPITEL 21
RMP® CONFIRMATION SCALE (VERTRAUENSSKALA)

Wie generell bekannt, geben Menschen manchmal falsche Antworten auf Fragen, die in psychologischen Persönlichkeitstests gestellt werden. Sie werden möglicherweise Antworten wählen, von denen sie denken, dass diese sie in einem vorteilhafteren Licht darstellen. So übertreiben sie beispielsweise bei der Einschätzung, wie ehrlich oder freundlich sie sind. Auch werden sie möglicherweise ihre weniger schmeichelhaften Eigenschaften leugnen und z. B. nicht zugeben, dass sie streitlustig sind oder Entscheidungen treffen, ohne über die Konsequenzen nachzudenken. Darüber hinaus erscheinen sie vielleicht wenig kooperativ und beantworten Fragen absichtlich zufällig oder erzielen Antworten durch Anwenden eines bestimmten Beantwortungsmusters (z. B. Antwort 1,2 3, 1, 2,3, 1,2,3). Zufälliges Antworten führt natürlich zu ungültigen Ergebnissen.

Manche Menschen geben falsche Antworten bei psychologischen Tests. Sie tun dies dann, wenn sie Grund haben, zu denken, dass die Antworten gegen sie verwendet werden könnten. Wenn Tests beispielsweise benutzt werden, um Mitarbeiter einzustellen, sind die Bewerber natürlich auf der Hut, und so haben sie eine Tendenz, Fragen nicht ehrlich, sondern so zu beantworten, dass sich ihre Chancen, den Job zu bekommen, erhöhen. Auf der anderen Seite wird eine Führungskraft, die einen Business-Coach anheuert, motiviert sein, ehrlich zu antworten. Es macht schließlich keinen Sinn, wenig kooperativ gegenüber jemandem zu sein, den man dafür bezahlt, dass er einem hilft. Doch selbst unter diesen Umständen können Menschen zögern, unangenehme Dinge auch sich selbst gegenüber zuzugeben, und übertreiben manchmal bei ihren positiven Eigenschaften.

Kann das RMP® gefälscht werden? Natürlich können Teilnehmer bei jedem psychologischen Test absichtlich willkürliche Antworten geben, genauso wie sie bei Bewerbungsgesprächen lügen können. Sie können jedes Mal die mittlere Antwortmöglichkeit ankreuzen, einfach weil es die mittlere Antwortmöglichkeit ist. Im Wissen dessen denke ich, dass das Verfälschen beim RMP® ein weniger großes Problem darstellt als bei traditionellen Persönlichkeitstests.

Es ist schwierig, das RMP® „gut zu fälschen", da die Benutzer keine Kenntnis darüber haben, wie es funktioniert. Sogar die meisten Psychologen wissen das nicht. Es stellt eine neue Herangehensweise dar, die nur durch intensive Auseinandersetzung und Training gut genug verstanden werden kann, um die Testergebnisse in eine positive Richtung zu fälschen. Es hängt außerdem vom speziellen Zweck des Tests ab, was als „positive" Antwort auf dem RMP® betrachtet wird. Die Teilnehmer wissen dies nicht. Für manche Jobs mag eine hohe Bereitschaft, Risiken einzugehen (niedriges Bedürfnis nach Ruhe) ein wünschenswertes Ergebnis sein, wohingegen für andere Jobs wiederum Vorsicht (hohes Bedürfnis nach Ruhe) gewünscht wird.

Havercamp und Reiss (2004) fanden heraus, dass willkürliches Beantworten, um ein „gutes" Ergebnis zu erhalten („soziale Erwünschtheit" genannt), sehr selten ist. Die Marlowe-Crowne Social-Desirability-Skala wurde entwickelt, um die Neigung zu messen, wie sehr Fragen beigepflichtet wird, die kulturell sanktioniert werden oder erwünscht erscheinen (wie z. B. Menschen in Not zu helfen; niemals jemanden stark abzulehnen). Die Korrelation zum RMP® wurde auf .03 eingeschätzt, tendiert also gegen Null.

Die RMP®-Vertrauens-Skala wurde entwickelt, um Personen zu identifizieren, die nicht ehrlich antworten, besonders jedoch diejenigen zu finden, die zufällige Antworten geben. Die 60 mit wahr/falsch zu beantwortenden Fragen in der Vertrauensskala fragen nach Zustimmung zu Aussagen, die niemand, der wahrheitsgemäß über seine Motive Auskunft geben will, machen würde. Es handelt sich um eine Vertrauens-Skala im Sinne von „Wenn Sie von X motiviert sind, kann die folgende Aussage unmöglich auf Sie zutreffen. Wenn Sie dieses aber behaupten, sind Ihre Antworten auf eine Art und Weise widersprüchlich, die nahelegt, dass Sie nicht wahrheitsgemäß antworten. Kein Mensch, der eine niedrige körperliche Aktivität rückmeldet, würde z. B. die Aussage „Ich liebe es, Sport zu treiben" bestätigen. Wenn die Person dies tut, ist also irgendetwas falsch an ihren

Aussagen. Bei einer individuellen Einschätzung muss der Testleiter eine kurze, mündliche Befragung durchführen, um auf den Punkt zu bringen, was gerade passiert. Im Rahmen einer Massenbefragung würden die Testergebnisse der Person als nicht vertrauenswürdig und möglicherweise verfälscht verworfen werden.

Die RMP®-Vertrauens-Skala basiert nicht auf Annahmen, die den Fake-Skalen anderer Persönlichkeitstests ähneln, wie z. B. den MMPI Lügen-Skalen. Stattdessen bezieht sie sich auf die Übereinstimmung der Information, die aus zwei verschiedenen Einschätzungen desselben Motivs gewonnen wurde und kennzeichnet so unstimmige Informationen.

Die RMP®-Vertrauens-Skala liefert Informationen darüber, ob jemand bei der Testdurchführung valide Antworten zur Verfügung stellt oder nicht. Wir setzen voraus, dass die Vertrauens-Skala Fehler bei der Einschätzung der Motive reduzieren wird, von denen wir annehmen, dass sie – verglichen mit anderen Persönlichkeitstests – ohnehin seltener vorkommen. Wenngleich natürlich kein psychologisches Testverfahren ausschließlich valide Ergebnisse erzielt, wird von Testteilnehmern immer wieder rückgemeldet, dass das RMP® in Bezug auf seine Genauigkeit und Validität heraussticht.

KAPITEL 22
RELIABILITÄT UND VALIDITÄT DES RMP®-ID

Da es sich beim RMP® um einen Fragebogen handelt, ist er nur für Personen geeignet, die in der Lage sind, die Aussagen zu verstehen. Für Menschen mit geistiger Behinderung (ID) können Testleiter die Fragen und die Antworten notieren – insbesondere für diejenigen, die sie zwar verstehen, aber nicht schreiben können. Für Menschen mit geistiger Behinderung, die die Punkte intellektuell nicht erfassen, habe ich das Reiss Profile® MR/DD (RMP®-MR/DD) entwickelt. (MR/DD steht für „mental retardation and developmental disabilities" – also für Entwicklungsverzögerung und Entwicklungsstörung.)

Empirische Ableitung: Das RMP®-MR/DD ist eine empirisch hergeleitete Beurteilungs-Skala, die von Betreuern, Eltern oder Lehrern ausgefüllt wird. Die RMP®-MR/DD Iteration I umfasste 157 Fragen, mit deren Hilfe zehn Lebensmotive bestimmt werden sollten. Diese bestehen aus: Angstsensitivität, Suchen nach Aufmerksamkeit, Essen, Frustrationstoleranz, Anderen-helfen-wollen, Unabhängigkeit, Ordnung, körperliche Aktivität, positive Stimmung, und soziale Beziehungen (Reiss & Havercamp, 1998). Ungefähr zwei Drittel der Fragen bezogen sich direkt auf Motive, wie z. B. „Sucht mehr als andere Menschen nach Aufmerksamkeit" und „Will immer gewinnen". Manche Fragen bezogen sich direkt auf Verhaltensweisen, die klar auf die zugrundeliegende Motivation hindeuteten, ohne diese ausdrücklich zu beschreiben.

Bei einer nationalen Konferenz über duale Diagnosen (psychische Erkrankung und geistige Behinderung) bewerteten Psychologen und Eltern 199 Menschen mit MR/DD. Steven Reiss benutzte die Inter-Item Correlation Matrix – eine Reliabilitätsanalyse, um ein 162 Fragen umfassendes, überarbeitetes Instrument zu entwickeln, das RMP®-MR/DD Iteration II genannt wird. Dieses Instrument beinhaltet Fragen, welche die 15

Lebensmotive – nämlich die ursprünglichen zehn ohne positive Stimmung, dafür mit Neugier, Moral, Schmerzsensitivität, Anerkennung, Eros und Rache – einschätzen sollen.

Reiss und Havercamp (1998) führten das 162 Fragen umfassende RMP®-MR/DD mit 515 Personen durch (304 Männer und 211 Frauen). Die Altersverteilung betrug 14.6 %, 75,5 % und 20.8 % für die Altersgruppen 0-21, 22-55 und 56+. Die Zusammensetzung des Ethnien-Prozentanteils lag bei 20.8, 1.2, 75.2, und 2.8 und umfasste Afroamerikaner, asiatische Amerikaner, Kaukasier und Latinos. Alle Formen der geistigen Behinderung waren vertreten, milde (n = 249), mittelschwere (n = 137) und schwere (n = 107). Diese Stichprobe umfasste 166 Menschen ohne Verhaltensstörungen und 346 Menschen mit Verhaltensstörungen. Testeinschätzer und Teilnehmer wurden aus acht gemeinnützigen Einrichtungen und Wohnheimen, ansässig in Massachusetts, Connecticut, Pennsylvania, Ontario, Illinois, Texas, Ohio und dem Vereinigten Königsreich, rekrutiert. Die Testeinschätzer sagten aus, dass sie die von ihnen bewertete Person schon seit mindestens vier Monaten kannten. Um das Ausmaß der Verfälschung der Ergebnisse durch einen bestimmten Einschätzer gering zu halten, bewertete keiner mehr als eine Person. Die Einschätzer gaben weiterhin Auskunft darüber, ob bei den Teilnehmern im Vorfeld eine Verhaltensstörung festgestellt wurde.

Die Ergebnisse wurden einer Reihe von explorativen Faktorenanalysen unterzogen, bei denen man die Maximum-Likelihood-Schätzungs-Methode mit schiefwinkligen Rotationen anwendete. Die erste Faktorenanalyse extrahierte 10 Faktoren, die zweite 11 und so weiter bis zu 20 Faktoren. Da die Faktormenge bei der 20-Faktoren-Lösung sehr klein war, wurden keine weiteren Analysen durchgeführt. Die 14-Faktoren-Lösung war am einfachsten zu interpretieren. Das Lösungskonzept erklärte 52 Prozent der Varianz. Eine Skala für soziale Beziehungen ergab sich nicht aus der explorativen Faktorenanalyse, dennoch wurde die Skala wegen ihrer theoretischen Bedeutsamkeit für Menschen mit ID übernommen. Wir interpretierten 15 Faktoren und kürzten das Instrument auf 100 Fragen.

Reiss und Havercamp (1998) führten eine konfirmatorische Faktorenanalyse zum RMP®-MR/DD durch, die Iteration III, die 15 Skalen und 100

Fragen umfasste. Die Stichprobe bestand aus 438 Personen (248 Männer, 189 Frauen, 1 unbenannt) aus 24 Bundesstaaten. Mitarbeiter oder Verwandte, die einer Forschungspräsentation während des 1996 National Meetings of the Arc of the United States beiwohnten, wurden gebeten, die Einschätzung durchzuführen. Andere Einschätzer stellten ihre Dienste an folgenden Orten zur Verfügung: einem großer Träger von Wohnheimen mit Hauptsitz in Ohio, einem großer Träger von betreuten Wohngruppen im Chicagoer Raum und einem Dual Diagnosis Programm für Heime in der Nähe von Philadelphia. Der prozentuale Altersschnitt betrug 10.2, 78.2 und 25.0, jeweils für die Altersgruppen 0–21, 22–55 und 56+. Die Zusammensetzung der Ethnien bestand aus 25 Prozent Afroamerikanern und 75 Prozent Kaukasiern. Die Grade der geistigen Behinderungen variierten zwischen leicht (n = 150), mittelschwer (n = 137) und schwer (n = 147). Die Gruppe bestand aus 179 Menschen ohne Verhaltensstörung und 250 Personen mit Verhaltensstörung. Die Faktorenanalyse lieferte eine 15-Faktoren-Lösung und eine angemessene Passung zu den Daten, RMSEA = .078. Diese Ergebnisse erbrachten den Nachweis über die Faktorenvalidität des RMP®-MR/DD.

Das RMP®-MR/DD Einschätzungsinstrument wertet die folgenden 15 Lebensmotive aus:

- **Anerkennung** ist das Lebensmotiv für Bestätigung
- **Aufmerksamkeit** ist das Lebensmotiv, als wichtig betrachtet zu werden (es wert zu sein, bemerkt zu werden)
- **Neugier** ist das Lebensmotiv, zu entdecken und neue Impulse zu verarbeiten
- **Essen** ist das Lebensmotiv, Nahrung zu sich zu nehmen
- **Anderen helfen** ist das Lebensmotiv, sich um andere Menschen zu kümmern oder anderen selbstlos zu helfen
- **Unabhängigkeit** ist das Lebensmotiv zur Eigenständigkeit
- **Moral** ist das Lebensmotiv, das Richtige zu tun
- **Ordnung** ist das Lebensmotiv, zu organisieren
- **Körperliche Aktivität** ist das Lebensmotiv, seine Muskeln zu trainieren
- **Eros** ist das Lebensmotiv für Sex

- **Beziehungen** ist das Lebensmotiv, Freunde zu finden
- **Angst** (Ruhe I) ist das Lebensmotiv, frei von Angst und Stress zu sein
- **Frustration** (Ruhe II) ist das Lebensmotiv, frei von Frustration/ Enttäuschung zu sein
- **Schmerz** (Ruhe III) ist das Lebensmotiv, frei von Schmerzen zu sein
- **Rache** ist das Lebensmotiv, andere zur Rechenschaft zu ziehen

Lecavalier und Tasse (2001) übersetzten, bearbeiteten und validierten das Reiss Motivation Profile® MR/DD mit Hilfe einer Stichprobe von 588 Französisch-Kanadischen Jugendlichen und Erwachsenen mit geistiger Behinderung. Die Ergebnisse wurden einer konfirmatorischen Faktorenanalyse unterzogen und erzielten einen RMSEA von .079, und damit eine angemessene Übereinstimmung zum Modell von Reiss und Havercamp (1998). Für die 15 Skalen betrug der allgemeine Alpha-Koeffizient der internen Reliabilität .84 und die allgemeine Interrater-Korrelation .63.

Reliabilität. Reiss und Havercamp (1998) führten eine Test-Retest-Reliabilitäts-Studie über eine dreiwöchige Periode durch. Die Stichprobe umfasste 44 Personen, davon 21 Männer und 23 Frauen, welche Dienstleistungen eines großen gemeinnützigen Trägers für Menschen mit geistiger Behinderung (Hauptsitz in New York) in Anspruch nahmen. Das Alter der Teilnehmer variierte zwischen 22 und 79 Jahren und die Zusammensetzung der Ethnien bestand aus 86 Prozent Kaukasiern und 14 Prozent Afroamerikanern. Von siebzig Prozent der Teilnehmer wurde berichtet, dass sie eine Verhaltensstörung aufwiesen. Psychologen des Trägers sowie Pfleger, welche die Person, die sie bewerteten, seit mindestens acht Monaten kannten, füllten den Fragebogen aus. Die r-Werte der 15 Skalen bewegten sich zwischen .72 und .89, mit einem Mittelwert von .81. Diese Ergebnisse erbrachten den Nachweis über die Stabilität der Skala-Punkte über einen längeren Zeitraum.

Lecavalier und Havercamp (2004) wiesen die Stabilität der 15 RMP®-MR/DD Ergebnisse für 79 Personen über einen geschätzten Zeitraum von drei Jahren nach. In dieser Studie waren die Test-Retest-Reliabilitäts-Schätzungen statistisch signifikant für alle 15 Skalen. Darüber hinaus konnten 89 Prozent der Einschätzer die eingeschätzte Person allein durch das Durchlesen ihres persönlichen Profils erkennen.

VALIDITÄT

Tabelle 22-1. Reliabilität und Validität des Reiss Motivation Profile®

Skala	FV	r		Validität Nachweis
Anerken-nung	✓	.73	.86	Menschen mit auffälligem, aggressivem oder gewalttätigem Verhalten schnitten signifikant höher ab als solche, die als ruhig beschrieben wurden (z. B. Crocker, Mercier, Allaire & Roy, (2007). Negative Korrelation mit dem Reiss Screen for Maladaptive Behavior, r = -.37 (Lecavalier & Tasse, 2002). Verträgliche Bewohner schnitten niedriger ab als unverträgliche (Wiltz & Reiss, 2003).
Aufmerk-samkeit	✓	.82	.84	Menschen mit auffälligem, aggressivem oder gewalttätigem Verhalten schnitten signifikant höher ab als solche, die als ruhig beschrieben wurden (z. B. Crocker, Mercier, Allaire & Roy, 2007).
Neugier	✓	.72	.82	Geschätzte Lebensqualität sechs Monate nach dem Test, r = .28 (Lunsky, 1999). Männer mit Klinefelter-Syndrom schnitten hoch bei der Selbsteinstufung ab (Gerschwind & Dykens, 2004). Schüler mit dem Ruf, neugierig zu sein, schnitten sehr hoch ab (Reiss & Reiss, 2004).
Essen	✓	.89	.90	Menschen mit Prader-Willi-Syndrom schnitten sehr hoch auf der RMP®-MR/DD-Skala für Essen ab (Dykens & Rosener, 1999). Menschen mit Down-Syndrom schnitten hoch ab (Lecavalier & Tasse, 2005).

Anderen helfen	✓	.81	.89	Menschen mit auffälligem, aggressivem oder gewalttätigem Verhalten schnitten signifikant niedriger ab als solche, die als ruhig beschrieben wurden, was sich mit der Hypothese deckt, dass RMP®-Moral die Aggression hemmt (z. B. Crocker, Mercier, Allaire & Roy, 2007). Menschen mit einer Doppeldiagnose schnitten niedrig auf der RMP®-MR/DD-Anderen-helfen-Skala ab.
Unabhän-gigkeit	✓	.82	.83	Augenscheinvalidität der Fragen
Moral	✓	.82	.69	Menschen mit auffälligem, aggressivem oder gewalttätigem Verhalten schnitten signifikant niedriger ab als solche, die als ruhig beschrieben wurden, was sich mit der Hypothese deckt, dass RMP®-Moral die Aggression hemmt (z. B. Crocker, Mercier, Allaire & Roy, 2007). Männer mit Klinefelter-Syndrom schnitten hoch bei der Selbsteinschätzung ab (Gerschwind & Dykens, 2004).
Ordnung	✓	.82	.81	Menschen mit Prader-Willi- und Williams-Syndromschnitten hoch ab (Dykens & Rosener, 1999). Verträgliche Bewohner schnitten niedriger als unverträgliche Bewohner ab (Wiltz & Reiss, 2003).
Körperliche Aktivität	✓	.79	.83	Geschätzte Lebensqualität sechs Monate nach dem Test, r = .24.
Eros	✓	.83	.88	Augenscheinvalidität der Fragen.

Beziehungen	✓	.78	.80	Menschen mit Autismus schnitten sehr niedrig auf der RMP®-MR/DD-Beziehungen-Skala ab (Lunsky, 1999). Hohe Werte bei der geschätzten Lebensqualität sechs Monate später (Lunsky, 1999). Männer mit Klinefelter-Syndrom schnitten hoch bei der Selbsteinschätzung ab (Gerschwind & Dykens, 2004). Bei Menschen, die zur RMP®-MR/DD-Beziehungen-Skala passten, war es wahrscheinlicher, dass sie Freundschaften schlossen (Wiltz & Kalnins, 2008).
Angst (Ruhe I)	✓	.83	.77	Niedrige Werte bei der geschätzten Lebensqualität sechs Monate nach dem Test, r = .49 (Lunsky, 1999). Menschen mit einer Doppeldiagnose schnitten hoch ab, r = .50 (Lecavalier & Tasse, 2002, Menschen mit Autismus schnitten hoch ab (Lunsky, 1999). Verträgliche Bewohner schnitten niedriger ab als unverträgliche Bewohner (Wiltz & Reiss, 2003).
Frustration (Ruhe II)	✓	.82	.88	Menschen mit auffälligem, aggressivem oder gewalttätigem Verhalten schnitten signifikant höher ab als solche, die als ruhig beschrieben wurden (z. B. Crocker, Mercier, Allaire & Roy, 2007). Menschen mit einer Doppeldiagnose schnitten hoch auf der RMP®-MR/DD-Frustration-Skala ab, r = .46 (Lecavalier & Tasse, 2002). Menschen mit Down-Syndrom schnitten niedrig ab (Lecavalier & Tasse, 2005). Verträgliche Bewohner schnitten niedriger ab als unverträgliche Bewohner (Wiltz & Reiss, 2003).
Schmerzsensitivität (Ruhe III)	✓	.79	.85	Menschen mit auffälligem, aggressivem oder gewalttätigem Verhalten schnitten signifikant höher ab als solche, die als ruhig beschrieben wurden (z. B. Crocker, Mercier, Allaire & Roy, 2007). Menschen mit absolut hohen Werten auf dem Reiss Screen for Maladaptive Behavior schnitten hoch bei RMP®-MR/DD-Schmerz ab, r = .37 (Lecavalier & Tasse, 2002). Menschen mit Down-Syndrom schnitten niedrig ab (Lecavalier & Tasse, 2005).

Rache	✓	.85	.90	Menschen mit absolut hohen Werten auf dem Reiss Screen for Maladaptive Behavior schnitten hoch auf der RMP®-MR/DD-Rache-Skala ab (Lecavalier & Tasse, 2002). Menschen mit auffälligem, aggressivem oder gewalttätigem Verhalten schnitten signifikant höher ab als solche, die als ruhig beschrieben wurden (z. B. Crocker, Mercier, Allaire & Roy, 2007). Menschen mit Prader-Willi- und Williams-Syndrom schnitten hoch auf der RMP®-MR/DD-Rache-Skala ab (Dykens & Rosener, 1999). Verträgliche Bewohner schnitten niedriger ab als unverträgliche Bewohner (Wiltz & Reiss, 2003). Menschen mit hohen Punktwerten gelten als unfreundlich (Wiltz & Kalnins, 2008).

MR/DD

2009 machte ich mich daran, ein neues Instrument – das Reiss Profile® of Human Needs (RMP®-ID) – zu entwerfen, welches darauf ausgelegt ist, die Einschätzung von Lebensmotiven für Menschen mit geistiger Behinderung (ID) der Einschätzung von Motiven nach dem RMP® für die Allgemeinbevölkerung anzugleichen.

Weitere Zielsetzungen bestanden darin, auf Grundlage der bisherigen beruflichen Erfahrungen mit vielen Tausenden Klienten die Einschätzung der psychologischen Bedürfnisse auf den neuesten Stand zu bringen sowie die Fragebögen durch ein Kürzen der Fragen benutzerfreundlicher zu machen. Das neuere RMP®-ID hat lediglich 60 Fragen, verglichen mit 100 beim RMP®-MR/DD. Bei der Konstruktion des RMP®-ID profitierte ich von dem, was wir über die Einschätzung von psychologischen Bedürfnissen mit Hilfe der früheren RMP®-Instrumente gelernt hatte. Die anfängliche psychometrische Untersuchung wurde mit 299 Teilnehmern aus zwei Bundesstaaten (Ohio und Kalifornien) durchgeführt, die entweder Pfleger oder Eltern waren. Die Teilnehmer bewerteten Personen, die sie gut kannten. Die Daten wurden einer statistischen Analyse unterworfen, um die finale Liste von Fragen, Bewertungsmethoden und Ausgangsnormen zu bestimmen. Die „Beta-Version" RMP®-ID wurde für die

Internet-Anwendung und weiterführende Forschung verfügbar gemacht. Das RMP®-ID ist eine 60 Aussagen umfassende Einschätzungsskala, welche die folgenden 12 psychologischen Bedürfnisse einschätzt.

- **Bedürfnis nach Anerkennung.** Das Lebensmotiv, Kritik zu vermeiden.
- **Bedürfnis nach Aufmerksamkeit.** Das Lebensmotiv, von anderen zur Kenntnis genommen zu werden.
- **Bedürfnis zu essen.** Das Lebensmotiv zur Selbsterhaltung.
- **Bedürfnis, anderen zu helfen.** Das Lebensmotiv Altruismus.
- **Bedürfnis nach Unabhängigkeit.** Das Lebensmotiv Eigenständigkeit.
- **Bedürfnis zu lernen** (Neugier). Das Lebensmotiv Wissen.
- **Bedürfnis nach Ordnung.** Das Lebensmotiv Organisation.
- **Bedürfnis nach körperlicher Aktivität.** Das Lebensmotiv Muskeltraining.
- **Bedürfnis nach Beziehungen.** Das Lebensmotiv nach Gemeinschaft mit Peergroups.
- **Bedürfnis nach Eros.** Das Lebensmotiv Sexualität.
- **Bedürfnis nach Ruhe.** Das Lebensmotiv, Gefahr zu meiden.
- **Bedürfnis nach Rache.** Das Lebensmotiv, andere zur Rechenschaft zu ziehen.

Abbildung 22-2 stellt einen Vergleich der benutzten Skalen der drei Versionen des RMP® dar.

- Das neuere RMP®-ID ersetzt die drei Ruhe-Skalen des RMP®-MR/DD durch eine einzelne Skala, genannt „Bedürfnis nach Ruhe".
- Die RMP®-ID-Skala ersetzt die RMP®-MR/DD-Skalen „Anderen helfen" und „Moral" durch eine einzelne Skala, genannt „Anderen helfen", da Pfleger häufig dazu neigen, „Anderen helfen" mit „Moral" zu verwechseln, wenn sie ihre Wertungen abgeben.
- Das RMP®-ID verfügt nicht über eine Skala für Leistungsmotivation (welche unter RMP®-Macht fällt), da für die große Mehrzahl der Schüler mit geistiger Behinderung die Leistungsmotivation signifikant mit dem Bedürfnis zu lernen (Neugier) überlappt.

Tabelle 22-2. Vergleich der Skalen von drei Versionen des RMP®

ID-Version (60 Fragen)	**MR/DD-Version** (100 Fragen)	**Allgemeine RMP®-Version** (128 Fragen)
Anerkennung	Anerkennung	Anerkennung
Aufmerksamkeit	Aufmerksamkeit	Status
Essen	Essen	Essen
Anderen helfen	Anderen helfen	Familie + Idealismus + Ehre
Unabhängigkeit	Unabhängigkeit	Unabhängigkeit
Lernen	Neugier	Neugier
Ordnung	Ordnung	Ordnung
Körperliche Aktivität	Körperliche Aktivität	Körperliche Aktivität
Eros	Eros	Eros
Beziehungen	Beziehungen	Beziehungen
Ruhe	Ruhe I + II + III	Ruhe
Rache	Rache	Rache

BeimRMP®-MR/DD handelt es sich um einen aus 100 Fragen bestehenden Fragebogen, welcher die Lebensmotive von Menschen mit geistiger Behinderung einschätzt. Das Instrument hat 15 reliable und validierte Skalen. Das neuere RMP®-ID ist ein Fragebogen bestehend aus 60 Fragen und wurde speziell entworfen, um die Lebensmotive in der Krisenintervention einsetzen zu können. Die Anzahl der Fragen der psychologischen Bedürfnisse wurde gekürzt und die Bewertungsmethode der psychologischen Bedürfnisse geistig behinderter Menschen wurde aktualisiert.

KAPITEL 23
RMP® VERSIONEN UND ÜBERSETZUNGEN

Das RMP® verfügt über mehrere Versionen, die an die jeweiligen Personengruppen, die es benutzen, angepasst sind. Der computergenerierte Auswertebericht variiert: Der Business-Report behandelt die Frage, wie sich die 16 Lebensmotive auf das berufliche Leben auswirken, während der Schulreport davon handelt, welche Rolle diese im Klassenzimmer spielen. Bei einigen Versionen ersetzt eine aus acht Fragen bestehende Skala, die das Bedürfnis nach Schönheit einschätzt, die Eros-Skala, um Fragen nach Sexualität zu vermeiden. Alle Versionen verwenden Kombinationen aus den ursprünglichen 128 Fragen und zusätzlich dazu acht Fragen im Bereich Schönheit. Es gibt keine weiteren Fragen.

Im Folgenden finden Sie einen Überblick, worin sich die Versionen unterscheiden und warum sie dies tun:

Die RMP®-Business-, Schul-, Sport- und Gesundheitsversionen verwenden statt der Eros-Skala eine Skala für Schönheit. Wir fragen in diesen Versionen nicht nach der Sexualität.

1. Die RMP®-Schulversion besteht lediglich aus 13 Lebensmotiven, alle ausgenommen Essen, Sparen und Eros. Unser Ziel war es, das Tool für den Gebrauch mit der jüngeren Generation zu kürzen, indem die Lebensmotive mit einem geringen Einfluss auf den Bereich des Lernens weggelassen wurden.

2. Die Skalen der Lebensmotive Ehre und Unabhängigkeit waren aus semantischen Gründen über einige Jahre hinweg in den Versionen Business, Sport und Gesundheit umgekehrt dargestellt worden. So wurde bei diesen Versionen „hohe Teamorientierung“ anstelle von „niedriger

Unabhängigkeit“ dargestellt, und „hohe Ziel-/Zweckorientierung“ wurde anstelle von „niedriger Ehre“ dargestellt. Dies hat sich jedoch ab dem Einsatz im Jahre 2017 wieder geändert und die Lebensmotive Ehre und Unabhängigkeit werden wieder wie im Original RMP® ausgewertet. (Dies ist eine Anmerkung in der deutschsprachigen Übersetzung, da sich dies seit der Erstausgabe des Buches in der Anwendung geändert hat.)

3. Die erklärenden Auswerteberichte bieten klar verständliche Kommentare über die Bedeutung der Ergebnisse in Bezug auf unterschiedliche Anwendungsfelder an (z. B. Business, Schule etc.).

Im Folgenden wird eine Liste der RMP®-Versionen aufgeführt:
Reiss Motivation Profile® Version Self-Discovery ist der ursprüngliche, 128 Fragen beinhaltende Fragebogen. Der Report ist für den Gebrauch bei der Selbstreflexion, der Karriereberatung und der Einschätzung der Persönlichkeit ausgelegt.

Reiss Motivation Profile® Businessversion beinhaltet 120 Fragen der ursprünglichen 128 Fragen des originalen Fragebogens plus acht Fragen, die das Grundbedürfnis nach Schönheit bewerten. Die Skalen für Unabhängigkeit und Ehre werden umgekehrt dargestellt und als Grundbedürfnisse nach Interdependenz und Zweckmäßigkeit bezeichnet. (Anmerkung: Die aktuelle Businessversion in den deutschsprachigen Ländern stellt ab 2017 wieder die Lebensmotive Unabhängigkeit und Ehre dar.)

Reiss Motivation Profile® Schulversion. Alle 104 Fragen wurden dem originalen Fragebogen mit 128 Fragen entnommen. Drei der ursprünglichen Skalen wurden ausgelassen: Essen, Eros und Sparen.

Reiss Motivation Profile® Gesundheitsversion beinhaltet 120 der 128 Fragen des originalen Fragebogens plus acht Fragen, die das Lebensmotiv nach Schönheit einschätzen. Die Skalen für Unabhängigkeit und Ehre werden umgekehrt dargestellt und als Lebensmotive nach Ziel- und Zweckorientierung und Teamorientierung bezeichnet.

Reiss Motivation Profile® Sportversion beinhaltet 120 der 128 Fragen des originalen Fragebogens plus acht Fragen, die das Lebensmotiv nach Schönheit einschätzen. Die Skalen für Unabhängigkeit und Ehre werden umgekehrt dargestellt und als Lebensmotive nach Ziel- und Zweckorientierung und Teamorientierung bezeichnet.

Reiss Motivation Beziehungs Profile® verfügt über die gleichen 128 Fragen des originalen Fragebogens. Diese Version muss von zwei Personen ausgefüllt werden, um Ergebnisse zu erzielen.

Reiss Motivation Profile® für Kinder. Dieser Fragebogen wird von Lehrern oder Eltern ausgefüllt. Sie ist zum Entstehungszeitpunkt dieses Buches noch in der Planungsphase.

Reiss Motivation Profile® of Human Needs ID. Dieser Fragebogen wird von Pflegern von Menschen mit geistiger Behinderung einschließlich Autismus ausgefüllt. Sie ersetzt das Reiss Motivation Profile® MR/DD.

Übersetzungen. Das RMP® ist ursprünglich in englischer Sprache verfasst und validiert worden. Seitdem ist es in die meisten europäischen Sprachen sowie einer größer werdenden Anzahl asiatischer Sprachen übersetzt worden. Die Übersetzungen sind sorgfältig von muttersprachlichen Übersetzern vorgenommen worden und dann von Translations Aces in New York City professionell ins Englische rückübersetzt worden. Etwaige Diskrepanzen zwischen der Rückübersetzung und den Testfragen der originalen englischsprachigen Version sind durch den Autor, Steven Reiss, mit Hilfe der Übersetzer von Translation Aces behoben worden. Der übersetzte Test wurde danach online gestellt. Von Zeit zu Zeit überprüft der Herausgeber die Testergebnisse und führt angemessene Anpassungen an die länderspezifischen Normen durch. (Anmerkung der Redaktion: Die letzte Renormierung wurde im Jahr 2017 durchgeführt und beinhaltet eine weltweite Stichprobe von 79 888 Testprobanden.)

Translation Aces bietet Dienstleistungen im Bereich der Fremdsprachenübersetzung seit 1937, als es erstmals als Bertrand Languages gegründet wurde, an. Die Agentur beschäftigt hochqualifizierte und erfahrene Übersetzer und verfügt über ein Netzwerk von muttersprachlichen Übersetzern, die für Fragen bei Bedarf zur Verfügung stehen.

KAPITEL 24
MOTIVATION VON KINDERN

Das Reiss School Motivation Profile® ist auf die Altersgruppe 12 Jahre und älter beschränkt. Es kann bei Schülern der weiterführenden Schulen (Mittelstufe und höher) angewendet werden und ist nicht für den Gebrauch in Grundschulen vorgesehen. Kinder unter 12 Jahren sind nicht in der Lage, die Fragen zu verstehen. Sie können nicht zuverlässig über ihre Ziele, Werte und Motive Auskunft geben.

Professor Carl Weems, der Förderschullehrer Keith Dunson und ich beschäftigen uns mit der Möglichkeit, Lehrer- oder Eltern-Fragebögen zu verwenden, um die Motive von Kindern zwischen sechs und elf Jahren einzuschätzen. Dies hat sich jedoch als schwierig herausgestellt, da die „Einschätzer“ (besonders Eltern) dazu neigen, die Kinder positiv anstelle von realistisch einzuschätzen. So wurden beispielsweise die Kinder bei unseren Forschungsstudien überschwänglich als neugierig bewertet. Besonders Eltern haben eine Tendenz, ihre Kinder als neugierig zu betrachten.

Die Schule ist ein großer Teil des Lebensalltags von Grundschülern. Es ist schwierig für Einschätzer, die Leistungsmotivation unabhängig von der intellektuellen Neugier des Schülers zu bestimmen, da die Schule das Hauptumfeld darstellt, in dem sich jüngere Kinder mit Leistungen hervortun können. Man neigt dazu, gute Schüler sowohl als neugierig als auch als leistungsmotiviert einzuschätzen, während man lernschwache Schüler weder für neugierig noch für erfolgsmotiviert hält. Im Gegensatz dazu haben Schüler weiterführender Schulen Möglichkeiten, Erfolge in sportlichen Aktivitäten, Kunst und Musik zu erzielen. Sie träumen möglicherweise bereits von zukünftigen Erfolgen in der Berufswelt. Sie können sehr leicht bereits ihre eigene Leistungsmotivation und ihre intellektuelle Neugier als unterschiedliche Motive einschätzen. Nach zwei nicht erfolgreichen Studien, die darauf abzielten, ein umfassendes Werkzeug zur Einschätzung der Motive von Kindern zu entwerfen, erarbeiteten Professor Carl Weems und ich einen 80 Fragen umfassenden Fragebogen. Keith Dunson erklärte sich bereit, uns zu unterstützen, indem er Daten von Lehrern sammelte. Seine Bemühungen machten sich bezahlt. Die Einschätzungen von Eltern von 381 Schülern im Alter von 3 bis 12 Jahren wurden einer konfirmatorischen Faktorenanalyse unterzogen.

Abbildung 24-1 zeigt die Ergebnisse der explorativen Faktorenanalyse. Sie zeigt in Kürze zehn der Skalen für Kinder und die dazu korrespondierenden RMP®-Skalen für Erwachsene sowie den Cronbach Alpha Koeffizienten der internen Reliabilität für die Lebensmotive der Kinder.

Tabelle 24-1. Interne Reliabilität des Reiss Motivation Profile® für Kinder

Kinder-Skala	Definition	RMP®-Skala	Alpha-Koeffizient
Anerkennung	sensibel gegenüber Kritik	Anerkennung	.83
Angst	schüchtern, nervös	Ruhe	.86
Charakter	will das Richtige tun	Ehre	.92
Kompetenz	Leistungs-motivation	Macht	.83
Wettbewerb	ist schnell dabei, andere zu konfrontieren	Rache	.85
Neugier	mag die Schule	Neugier	.92
Ordnung	braucht Struktur	Ordnung	.81
Körperliche Aktivität	mag körperliche Betätigung	Körperliche Aktivität	.93
Popularität	möchte beliebt sein, sucht nach Aufmerksamkeit	Status	.90
Beziehungen	sucht viele Freunde	Beziehungen	.86

Es wurden vorbereitende Validitätstests durchgeführt, in denen man die Ergebnisse von 86 Schülern, die nach Aussagen der Lehrer Probleme hatten, mit den Ergebnissen für die restlichen Schüler verglich. Die Schüler mit Problemen hatten signifikant höhere Werte auf den Skalen für Anerkennung und Wettbewerb. Die höheren Punktwerte bei der Anerkennung decken sich den Erfahrungen nach mit dem RMP®, dem zufolge Schüler mit psychologischen Problemen hoch bei diesem Motiv abschnitten. Die höheren Werte auf der Wettbewerb-Skala sind nicht überraschend, da manche der Schüler aggressiv sind und schnell in Auseinandersetzungen geraten.

Die Schüler, die Probleme hatten, sich in der Schule einzuleben, schnitten ebenso signifikant niedriger bei den Motiven für Kompetenz, Ordnung, Charakter, Beziehungen und Neugier ab. Nichts davon ist überraschend. Die niedrigen Werte für Kompetenz und Neugier lassen sich auf einen Mangel an Leistungsmotivation und intrinsischer Motivation für die Schule zurückführen. Diese Schüler sind wahrscheinlich gelangweilt oder frustriert vom schulischen Lehrplan. Die niedrigen Werte für Beziehungen sind mit sozialem Rückzug und Problemen beim Schließen von Freundschaften übereinstimmend. Ein Kind mit einem niedrigen Wert für Ordnung ist vermutlich schlampig.

Die jüngste Untersuchung zum Reiss Motivation Profile® für Kinder ist ermutigend. Ergänzende Studien sind jedoch notwendig, um die vorläufigen, hier berichteten Ergebnisse zu bestätigen und das Tool in Feldstudien zu testen.

TEIL 5

BLOGS

BLOG A
ANGSTSENSITIVITÄT: VOR DEN 16 LEBENSMOTIVEN

Diese Geschichte zeigt die Verbindung zwischen meinen früheren Arbeiten zur Angstsensitivität und den 16 Lebensmotiven auf. Über die Untersuchung eines individuellen Unterschieds, den ich Angstsensitivität nannte, kam ich dazu, die 16 Lebensmotive zu studieren.

Meine wissenschaftliche Arbeit zur menschlichen Motivation begann 1979, als ich Carol über ihre Höhenangst befragte. Carol war Sekretärin an der Universität von Chicago, an der ich zu dieser Zeit lehrte. Ich bat sie, sich vorzustellen, vom obersten Stockwerk eines Hochhauses auf die darunterliegende Straße zu schauen. Dann fragte ich sie, was in ihrer Vorstellung wohl passieren könnte. Würde sie aus dem Fenster fallen? Würde sich ein Flugzeug nähern und in das Gebäude krachen? Wovor genau, so fragte ich sie, fürchtest du dich, wenn du weit vom Erdboden entfernt bist und hinunterschaust?

Carol entgegnete, sie würde es aufgrund ihrer Phobie nie bis zum höchsten Stock des Gebäudes schaffen. Stattdessen, so glaubte sie, würde sie schon im Fahrstuhl ohnmächtig werden, lang bevor sie die oberste Etage erreicht hätte. Als ich sie fragte, ob sie es für gefährlich hielte, aus einem Fenster im oberen Stock eines Hochhauses zu schauen, antwortete sie mit „Nein". Sie sagte, sie wisse, dass sie nicht herunterfallen würde. Warum also fürchtete sie sich vor Höhen, wenn sie doch keinerlei Gefahr oder Unheil erwartete? Es war sozusagen ihre Angst vor der Angst, welche die Wurzel ihrer Höhenangst darstellte. Sie fürchtete sich davor, starke Angst zu erleben und ohnmächtig zu werden.

Mir wurde bewusst, dass Carols Aussagen, wenn man sie für bare Münze nahm, der konventionellen Psychiatrie der 1970er widersprachen. Zu dieser Zeit gingen Psychiater davon aus, dass Menschen mit Höhenangst sich davor fürchteten, aus großer Höhe auf die Erde zu fallen. Weiterhin betrachteten Psychiater diese Furcht als irrational, weil das Risiko eines Sturzes minimal sei. In offensichtlichem Widerspruch zu dieser Analyse berichtete Carol, dass sie sich nicht davor fürchtete abzustürzen, sondern davor, in Ohnmacht zu fallen. Sie war besorgt über die möglichen Konsequenzen des Erlebens von Angst und nicht, weil sie sich vorstellte, hoch über dem Boden zu sein.

1985 veröffentlichten Richard McNally und ich die Theorie der Angstsensitivität, um darauf hinzuweisen, dass die „Angst vor der Angst" das Auftreten von Phobien, Panikstörungen und bestimmten anderen Angstzuständen begünstigt. Wir zeigten auf, dass die meisten Menschen, die Stress ausgesetzt sind, davon ausgehen, dass sie sich wieder gut fühlen würden, sobald die Stressursache beseitigt ist. Der Sportler beispielsweise, der das Spielfeld in einem kritischen Moment betritt, wird vermutlich Stress empfinden. Er oder sie wird jedoch davon ausgehen, dass sich der Stress nach dem Spiel wieder auflöst. Der Sportler empfindet den Stress wahrscheinlich als unangenehm, geht aber nicht davon aus, dass diese Erfahrung eine reale Gefahr darstellt. Im Gegensatz dazu gibt es eine kleine Anzahl von Menschen, die eine „hohe Angstsensitivität" aufweisen. Das bedeutet, dass sie das Gefühl der Angst fürchten. Wenn Menschen mit hoher Angstsensitivität erwarten, dass sie Angst oder Stress empfinden werden, machen sie sich automatisch auch Sorgen über Herzanfälle, Panikattacken oder psychische Erkrankungen.

Zunächst wurde unsere Theorie der Angstsensitivität weitgehend kritisiert. Die Kritiker waren der Meinung, dass die Angst vor der Angst eine unbedeutende Folge von Phobien sei, nicht etwa deren Ursache. Psychiater gingen davon aus, Carols Höhenangst sei von einem unbewussten Konflikt, resultierend aus frühkindlichen Erfahrungen und unterdrückten sexuellen Impulsen, verursacht. Behavioristen waren der Auffassung, ihre Angst habe ihren Ursprung in früheren Erfahrungen, in denen Höhe mit Gefahr assoziiert war. Sowohl die Psychiater als auch die Behavioristen glaubten, dass Carols Angst vor der Angst erlernt wurde, nachdem sie bereits aufgrund von anderen Ursachen phobisch war. Sie behaupteten, dass, nachdem sie ihre Höhenangst erworben hatte, sich ihre Angst in Aufzügen entwickelte und dies dann zu ihrer Angst, ohnmächtig zu werden geführt habe.

McNally und ich wiesen darauf hin, dass die Angst vor der Angst, oder genauer ausgedrückt Angstsensitivität, die Ursache und nicht nur die Konsequenz einer Phobie sein kann. Carol mag zu der Auffassung gelangt sein, dass die Erfahrung von Furcht und Angst sehr unangenehm und sogar gesundheitsgefährdend sei. Möglicherweise glaubt sie, dass ein pochendes Herz Herzanfälle verursacht oder dass nervöses Zittern den Beginn einer psychischen Erkrankung darstellt. Nachdem sie eine ungewöhnliche Sensitivität in Bezug auf Angst erworben hat, hat sie vielleicht eine Angst vor fast allem, was sie ihrer Meinung nach ängstlich machen könnte. Auf diese Art und Weise mag ihre Angst vor der Angst zu einer Angst vor Höhen geführt haben.

Ich ging dann dazu über, das emotionale Leben und die geistige Gesundheit von Menschen mit geistigen Behinderungen zu studieren. So half ich dabei, aufzuzeigen, dass Menschen mit unterdurchschnittlicher Intelligenz für alle Arten von psychischen Störungen anfällig sind. Meine Forschung zielte darauf ab, die Neueinrichtung vieler hunderter psychiatrischer Kliniken in Nordamerika, Großbritannien und anderswo zu rechtfertigen.

McNally befasste sich weiter mit der Angstsensitivität. Er half dabei, eine Verbindung zwischen der Angstsensitivität und der Theorie der Panikattacken von Oxford-Professor David M. Clark sowie Professor David Barlows (SUNY-Albany) Forschungsarbeit zur Behandlung von Angststörungen herzustellen. Mit der Zeit überzeugte McNally die Kritiker der Angstsensibilität davon, ihre eigenen Studien durchzuführen, um unsere Einschätzungen zu überprüfen, statt sie von vornherein als falsch abzulehnen. Zum gegenwärtigen Zeitpunkt haben mehr als 1600 Studien – was eine sehr große Anzahl bezüglich eines einzelnen Forschungsthemas darstellt – das Konstrukt der Angstsensitivität bestätigt. Abgesehen davon, wie viel Angst eine Person empfindet, sagt die Angstsensibilität eines Menschen zukünftige Ängste und Panikerfahrungen voraus. In mehreren Studien übertraf der von mir entworfene, aus 16 Fragen bestehende Fragebogen das gesamte Aufgebot von psychologischen Tests des US-Militärs, wenn es um die Prognose von Verhaltensauffälligkeiten bei der Grundausbildung ging. Die Studien, welche die Angstsensitivität validierten, sind von renommierten Forschern wie z. B. Rolf A. Peterson von der George Washington

University, Norman Schmidt von der Florida State University, Sherry Stewart von der Dalhousie University, Steven Taylor von der University of Britisch Columbia und Michael Zvolensky von der University of Houston durchgeführt worden. Wendy Silverman, Professorin der Florida International University, und ihr Doktorand – und neuerdings auch Professor – Carl Weems von der University oft New Orleans erweiterten die Theorie der Angstsensitivität auf die Arbeit mit Kindern. Um zu verstehen, wie Angst und Furcht jeden Menschen motivieren, müssen wir nicht nur in Erfahrung bringen, wie viel Angst die Person erlebt, sondern auch die individuelle Angstsensibilität (also die Angst vor der Angst) ermitteln.

1995 wurde bei mir eine tödliche Autoimmunerkrankung diagnostiziert und mir wurde gesagt, dass eine Lebertransplantation unabdingbar war. Für den Rest meiner akademischen Karriere – bis heute 18 Jahre – wusste ich nicht, wie lange ich leben würde. Die tödliche Krankheit hing wie eine dunkle Wolke über mir. Ich erhielt 2002 meine Transplantation, und obwohl die Transplantation erfolgreich war, kam es in den Jahren 2002, 2003, 2007, 2010 und 2011 zu lebensbedrohlichen Komplikationen. Zweimal eröffneten die Ärzte meiner Familie, dass ich möglicherweise den nächsten Morgen nicht mehr erleben würde. Einmal hieß es sogar, dass ich in der nächsten Stunde versterben werde. Ich überlebte eigentlich nur, weil meine Frau Maggi den Ärzten nicht erlaubte, mich aufzugeben. Ich bin gesegnet mit dem Geschenk des Lebens, einigen engagierten Ärzten und einer liebenden Ehefrau und Familie.

1995 beschloss ich, den Sinn des Lebens zu erforschen und eine auf Sinn und Werten begründete Psychologie zu entwerfen. Ich führte eine Reihe von wissenschaftlichen Befragungen durch, um die Grundbedürfnisse der menschlichen Natur zu identifizieren. Wie bereits erwähnt, bestimmen die Ergebnisse dieser Forschungsarbeit die 16 Lebensmotive. Dann machte ich mich daran, die Auswirkungen der 16 Lebensmotive zu ermitteln.

Was ich von der Arbeit über Angstsensibilität, die ich mit McNally durchgeführt hatte, mitnahm, basierte sowohl auf Intuition als auch auf Logik. Ich vermutete, dass intrinsische Motive – die ich, um darauf hinzuweisen, wie sie subjektiv erlebt werden, Lebensmotive nannte – sich in zwei

Bestandteile aufgliedern lassen, nämlich das, was Menschen wollen und wie sehr sie es wollen. Jeder möchte lieber emotionale Ruhe als Angst erleben. Allerdings brauchen Menschen mit einer hohen Angstsensibilität wesentlich mehr Ruhe als Menschen mit einer niedrigen Angstsensibilität. Das intrinsische Motiv, Angst zu vermeiden, lässt sich aufschlüsseln in ein „Was Menschen wollen" (also hier emotionale Ruhe) und in ein „Wie sehr sie es wollen", was mit dem Grad der Angstsensibilität variiert.

Ich wendete diese Analyse hinsichtlich dessen, „was" Menschen wollen (was also das Allgemeingültige der menschlichen Motivation darstellt) und „wie sehr" sie es wollen (was das Spezielle der menschlichen Motivation ist) auf jedes der 16 Lebensmotive an. Beim Lebensmotiv Neugier beispielsweise geht es darum, dass Menschen verstehen wollen. Wie viel sie verstehen wollen, hängt von der individuellen Wertung von Wissen ab. Theoretiker der intrinsischen-extrinsischen Motivation irrten sich, als sie behaupteten, dass jeder Mensch Spaß am Lernen hat. Die Fähigkeit, Spaß am Lernen zu haben, ist nicht grenzenlos. Menschen erfreuen sich nicht im selben Ausmaß an kognitiven Beschäftigungen, genauso wie nicht jeder gleich viel Wert auf intellektuelles Wissen legt. Intellektuelle legen weitaus größeren Wert auf Wissen als praktisch veranlagte Menschen, und dieser Unterschied steht in engem Zusammenhang mit den Unterschieden in ihrer Motivation nach kognitiver Beschäftigung.

Kurz vor meiner Lebertransplantation 2002 – zu einem Zeitpunkt, an dem nicht klar war, ob ich überleben würde – fragten Business Coaches aus Deutschland nach meiner Erlaubnis, die 16 Lebensmotive anwenden zu dürfen. Aus diesen ersten Arbeiten entstand allmählich „Reiss Profile Europe", ein Trainingsinstitut mit Sitz in Köln, Berlin und Amsterdam. Der Erfolg führte zur Entstehung anderer Institute in ganz Europa, Nordamerika und Asien. Während ich diese Zeilen schreibe, im Herbst 2012, vermitteln sieben Institute die professionelle Anwendung der 16 Lebensmotive, hauptsächlich an Klienten aus dem Businessbereich, aber auch an Menschen, die an Schulen, im Gesundheitswesen oder im Sportbereich tätig sind. (Anmerkung der Redaktion: Zum Zeitpunkt der Übersetzung dieses Buchs – im Herbst 2017 – betreibt die RMP germany die Repräsentanz in Deutschland. Sie arbeitet eng mit den beiden Instituten RMP austria und RMP swiss zusammen und formiert eine gemeinsame D-A-CH Region für den deutschsprachigen Raum. Als Zielsetzung verfolgt die Verbindung gemeinsame Ausbildungs-, Forschungs- und Weiterentwicklungsprojekte.)

BLOG B
DREI SÄULEN DER MOTIVATIONS-PSYCHOLOGIE

In diesem Blog erläutere ich, was an der Theorie der 16 Lebensmotive so neuartig und wichtig ist: (1) die wissenschaftliche Herleitung der 16 psychologischen Bedürfnisse oder Lebensmotive; (2) die konzeptionelle Bühne, um Motivation mit Persönlichkeit zu verbinden und (3) die konzeptionelle Idee, Motivation und Beziehungen in einen Zusammenhang zu bringen.

William James und William McDougall, beide Harvard-Professoren während der ersten Jahre des letzten Jahrhunderts, verbreiteten eine Theorie der Instinkte, die sie für ein zentral ordnendes Leitmotiv unseres Verhaltens hielten. Sie wurden wegen ihres Instinkt-Konzepts mit Kritik überhäuft. Anhänger der Psychodynamik, die eifrig bestrebt waren, die Freud'sche Libido-Theorie auszuweiten, definierten „Instinkte" neu als Ego-Motive. Henry Murray, ein anderer Harvard-Professor, benannte Instinkte in „unbewusste Bedürfnisse" um und veröffentlichte eine „Story-Telling" Technik, den Thematischen Apperzeptionstest (TAT), um Bedürfnisse zu bestimmen. In den 1950er Jahren war die Motivationspsychologie das Kernstück der akademisch-klinischen Psychologie und der Einsatz des TAT weit verbreitet.

Was war passiert? Die wissenschaftlichen Auswertungen des TAT waren nicht sehr vielversprechend. Leonard Eron und seine Kollegen gaben eine einflussreiche Überprüfung in Auftrag, die sich negativ auf den wissenschaftlichen Status des TAT auswirkte. Als der TAT immer umstrittener wurde, verlor die Bedürfnistheorie kontinuierlich an Einfluss. Außerdem war die Bedürfnistheorie wegen ihres Mangels an praktischen Anwendungsgebieten angreifbar. Das Haupteinsatzgebiet von Murrays Bedürfnissen lag im Bereich der klinischen Diagnose innerhalb des

Psychodynamik-Modells (DSM II). Als das DSM-II-Diagnosemodell obsolet wurde, verlor auch Murrays Bedürfnistheorie ihren Einfluss. Abraham Maslows Theorie der Hierarchie der Bedürfnisse sprach vor allem Manager im Human Resources Bereich an und hielt demzufolge Einzug in den Bereich der Managementtrainings. In weiten Teilen waren Psychologen allerdings weiterhin ratlos, wie die Theorien der psychologischen Bedürfnisse in der professionellen Umsetzung Anwendung finden konnten.

Wie ahnungslos sie waren? Eine Kollegin erkundigte sich eines Tages bei mir über meine Taxonomie der 16 Lebensmotive. Als ich die Theorie erklärte, war sie schnell begeistert und äußerte schließlich: „Das ist wirklich interessant. Schade, dass du es nicht anwenden kannst." Im Jahr 1990 war die Bedürfnistheorie ein „Oldie but Goodie" geworden. Ein Windstoß aus der Vergangenheit, etwas, dem niemand mehr Aufmerksamkeit schenkte, ausgenommen beim Studium der Geschichte. Ich hielt das für schade, da die grundsätzliche Erkenntnis stichhaltig ist, dass nämlich bestimmte Ziele – auch Bedürfnisse genannt – existieren, die alle Menschen motivieren. Mit den Worten der Behavioristen, von denen manche grundsätzlich ein Problem mit dem Konzept der „Bedürfnisse" haben, existieren bestimmte Stimuli, die jeden antreiben. Ob wir sie nun Instinkte, Bedürfnisse, universelle Ziele, intrinsische Motive oder universelle Antreiber nennen, sie sind entscheidend, um Menschen zu verstehen, um zu verstehen, wie wir uns in unserem natürlichen Umfeld verhalten und wie wir als Menschen in Beziehung zueinander treten.

Säule I: Empirische Erhebung der Bedürfnisse

Ich habe versucht die Bedürfnistheorie wiederherzustellen, indem ich sie auf drei spezielle Säulen stellte. Wir haben die allererste, empirisch abgeleitete Taxonomie der Bedürfnisse erstellt und in diesem Prozess definiert, was in jedem Bedürfnis beinhaltet ist und was nicht. Unsere Taxonomie der 16 Bedürfnisse umfasst das Grundbedürfnis nach Anerkennung, Neugier, Essen, Ehre, Status, Ruhe etc. Sie weist ungefähr 50 Prozent Überschneidungen mit der Liste der Bedürfnisse, die von McDougall, Murray und anderen zur Verfügung gestellt wurde, auf. Da die 16 Lebensmotive empirisch abgeleitet und wissenschaftlich validiert sind, schließt die Theorie zahlreiche Fehler aus, die bei früheren Versuchen, Motive mit Bedürfnissen zu verknüpfen, passierten. Das Bedürfnis, unter Menschen zu gehen, ist nicht inkompatibel mit dem Bedürfnis nach Rache. Beim Spielen geht es um Spaß und nicht um Kompetenz. Das Bedürfnis nach Wohlstand fällt unter ein größeres Bedürfnis nach gesellschaftlichem Status.

Säule II: Motivation und Persönlichkeit

Jeder Mensch trägt die 16 Lebensmotive in sich, auf seine jeweils individuell unterschiedliche Art. Die eigene Priorisierung der 16 Lebensmotive, bekannt als Reiss Motivation Profile®, zeigt die persönlichen intrinsischen Werte und Persönlichkeitsmerkmale auf und ist ein starker Prädiktor für zukünftiges Verhalten. In meinem Buch „The Normal Personality“ stellte ich ein Verzeichnis auf, das unterschiedlichen Persönlichkeitsmerkmalen die jeweiligen Motive zuordnet. Ken Olson und seine Kollegen setzten das Reiss Motivation Profile® in Beziehung zu verschiedenen anderen Persönlichkeitstests, einschließlich den „Big 5“.

Säule III: Motivation und Beziehungen

Wir formulierten die Prinzipien des „Self-hugging“ sowie der „Wertetyrannei“ und zeigten deren Auswirkungen auf das Leben in dauerhaften Beziehungen wie der Eltern-Kind-Beziehung, der Partnerbeziehung, der Beziehung zwischen Vorgesetzen und Mitarbeitern sowie der Beziehung von Kollegen untereinander auf.

Praktische Anwendungen

Zahlreiche Personen wenden die 16 Lebensmotive in Einsatzfeldern wie der schulischen Motivation, der Motivation im Businessbereich, der Motivation im Sport, der Motivation im Gesundheitsbereich, der Planung von Lebensmodellen für Menschen mit geistiger Behinderung und den Bereichen der Konfliktbewältigung und Beziehungen an.

Schlüssel-Innovation

Meine Arbeit zur Motivation reicht zurück in die 1980er Jahre, also zum Beginn meiner Forschung zur Angstsensitivität, die ich 1985 gemeinsam mit Richard McNally (zu dieser Zeit Doktorand, jetzt Harvard-Professor) veröffentlichte. Immer wieder wurde uns von Kritikern mitgeteilt, dass unsere Arbeit zur Angstsensibilität überflüssig sei, da grundsätzlich jeder Mensch Angst vermeidet. Wir entgegneten, dass Angst einige Menschen mehr als andere antreibt. Bis heute ist die Angstsensitivität in über 1600 von Experten begutachteten wissenschaftlichen Artikeln validiert worden, eingeschlossen zwei erfolgreiche zusammenfassende Artikel im Psychological Bulletin. Die US-Army berichtete kürzlich, dass Angstsensitivität als Früherkennung für mögliche posttraumatische Störungen betrachtet werden kann. In vielen dieser Studien zeigt sich die Angstsensitivität als Indikator für Abweichungen, die durch kein anderes Verfahren zur Einschätzung von Angst vorhergesagt werden konnte. Der Fragebogen zum Angstsensitivitätsindex (ASI), den ich übrigens in weniger als einer Stunde verfasste, hat so ziemlich jede andere Angst-Skala überflügelt. Das Konstrukt der Ruhe, eines unserer 16 Lebensmotive, steht in enger Verbindung zur Angstsensitivität. Die RMP®-Ruhe-Skala umfasst einzelne Fragen des ASI. Was ich aus unserer Arbeit zur Angstsensitivität mitnehmen konnte ist die Bedeutung der „individuell unterschiedlichen Bewertung eines allgemeinen Motivs". Ich entdeckte, dass manche Wissenschaftler diesen psychologischen Faktor für unbedeutend hielten. Dabei können gerade diese individuellen Unterschiede präzise Vorhersagen über das alltägliche Verhalten liefern. Ich kam sozusagen vom Erforschen der individuellen Unterschiede innerhalb eines bestimmten Motivs (Angst) zum Erforschen der individuellen Unterschiede innerhalb aller 16 allgemeingültigen Motive.

Gesegnet mit willensschwachen Kritikern

Es ist recht einfach, auf die meisten verbreiteten Kritiken der Theorie der 16 Lebensmotive etwas zu entgegnen. Einige äußern, wir hätten zu viele Bedürfnisse eingeschlossen. Hier unsere Gegenfrage: Wenn Astronomen behaupten, es gäbe Billionen von Sternen und Biologen Hunderte unterschiedliche Arten klassifizieren, warum sind dann 16 Lebensmotive zu viele für Psychologen? Ein weiterer Kritikpunkt ist, dass unsere Taxonomie der Bedürfnisse nicht wissenschaftlich sei, weil wir die ursprünglichen 15 auf 16 Lebensmotive angehoben haben. Bedeutet das etwa, dass die Astronomie als unwissenschaftlich zu betrachten ist, weil sie die ursprünglich neun Planeten auf acht reduziert hat? Ist die Chemie unwissenschaftlich, weil im Laufe der Jahre zahlreiche Ergänzungen im Periodensystem der Elemente stattgefunden haben? Wir haben von

Experten wissenschaftlich überprüfte Nachweise veröffentlicht, dass unsere Theorie der 16 Lebensmotive den wissenschaftlichen Anforderungen der Messsicherheit, Konstrukt- und Übereinstimmungsvalidität sowie Kriteriumsvalidität entspricht.

Basierend auf einer Präsentation vor der World Society of Motivation Scientists and Professionals in Wien, Österreich am 5. Oktober 2011.

BLOG C
WIE MAN JEMANDEN MOTIVIERT

Es macht keinen Sinn zu versuchen, einen Menschen zu motivieren, indem man an Werte appelliert, die er nicht hat. Dennoch versuchen Menschen dies ständig, was mit dem „Self-hugging" zu tun hat.

Um eine andere Person zu motivieren, müssen Sie deren persönliche Werte ansprechen. Das mag einfach klingen, ist es aber nicht. Zu oft versuchen wir, andere zu motivieren, indem wir sie auf unsere eigenen Werte bezogen ansprechen, anstatt deren Werte anzusprechen. Ein klassisches Beispiel hierfür ist der Fußballtrainer, der seiner Mannschaft erklärt, dass das nächste Spiel ein Charaktertest wird. Wir haben Tausende von Sportlern bewertet und festgestellt, dass sie als Gesamtgruppe den Charakter nicht wirklich wichtig nehmen. Wir stellten anonyme Fragen wie z. B. „stimme zu/stimme nicht zu: Ich versuche, mich in Einklang mit einem Verhaltenskodex zu verhalten," und viele von ihnen antworteten mit „stimme nicht zu". Es macht demnach keinen Sinn, wenn ein Coach versucht, die Spieler durch das Appellieren an nicht vorhandene Werte zu motivieren.

Menschen haben eine natürliche Neigung, ihre eigenen Werte für die besten zu halten, und dies nicht nur für sich selbst, sondern für alle Menschen. Menschen, die entdecken, wie großartig es sich anfühlt, zu gewinnen, denken, sie haben etwas über die menschliche Natur herausgefunden, nämlich, dass Gewinnen sich großartig anfühlt. Dabei haben sie doch in Wahrheit nur etwas über sich selbst erfahren. Individualität ist sehr viel höher einzuschätzen als allgemein angenommen. Obgleich wetteifernde Menschen es mögen, zu gewinnen, gibt es doch viele andere, die es nicht mögen, um Punkte zu spielen und die demnach von Wettbewerbssituationen eher demotiviert werden.

Wir haben die Tendenz, anderen unsere Werte aufzudrängen, um sie zu motivieren. Manche Lehrer glauben beispielsweise, dass jeder Mensch mit einer kognitiven Neugier geboren wird. Mit der Tatsache konfrontiert, dass einige Schüler nicht an geistiger Beschäftigung interessiert sind, versuchen diese Pädagogen trotzdem, ihren Schülern die Freuden intellektuellen Lebens zu vermitteln. Sie appellieren nicht an die Werte des Schülers, sondern versuchen, ihnen ihre eigenen Werte aufzudrängen. Das funktioniert nicht.

Manch fleißige und arbeitsame Eltern versuchen, ihre entspannten und gelassenen Teenager damit zu motivieren, dass sie ihnen predigen, wie wichtig es sei, Leistung zu erbringen. Nur sind entspannte Teenager an Erfolg nicht interessiert. Wenn sie es wären, würden sie sich mit ihrem lockeren Lebensstil nicht so wohl fühlen. Stattdessen schätzen sie ihre Freizeit und Work-Life-Balance. Wenn man sie zu sehr drängt, werden sie noch weiter blockieren.

Einige Arbeitgeber motivieren ihre Mitarbeiter mit Hilfe von Boni. Aber nur manche Mitarbeiter werden von finanziellen Extrazuwendungen motiviert. Andere werden von einem Bedürfnis, sich kompetent zu fühlen, angetrieben und wieder andere sind motiviert von dem Bedürfnis, der Gesellschaft in irgendeiner Form zu dienen.

Wie können sie aber etwas über die Werte und Ziele eines Menschen, den sie motivieren möchten, erfahren? Meine Kollegen und ich haben mit mehr als 60 000 Personen (Anmerkung der Redaktion: zum Zeitpunkt der Übersetzung des Buchs über 80 000) aus Nordamerika, Europa und Asien Tests durchgeführt. Wir haben mit Studenten aus aller Welt zusammengearbeitet, mit Angestellten in Nordamerika und Europa und Managern großer Konzerne. Wir haben fast zwei Jahrzehnte damit verbracht, Beweise für die 16 Lebensmotive, die uns allen gemeinsam und tief verwurzelt in der menschlichen Natur sind, zu sammeln. Diese Bedürfnisse sind Anerkennung, Neugier, Essen, Familie, Ehre, Idealismus, Unabhängigkeit, Ordnung, körperliche Aktivität, Macht, Eros, Sparen, Beziehungen, Status, Ruhe und Rache. Alle menschlichen Motive scheinen sich auf diese 16 Lebensmotive bzw. eine Kombination daraus zu reduzieren.

Studierte Psychologen sind endlich soweit, die menschliche Motivation zu verstehen. Meine Kollegen und ich versuchen, Menschen zu verstehen, indem wir sie fragen: „Was sind Ihre Ziele?", „Was versuchen Sie zu erreichen?" Überraschenderweise stellen nicht viele Psychologen diese Fragen. Sie nehmen an, dass die bewussten Motive seicht wären. Stattdessen fragen sie: „Was ist in Ihrer Kindheit vorgefallen? Was empfinden Sie in Bezug auf Ihre Eltern?" Wir lernen, dass Menschen dazu motiviert sind, ihre Wertvorstellungen umzusetzen. Wenn sie also jemanden motivieren wollen, einen nahestehenden Menschen, einen Studenten oder einen Angestellten, wäre es weise, sich auf das zu konzentrieren, was dem Betreffenden wichtig ist.

BLOG D
WIE ICH AUF GRUNDBEDÜRFNISSE SCHLIESSE

Ich habe diesen Blog hinzugefügt, um darzulegen, wie ich Lebensmotive aus Grundmustern und nicht etwa von einem einzelnen Beispiel des Verhaltens ableite. Achten Sie darauf, wie ich versuche, ungewöhnliches Verhalten zu verstehen, indem ich nach Grundmustern suche.

Medienberichten zufolge verschickte der frühere Kongressabgeordnete Anthony Weiner via Twitter sexuell anzügliche und eindeutige Fotos von sich an Frauen, die er nicht kannte. Als er erwischt wurde, log er zuerst, gab aber später zu, was er getan hatte. Für eine Weile zeigte er eine bemerkenswerte Beharrlichkeit in seiner Weigerung, seinen Sitz im Kongress niederzulegen.

Ich werde meine Kommentare auf folgende Fragen beziehen: Ist Weiners Verhalten als normal zu betrachten? Weist er eine Form von Störung auf? Was hat ihn dazu motiviert, sexuell anzügliche Fotos an unbekannte Frauen zu verschicken?

Exhibitionismus ist die einzige mir bekannte Störung, die möglicherweise auf Weiners Fall zutreffen könnte, wenngleich es nicht so wirkt, als erfülle er die diagnostischen Kriterien dafür. Als Professor der klinischen Psychologie, der in seiner Berufslaufbahn viele unterschiedlich definierte Störungen gesehen hat, sage ich, dass ein Kernpunkt für meine Beurteilung sein würde, wie viel Kontrolle Weiner über seine Twitter-Aktivitäten ausüben kann. Wenn er unkontrollierbare Impulse verspürt und beispielsweise während des Twitterns zum Masturbieren ins Badezimmer rennen muss, könnte das dafür sprechen, dass sein Verhalten abnormal und möglicherweise Ausdruck einer Störung sein könnte. Kann er jedoch bis zu einem gewissen Grad seine Impulse kontrollieren und findet er dies einfach amüsant, dann ist sein Verhalten als normal anzusehen.

Mental gesunde Menschen neigen dazu, auf die Dinge in ihrem Leben, auf die sie stolz sind, aufmerksam zu machen. Um Weiner zu verstehen, sollten wir also zunächst einmal ermitteln, ob dieser möchte, dass wir bemerken, wie sexy er ist oder was für eine besondere Person er ist. Um diese Frage zu beantworten, müssen wir uns Weiners generelles Verhalten genauer ansehen. Wenn es ihm darum ginge, dass wir bemerken, wie sexy er ist, würde er grundsätzlich ein ausgeprägtes Sexualverlangen zur Schau stellen. Bis jetzt ist allerdings diesbezüglich nur wenig über ihn berichtet worden, was auf einen besonders hohen Sexualtrieb hindeuten würde. Läge ihm daran, dass wir bemerken, wie besonders er ist – nämlich sein hoher Status als Kongressabgeordneter –, würde er generell das Rampenlicht suchen. Tatsächlich ist er sehr häufig im Fernsehen zu sehen. Folgernd zeigt er wahrscheinlich fremden Frauen seinen Körper einfach deshalb, weil er stolz auf ihn ist.

Was Weiners Verhalten so bizarr macht, ist die Tatsache, dass er die Wahrscheinlichkeit, ertappt zu werden, völlig unterschätzt. Motiviert vielleicht die Suche nach dem Kick seine Fehlverhalten? Wenn dem so wäre, würde er ein grundsätzliches Verhaltensmuster, sich selbst Gefahren auszusetzen, an den Tag legen und nicht nur über das Twittern von sexuellen Botschaften. Dies scheint nicht der Fall zu sein. Ich vermute, sein Fehlverhalten basiert auf einem übertriebenen Vertrauen in seine Fähigkeiten, einer Festnahme und Bestrafung zu entkommen. Wenn übertriebenes Selbstvertrauen seine Fehleinschätzung stützt, sollten wir ein grundsätzliches Verhaltensmuster der Überheblichkeit bei Weiner erkennen können. Und dies scheint der Fall zu sein. Er ist sich z. B. allzu sicher in Bezug auf seine Fähigkeit, Dinge auszusitzen.

Wenn nicht Beweise auftauchen, dass sein Twittern das Ergebnis unkontrollierbarer Bedürfnisse war, bin ich geneigt, anzunehmen, dass Weiners Verhalten als normal anzusehen ist. In anderen Worten, ich vermute, dass hier Abstrafung, nicht Behandlung angebracht wäre. Er legt ein miserables Urteilsvermögen an den Tag und sollte deshalb vom Kongress ausgeschlossen werden.

Aus meiner Sicht ist Weiners psychiatrische Behandlung nichts weiter als ein PR-Trick. Er will uns glauben machen, dass irgendeine Störung verantwortlich für sein schlechtes Benehmen sei. Er hofft, dass er sich in eine Klinik einweisen lassen und ein paar Wochen später als geheilt und als „ein anderer Mensch“ in den Kongress zurückkehren kann.

Psychische Erkrankungen sind ernsthafte Angelegenheiten, begleitet von Symptome wie Angst, Depression, Aggression, Halluzinationen, Wahnvorstellungen, unkontrollierbaren Impulsen etc. Sofern er keinen unkontrollierbaren Impulsen ausgesetzt ist, lässt Weiners Verhalten nicht auf eine psychische Störung schließen. Er hat einen sicheren Job, kommt mit den meisten Menschen in seinem Lebensumfeld zurecht und verfügt nach psychiatrischen Standards über eine normale Wahrnehmung.

Wenn ich Weiner auf der Skala der 16 Lebensmotive einordnen soll, unterstelle ich, dass er wahrscheinlich sehr niedrig in seinem Bedürfnis nach Anerkennung abschneidet (was zu seinem allzu großen Selbstvertrauen führt), ebenso gering in seinem Bedürfnis nach Ehre (was seine Unehrlichkeit fördert) sowie überdurchschnittlich bei dem Bedürfnis nach Eros (was zu seinem Verlangen, seinen Körper zur Schau zu stellen, anregt). Die Persönlichkeitsmerkmale, die von diesen Bedürfnissen gefördert werden, sind Überheblichkeit, Opportunismus, Narzissmus und Wollust. Diese sind nicht unbedingt bewundernswerte Eigenschaften, aber sie gelten aus psychiatrischer Sicht als normal.

Wenn er keine psychische Störung aufweist, benötigt er keine Therapie. Begäbe er sich in Beratung, würde er möglicherweise trotzdem von einer Analyse seiner persönlichen Fallstricke, die im Zusammenhang mit seiner Überheblichkeit und seinem Bedürfnis nach Status und Aufmerksamkeit stehen, profitieren. Das aber ist ein Prozess der Selbstreflexion und nicht eine Form von Therapie.

BLOG E
ZWEI ARTEN, PROMISKUITÄT ZU BETRACHTEN

Rollo May war ein erstklassiger Therapeut, der sich seine Reputation damit verdiente, die existenziellen Seiten der Therapie auszuformulieren. Dieser Blog stellt meine Sichtweise zum Wesen von promiskuitivem Verhalten der Sicht von May gegenüber. Was May und seine „therapeutische Gemeinde" als fehlende menschliche Entwicklung betrachten, interpretiere ich als den Sinn des Lebens einer Person. Geht es bei Promiskuität um psychische Gesundheit oder intrinsisch verankerte Werte?

Promiskuität ist ein seit langem bekanntes Verhaltensmuster, bei dem eine Person Sex häufiger und mit mehr unterschiedlichen Partnern ausübt, als es in der jeweiligen Kultur normalerweise üblich ist. In diesem Blog werde ich zwei Erklärungen miteinander vergleichen, und zwar die psychodynamische Analyse und die Motivationsanalyse. Eine psychodynamische Annäherung erklärt Verhalten anhand von Erkenntnissen (manche nennen sie Spekulationen) über das sogenannte Unterbewusstsein. Die Motivationsanalyse erklärt Verhalten anhand von standardisierten Einschätzungen, welchen Stellenwert die Person den 16 universellen Zielen, die jeden Menschen antreiben, beimisst.

Peggy Guggenheim, die reiche Wohltäterin und Sammlerin moderner Kunst, war stolz auf ihre sexuelle Vitalität und ihre Leidenschaft. Sie dachte besser über Leute, die romantische Leidenschaft zur Schau stellten, als über solche, die weniger Lebenslust zeigten. Eros war für sie von größerer Bedeutung als fast alles andere. Ihr starkes Streben nach Eros trieb sie dazu an, in ihrem Leben viele verschiedene Sexualpartner zu haben. Als sie gefragt wurde: „Wie viele Ehemänner haben Sie gehabt?", entgegnete sie: „Meinen

Sie meine eigenen oder die anderer Menschen?" Laut ihrer Autobiographie, in der sie ihre sexuellen Abenteuer schildert und wahrscheinlich ein wenig übertreibt, hatte sie zwei tatsächliche Ehemänner, zahllose Liebhaber und eine große Liebe. Sie hatte zwischen 3 und 17 Abtreibungen. Ihre Biographen differieren über die exakte Anzahl.

Guggenheim hatte eine unglückliche Kindheit. Ihre Eltern lebten über lange Phasen getrennt voneinander. Ihre Mutter stellte Kindermädchen ein, um sie zu erziehen, nachdem ihr Vater beim Untergang des Luxusliners Titanic sein Leben gelassen hatte. Ihr wurden Reichtümer vererbt und sie zog nach Europa, sah sich allerdings gezwungen, bei Ausbruch des Zweiten Weltkrieges nach New York zurückzukehren. Während sie in New York lebte, eröffnete sie eine einflussreiche Galerie für moderne Kunst und schuf ein wichtiges Forum für junge Künstler. Sie unterstützte drei der wichtigsten Kunstbewegungen des letzten Jahrhunderts: den Kubismus, den Surrealismus und den abstrakten Expressionismus.

Psychologen, die das Unterbewusstsein erforschen, auch psychodynamische Theoretiker genannt, äußern, dass Promiskuität einen Mangel an Selbstwertgefühl ausdrückt. So kompensieren promiskuitive Menschen möglicherweise die Tatsache, dass sie als Kind wenig Liebe von ihren Eltern bekommen haben. Anton Gill schrieb, dass Peggy Guggenheim Sex mit vielen Künstlern suchte, um ihr Bedürfnis nach Liebe zu befriedigen und ihr Selbstwertgefühl zu stärken. Weiterhin unterstellte er, dass Guggenheim Sex mit Künstlern anstrebte, weil dies ihr unterbewusst das Gefühl gab, deren Kreativität zu erlangen, eine Kreativität, die ihr selber fehlte.

Der Motivationsanalyse zufolge wird Promiskuität von einem starken Sexualtrieb in Verbindung mit einem unterdurchschnittlichen Bedürfnis nach Ehre motiviert. Menschen mit einem starken Sexualtrieb denken immerzu an Liebeserlebnisse, die für sie einen wesentlichen Daseinsgrund darstellen. Sie sind aufmerksam gegenüber sexuellen Signalen, die von anderen ausgesendet werden. Katherine Hepburn sagte einmal über den großartigen Schauspieler John Barrymore, dass er absolut nicht in der Lage war, eine junge Frau vorbeigehen zu lassen, ohne sie zu begrapschen.

Eines der stichhaltigsten Prinzipien der Motivationstheorie ist, dass starkes Verlangen auf Belohnung abzielt. Menschen mit starkem Appetit essen gerne unterschiedliche Arten von Speisen. Besonders neugierige Menschen sind interessiert daran, etwas über viele verschiedene Themen zu lernen. Personen mit einem starken Bedürfnis nach körperlicher Aktivität üben mehrere Sportarten aus. Menschen mit stark ausgeprägten Elterninstinkten haben große Familien. Menschen mit einem starken Bedürfnis nach Beziehungen haben viele Freunde. Dieses Prinzip, wie in meinem Buch „The Normal Personality" beschrieben, zeigt, dass Menschen mit einem starken Sexualtrieb dazu neigen, sich nach vielen verschiedenen Partnern umzuschauen. Somit ist Promiskuität leicht – zumindest teilweise – aus einem starken Sexualtrieb heraus zu erklären.

Nun lassen Sie uns diese zwei Theorien miteinander vergleichen, um herauszufinden, welche von beiden den promiskuitiven Lebensstil von Peggy Guggenheim besser erklärt. Gemäß der psychodynamischen Theorie praktizierte Guggenheim promiskuitiven Sex, um die Angstgefühle, die in Verbindung mit ihrer Erfahrung, ungeliebt zu sein, stehen, zu reduzieren. Die Motivationsanalyse sagt aus, dass Guggenheim sich promiskuitivem Sex hingab, um ihren unersättlichen Appetit zu befriedigen. Wir können diese Theorien wissenschaftlich überprüfen, indem wir zwei Gruppen untersuchen. Gruppe A könnte sich aus 100 Menschen mit einem schlechten Selbstwertgefühl (Gefühl des Nicht-geliebt-Seins) und einem durchschnittlichen Sexualtrieb zusammensetzen. Gruppe B könnte sich aus 100 Menschen mit einem durchschnittlichen Selbstwertgefühl und einem überdurchschnittlichen Sexualtrieb zusammensetzen. Ich denke, dass eine solche Studie zeigen würde, dass Gruppe B grundsätzlich promiskuitiver ist als Gruppe A. In anderen Worten, ich glaube, dass der Sexualtrieb promiskuitives Verhalten besser voraussagen kann als das Selbstwert-Konzept.

Laut der psychodynamischen Theorie ist die Promiskuität als ein oberflächlicher Lebensstil zu betrachten. Gemäß der Motivationstheorie wird die Promiskuität als sinnvolles Verhalten für Menschen mit starkem Sexualtrieb erfahren. Die Beweise stützen die Motivationsanalyse. Peggy Guggenheim war stolz auf ihre sexuellen Abenteuer. Tatsächlich prahlte sie mit ihren sexuellen Eroberungen und belächelte nicht-promiskuitive Menschen. Guggenheim führte ein Tagebuch über ihre Abenteuer, was klar zeigt, dass sie ihr promiskuitives Verhalten schätzte. Da wir als Spezies von Natur aus dazu neigen, unsere Wertvorstellungen umzusetzen, lebte Peggy Guggenheim in Einklang mit ihren Werten, wenn sie sich „durch die Betten schlief".

Einige Fachleute denken, dass mehr dran sein muss als ein starker Sexualtrieb und geringe traditionelle Moralstandards, um die Promiskuität zu verstehen. Der Existenzialpsychologe Rollo May deutete beispielsweise an, dass Promiskuität die Unfähigkeit widerspiegelt, Beziehungen mit anderen – ausgenommen oberflächliche – einzugehen. In seinem 1969 veröffentlichten Buch „Love and Will" unterschied May Eros von Libido. Eros ist demnach das Verlangen, sich zu verbinden, zu erschaffen und den Partner zu lieben, während Libido das Verlangen nach sexueller Erleichterung darstellt. Beziehungen, die auf Eros begründet sind, sind demzufolge erfüllend und spirituell befriedigend, während überwiegend auf Sex basierende Beziehungen lediglich körperlich und daher wenig erfüllend sind. May glaubte, dass es in einer rein sexuellen Beziehung früher oder später dazu kommt, dass die Partner ein Gefühl der Leere empfinden.

Peggy Guggenheim sah ihre Promiskuität aber nicht als einen Weg der Leere an. Ganz im Gegenteil war Sex eines der wenigen Dinge in ihrem Leben, das von Bedeutung für sie war. Sie führte nicht Tagebuch über ihre sexuellen Abenteuer, um ihre Existenzangst offen zu legen, sondern um mit ihrer Leidenschaft zu prahlen. Sie erklärte den Sinn ihres Lebens. Es war kein Jammern, dass es ihr an Sinn mangelte.

Einige Experten denken, dass es zu einfach oder ein zu unbegründeter Rückschluss sei, zu behaupten, dass Guggenheim wegen eines starken Sexualtriebes promiskuitiv war. Sie unterstellen, dass etwas nicht in Ordnung sein kann mit Menschen, die ohne ernsthafte Bindung von einem Liebhaber zum nächsten wandern. Sie wissen, dass sie selbst promiskuitive Beziehungen als sinnentleert wahrnehmen würden. Es ist ihnen ein Rätsel, wie irgendjemand diesen Lebensstil wählen kann.

Ich behaupte das Gegenteil von dem, was Experten wie May sagen. Menschen wie May brauchen eine monogame Beziehung, um das Leben als bedeutungsvoll zu empfinden. Menschen wie Guggenheim finden hingegen ihren Sinn in sexueller Leidenschaft. Rollo May verwechselte Individualität mit Abnormität. Er beschrieb die menschliche Natur so, wie er glaubte, dass sie sein sollte. Ich stelle die Wahrheit der menschlichen Natur dar. Was von Bedeutung für eine Person ist, macht für eine andere Person keinen Sinn. Promiskuität war bedeutungsvoll für Peggy Guggenheim und bedeutungslos für May. Monogamie war bedeutungsvoll für May, aber bedeutungslos für Guggenheim.

BLOG F
WAS ICH VON PRINZ CHARLES LERNTE

Wie ich erkannte, dass es bei dem Bedürfnis nach Aufmerksamkeit um gesellschaftlichen Status geht.

Das Royal College oft Psychiatry lud mich einmal ein, auf seiner jährlichen Konferenz zu sprechen. Ich besuchte Großbritannien zum ersten Mal, traf viele interessante Menschen, klapperte die üblichen Touristenattraktionen ab und meine Spesen wurden übernommen. Konnte ich da Nein sagen?

Da ich zu der neugierigen Sorte gehöre, fragte ich meine Gastgeber, warum ihre Organisation „Royal" College of Psychiatry genannt wird, in Abgrenzung zum „British" College. Könnte sich jeder mit „königlich" betiteln? In Amerika beispielsweise könnte ich einen Hamburgerstand eröffnen und ihn „President's Burgers" nennen.

Meine Gastgeber erklärten mir, dass man sich, um seine Organisation „royal" nennen zu dürfen, um eine Urkunde der königlichen Familie bewerben muss. Weiterhin wird ein Mitglied der königlichen Familie als Schirmherr der Organisation eingesetzt. Prinz Charles ist der Schirmherr für das Royal College of Psychiatry und ergo flog er via Helikopter ein, um auf der Konferenz zu sprechen.

Am Morgen des Tages, an dem Prinz Charles' Rede vorgesehen war, war ich schon zeitig an Ort und Stelle und setzte mich in die zweite Sitzreihe. Ich würde so nur ca. 2 Meter von Prinz Charles entfernt sein, wenn er einträfe. „Wow", dachte ich, „das schlägt einen klassischen Touristenaufenthalt in England nochmals um Längen! Moment mal ... ich werde sehr dicht beim Prinzen sitzen und niemand hat mich überprüft." Tatsächlich konnte ich nicht einmal Sicherheitspersonal in der Nähe sehen.

Fünfzehn Minuten vor Prinz Charles' Rede betraten die Adligen den Raum und setzten sich in die erste Stuhlreihe. Die Presse kam kurz darauf und machte ihren Kniefall vor dem Adel. Ich saß genau dahinter.

Prinz Charles betrat den Raum, ging nach vorne und setzte sich auf seinen Stuhl, um auf den Beginn der Veranstaltung zu warten. Ich starrte ihn einfach nur an. Welche Art von Socken trägt ein Prinz? Schau dir dieses Hemd an! Sein Haarschnitt. Dann fiel mir auf, dass ich ihn angeglotzt hatte. Ich schaute mich um und sah, dass alle ihn anglotzten. Plötzlich wurde mir bewusst, wie unangenehm ich mich fühlen würde, wenn jeder mich so anstarrte, wie ich Prinz Charles angestarrt hatte. Ich schaute wieder auf den Prinzen und stellte fest, dass er es mit Würde und Fassung nahm. Er nahm es so, als sei es ganz natürlich, dass Menschen ihn so anstarrten.

So kam ich dazu, die ursprüngliche Verbindung zwischen Status und Aufmerksamkeit zu erkennen. Wir schenken unsere Aufmerksamkeit Menschen mit einem hohen Status und ignorieren Menschen mit einem niedrigen Status. Definitionsgemäß haben Mitglieder der königlichen Familie den größtmöglichen Status, nur eine Stufe vor der Göttlichkeit. Deshalb starren wir die Royals an und diese halten das für ganz normal.

Prinz Charles hielt eine sehr gute Rede. Er deutete an, dass das Stigma der psychischen Erkrankung auf die Doktoren abfärbe, die in diesem Feld tätig sind. Daher sei die Psychiatrie eine medizinische Profession mit einem niedrigen Status. „Gut gedacht für einen Prinzen“, dachte ich für mich selbst.

Als der Prinz seine Rede beendet hatte und die Gesellschaft sich allmählich auflöste, informierte ein britischer Soldat die Zuhörer darüber, dass unser Gepäck aus unseren Hotelzimmern in die Lobby gebracht worden war. Ich machte mich also auf den Weg, um mein Gepäck zu holen, öffnete dann meinen Koffer und fand eine Notiz der britischen Geheimpolizei, in der man mir mitteilte, dass mein Gepäck durchsucht worden war. Ich schätze, es war also doch Security anwesend, allerdings arbeitete diese so diskret, dass ich nichts bemerkte, bis ich die schriftliche Botschaft gelesen hatte.

BLOG G

MYTHEN DER INTRINSISCHEN UND EXTRINSISCHEN MOTIVATION

Im Folgenden möchte ich darstellen, warum ich das Konzept der intrinsischen und extrinsischen Motivation seit langem kritisiere.

Die Frage ist, was passiert, wenn einer Person ein Anreiz in Aussicht gestellt wird für etwas, das sie ohnehin getan hätte. Im Jahr 1975 stellten Edward Deci, Mark Lepper und ihre Kollegen die These auf, dass Belohnungen intrinsische Motivation abschwächen. Im Gegensatz dazu waren Len Sushinsky und ich der Meinung, dass die Wirkung, die eine Belohnung erzielt, davon abhängt, wie man diese verwendet. Wenn Sie beispielsweise eine Person dafür belohnen, nur eine Aktivität auszuführen, wird sich diese schnell langweilen. Wenn Sie dagegen das Erlernen neuer Fähigkeiten belohnen, wird die Person vermutlich ein größeres Interesse an der Aktivität zeigen.

Wir konnten auch die symbolische Wirkung von Belohnungen bestätigen. Intrinsische Motivation zeigt sich stärker, wenn mit der zu erlangenden Belohnung Erfolg verknüpft wird. Wenn Belohnung zum Beispiel Erfolg symbolisiert, sollte intrinsisches Interesse verbessert werden. Besonders kritisch erschienen uns sozialpsychologische Experimente, die in Versuchsanordnungen einmalige – und daher für den Versuchsteilnehmer neue und vielleicht schon deshalb interessante – Belohnungen in Aussicht stellten.

Das war vor 35 Jahren. In der Zwischenzeit wurden viele Studien zur intrinsischen und extrinsischen Motivation durchgeführt. Um zu beweisen, dass Belohnungen das intrinsische Interesse einer Person schwächen, mussten die Forschenden Wissenschaftlichkeit nachweisen: Konstruktvalidität, Reliabilität, Kontrollstudien und dementsprechend akzeptable Ergebnisse. Nun, wie ging es dann weiter?

Ich bin davon überzeugt, dass die Unterscheidung zwischen intrinsischer und extrinsischer Motivation keine wissenschaftliche Gültigkeit hat. Ich verbinde damit eine moderne Version des Geist-Körper-Dualismus. Dementsprechend würden intrinsische Motive (wie z. B. Neugier, Selbstbestimmung) zu jenen des Geistes zählen und extrinsische Motive (z. B. Hunger, Sex) zu jenen des Körpers.

Ich glaube nicht, dass Motive nur zwei Kategorien zugeordnet werden können. Ich bin davon überzeugt, dass es stattdessen 16 intrinsische Motive (oder „Bedürfnisse") gibt, aber keine extrinsischen Motive. Jedes der 16 Motive ist in der Lage, das Interesse an einer Aktivität auszulösen, zu motivieren und jedes der 16 Motive kann zu Interesse an einer Belohnung führen.

Ich hinterfrage die Zuverlässigkeit von verhaltensbasierten Studien, wenn es darum geht, intrinsische Motivation nachzuweisen. Ein Kind im Kindergarten kann beispielsweise täglich unterschiedlichen Aktivitäten nachgehen und diese können auch von Tag zu Tag ohne besonderen Grund variieren. Mir ist jedenfalls keine Verhaltensstudie zur intrinsischen Motivation bekannt, deren Reliabilität (Zuverlässigkeit) wissenschaftlich belegt ist (beispielweise durch statistische Methoden wie der Test-Retest-Reliabilität). Ich persönlich bin überzeugt, dass Selbsteinschätzungsstudien zuverlässig sind, dementsprechend würde ich mich bei der Literaturrecherche auch auf diese fokussieren.

Immer wieder finden sich in verhaltensbasierten Studien Interpretationen, die im Kreis führen bzw. zu sogenannten selbsterfüllenden Prophezeiungen („self-fulfilling prophecies"). Dazu ein Beispiel: Angenommen, wir versprechen einem Jungen eine Belohnung für eine gute Zeichnung.

Der Junge fertigt eine Zeichnung an und erhält danach die versprochene Belohnung. Nun beobachten wir, ob der Junge seine Anstrengungen zu zeichnen weiter verfolgt. Wenn der Junge nur wenige Anstrengungen in das Anfertigen weiterer Zeichnungen legt, nachdem er die Belohnung erhalten hat, würde dies als Bestätigung für eine verminderte intrinsische Motivation interpretiert werden. Wenn aber das Kind nun öfter zeichnet, nachdem es die Belohnung erhalten hat, würden die Vertreter des Konzepts der intrinsischen und extrinsischen Motivation dies nicht als Bestätigung für eine erhöhte intrinsische Motivation interpretieren. Sie gehen also davon aus, dass das Kind nach einer Belohnung strebte und somit extrinsisch motiviert war. Das heißt, weniger Zeichnen unterstützt die Theorie, aber mehr Zeichnen widerspricht der Theorie auch nicht. Dieses gleichsam als Münzwurf-Spiel „Kopf oder Zahl"-Denken ist kreisförmig. Leider hatten diese Studien auch Einfluss auf Veröffentlichungen zum Thema intrinsischer und extrinsischer Motivation, da jene Studien, die das Konzept widerlegten, als ungültig dargestellt wurden.

Viele Studien, die die Theorie der intrinsischen und extrinsischen Motivation widerlegten, wurden de facto nicht veröffentlicht, auch durch die fehlerhafte Anwendung des Peer-Review-Prozesses (das Erstellen von Kreuzgutachten durch fachliche Sachverständige).

Beispielsweise wurde dem durchaus bekannten negativen Aspekt von Belohnungen viel zu wenig Aufmerksamkeit gewidmet. Nahezu alle der vorgestellten Studien zur intrinsischen und extrinsischen Motivation luden die Versuchsteilnehmenden zu nur einem Versuch mit einer Belohnung ein und diese Belohnung war dann naturgemäß eine für die Versuchsteilnehmenden neuartige. Doch gerade neuartige Belohnungen können Unterschiedliches bewirken. Sie können Versuchsteilnehmer ablenken, sie können Leistungsangst erzeugen oder sogar Zweifel auslösen, ob die versprochene Belohnung dann tatsächlich übergeben wird.

Auch wenn wir nun die eben erwähnten Bedenken beiseitelassen, so ist doch festzuhalten, dass auch die Meta-Studien zum Thema der intrinsischen und extrinsischen Motivation jene Studien einbezogen, die die Theorie untermauerten, andere, kritische Studien jedoch durchaus ausschlossen. Ich selbst habe 1975 eine Studie im Journal of Personality and Social Psychology veröffentlicht, die das Konzept der intrinsischen und extrinsischen Motivation in Frage stellte und in Meta-Studien nicht erwähnt wurde, obwohl andere, beispielsweise die von Smith und Pittman 1977 durchgeführte Studie dort aufgenommen wurde.

Ich lehne das Konzept der intrinsischen und extrinsischen Motivation ab, da es zu einem Denken verleitet, das gleichsam als „One size fits all"-Lösung für die Erziehung von Kindern und den Umgang mit zu motivierenden Erwachsenen bietet. Ich dagegen bin überzeugt, dass einige Kinder in einem Umfeld, das kooperatives Lernen anbietet, besser gedeihen. Andere Kinder jedoch bevorzugen wettbewerbsorientierte Lernsituationen. Die intrinsisch-extrinsische Motivationstheorie geht davon aus, dass kooperative Lernsituationen für alle Kinder die beste Entwicklung ermöglichen. Vertreter der Idee der intrinsischen und extrinsischen Motivation legen also ihr Werteempfinden über alle anderen und sind überzeugt, dass diese Werte zum Wohle aller die besten seien. Bedenklich wird es für mich dann, wenn Kinder, die von Natur aus wettbewerbsorientiert sind, nun vermittelt bekommen, dass mit ihnen etwas nicht stimmen kann, wenn sie Wettbewerb genießen.

Das Konzept ist eine Sackgasse geworden. Ich habe Lehrer kennengelernt, die darüber klagen, dass sie ihren Schülern nicht helfen können, weil diese jegliche intrinsische Motivation verloren haben. Unsere Schulen brauchen aber keine Theorie, die als Vorwand für Untätigkeit herangezogen werden kann.

Obwohl ich mich von der Theorie der intrinsischen und extrinsischen Motivation distanziere, schätze ich die damit verwandten sozialpsychologischen Studien zur Selbstbestimmung. Die von diesen Studien ausgelösten Diskussionen waren enorm hilfreich, um neue Spielregeln für Menschen mit Behinderungen zu schaffen.

Intrinsische Motivation sollte so verstanden werden, die Freiheit des Menschen zu fördern, einschließlich der Freiheit, nach materiellen Belohnungen zu streben. Ich glaube, die Theorie der intrinsischen und extrinsischen Motivation wird dann missbräuchlich verwendet, wenn sie vorgibt, Freiheit zu fördern, außer in Situationen, in denen Menschen sich für Materialismus oder Kapitalismus und Werte entscheiden, die sich von jenen der Unterstützer dieser Theorie unterscheiden.

BLOG H
MENSCHLICHES VERHALTEN IST ZWECKBESTIMMT

Fast alle Psychologen betrachten Motivation als psychische Energie. Ich betrachte Motivation als die Durchsetzung zentraler Werte. Wir sind von Natur aus eine Spezies, die ihre Werte ausleben will. Dieses Bedürfnis treibt uns an und inspiriert uns.

1968 schrieb ich mich an der Yale Graduate School ein, um Lerntheorie zu studieren und Verhaltenstherapeut zu werden. Den Großteil des Jahres 1969 verbrachte ich in Boston, wo ich als psychologischer Mitarbeiter am Harvard Medical School's Department of Neurology in der Gruppe von Dr. Murray Sidman arbeitete. An den meisten Tagen fuhr ich mit der Psychoanalytikerin Dr. Helen Beier zur Arbeit und hatte gelegentlich eine Lerngruppe bei Freudianern besucht, die vom Massachusetts Mental Hospital angereist waren, um die psychologischen Mitarbeiter zu schulen. In Yale wiesen mich Professor John Dollard und andere in die Psychoanalyse ein. Sie waren brillante Wissenschaftler und es war schwer, sich nicht von einigen der Freud'schen Ideen angezogen zu fühlen. Dr. Beier hatte die Psychoanalyse in Wien studiert.

Heute grenze ich mich von Freud teilweise deshalb ab, weil ich mit seinen Theorien zur Motivation nicht einverstanden bin. Den größten Teil seiner Karriere widmete er nur einem einzigen Motiv, der Libido, und er versuchte, alles mit einem Bestreben der „discharge libido" – der Entladung dieser Libido – zu erklären, was auch immer das heißen mag. In der Praxis betrachtete Freud Sexualität allerdings als einen von Ängsten bestimmten Trieb und er erklärte fast alles als ein Bemühen, Angst zu reduzieren.

Im Gegensatz dazu glaube ich, dass es viele verschiedene Motive/Antriebe/Instinkte/Ziele im menschlichen Leben gibt. Nicht alles bezieht sich auf den Sexualtrieb oder die Angstreduktion. Jung und andere Ich-Psychologen (Neofreudianer) argumentierten, dass Freuds Motivationsanalyse zu eng auf Sexualität bezogen sei. Allerdings hielt Freud stur daran fest, die Angstreduktion als das allumfassende Motiv menschlichen Verhaltens zu betrachten.

Einige Freudianer behaupten, dass Libido Lust bedeute und dass Freuds letztendliche Anerkennung der zwei allumfassenden Instinkte (Liebe und Aggression) in Wirklichkeit ein Lust-Schmerz-System der Motivation darstellt. Dies führt zum Hedonismus, nämlich der Theorie, dass Menschen motiviert davon sind, Lust zu maximieren und Schmerz zu minimieren. Bereits Jahrhunderte vor Christi Geburt lehnten Philosophen den Hedonismus ab. In seinem Buch „Philosophie des Abendlandes" weist Bertram Russell das Lustprinzip wegen seiner Vereinfachung entschieden zurück. Er war der Mann, der dabei half, die logische Basis für die Mathematik darzulegen.

Es gibt bei Freuds Konstrukt der Libido und Angst ein weitaus größeres Problem. Freud sprach sich für ein mechanisches Ursache-Wirkungsprinzip der menschlichen Motivation aus. Er hielt Motivation für eine psychische Energie und nannte diese Energie Libido. Später griffen Behavioristen das Konzept des Triebes auf, welches dasselbe invalide Konstrukt der Motivation als psychische Energie darstellt. Dank Freud und den frühen Behavioristen haben Psychologen ein Jahrhundert damit verbracht, zu verstehen, warum Menschen sich auf eine bestimmte Weise verhalten. Dabei haben sie die Sinnfrage ignoriert und den menschlichen Werten wenig Beachtung geschenkt.

Meine These besagt, dass Menschen von Absichten und Werten angetrieben werden. Die beste Weise, Menschen zu verstehen, besteht darin, ihre Absichten, Lebensziele und Werte zu betrachten und zu versuchen, diese zu verstehen. Dies ist außerdem die beste Art, um vorherzusagen, wie Menschen sich in ihrem Arbeitsumfeld, zu Hause, in der Schule oder im sportlichen Bereich verhalten werden. Ich grenze mich von Freud ab, da er fälschlicherweise unbewusste, mechanische, psychische Kräfte erfand. Lassen Sie mich einen Vergleich zu einem Haus ziehen. Wenn uns jemand fragt, was die Dinge sind, die ein Haus betriebsfähig machen, mögen manche die Energiequelle anführen. Sie würden sagen, dass das, was sich in einem Haus abspielt, von Öl, Gas oder vielleicht Solarenergie gespeist wird. Wären Menschen Häuser, würden manche Freudianer zugeben, dass Freud zu wenige Energiequellen identifiziert hat, um das Haus zu betreiben. Sie würden aber auch behaupten, dass Freud mit der Beschreibung des Hauses, seiner Räume etc. das Wissen vergrößert hat. Freudianer halten Motivation für nur einen Teil einer alles umfassenden Theorie der menschlichen Psyche. Und bei weitem halten sie die Motivation nicht für den wichtigsten Teil. Sie meinen, dass die Ich-Psychologie die Freud'sche Theorie in Ordnung gebracht hat, indem sie ein weites Spektrum von Quellen psychologischer Energie zusätzlich zum Sex anerkennt.

Ich dagegen denke, Motivation ist die Durchsetzung von Werten, nicht die Entladung psychischer Energie. Bei Motivation geht es um Absicht, nicht um einen mechanischen Ursache-Wirkungsprozess. Sie ist die Blaupause des Hauses, nicht die Energiequelle. Motivation erklärt den Zweck des Wohnzimmers, den Zweck der Küche etc. Wenn man also Motivation/ Zweck nicht richtig erfasst, hat man keine Ahnung, warum das Haus auf diese Art gebaut wurde.

Wenn wir also das menschliche Verhalten verstehen wollen, müssen wir bestimmen, was die Person versucht zu erreichen und was die Person schätzt. Nicht etwa das, was wir selber wertschätzen, sondern das, was die Person, die wir verstehen wollen, wertschätzt. Wir haben eine effektive Methode entwickelt, um Werte und Ziele eines Menschen zu ermitteln – das Reiss Motivation Profile®.

TEIL 6

LITERATURLISTE

Adler, A. (1964). **The Practice and Theory of Individual Psychology.** New York: Harcourt, Brace, Jovanovich. Erstveröffentlichung 1927.

American Psychiatric Association (1994). **Diagnostic and Statistical Manual of Mental Disorders** (4th ed.). Washington, DC: Author.

Aristotle (1953). **The Nichomachean Ethics** (trans. J. A. K. Thompson). New York: Penguin Books. (entstanden ca. 330 v. Chr.)

Atkinson, J. W., & Feather, N. T. (1966). **A Theory of Achievement Motivation.** New York: John Wiley & Sons.

Aureli, F., & de Waal, F. B. M. (2000). **Natural Conflict Resolution. Berkeley:** University of California Press.

Crowne, D. P., & Marlowe, D. (1960). „A new scale of social desirability independent of psychopathology". **Journal of Consulting Psychology,** 24, 349–354.

Darwin, C. (1859). **On the Origin of Species.** London: Murray.

Deci, E. L., Koestner, R., & Ryan, R. M. (1999). „A meta-analytic review of experiments examining the effects of extrinsic rewards on intrinsic motivation". **Psychological Bulletin,** 125, 627–668.

Deci, E. L., & Ryan, R. M. (1985). **Intrinsic Motivation and Self-Determination in Human Behavior.** New York: Plenum.

Deci, E. L. (1975). **Intrinsic Motivation.** New York: Plenum.

Dunlap, K. (1919). „Are there any instincts?". **Journal of Abnormal Psychology,** 14, 307–311.

Dykens, E. M., & Rosner, B. A. (1999). „Redefining behavioral phenotypes: Personality-motivation in Williams and Prader-Willi syndromes". **American Journal of Mental Retardation,** 104, 158–169.

Eisenberger, R., & Cameron, J. (1996). „The detrimental effects of reward: Myth or reality". **American Psychologist,** 51, 1153–1166.

Engel, G., Olson, K. R., & Patrick, C. (2002). „The personality of love: Fundamental motives and traits related to components of love". **Personality and Individual Differences,** 32, 839–853.

Eron, L. D., & Huesmann, L. R. (1990). „The stability of aggressive behavior – Even unto the third generation". In M. Lewis and S. M. Miller (Eds.), **Handbook of Developmental Psychology.** New York: Plenum. 147–156.

Eysenck, H. J. (1952). „The effects of psychotherapy: An evaluation". **Journal of Consulting Psychology,** 16, 319–324.

Filson, J. (2010). **The Adventures of Colonel Daniel Boone.** New York: Cosimo Classics.

Freud. S. (1963). **Introductory Lectures on Psychoanalysis.** London: Hogarth Press. (Erstveröffentlichung 1916).

Gill, A. (2002). **Art Lover: A Biography of Peggy Guggenheim.** New York: Harper Collins.

Havercamp, S.H., & Reiss, S. (2004). „A comprehensive assessment of human striving: Reliability and validity of the Reiss Profile". **Journal of Personality Assessment,** 81, 123–132.

lson, K. (2007). „Research on fundamental motives". In L. Brown (Ed.), **Psychology of Motivation.** Hauppauge, NY: Nova Science Publishers. S. 1–3.

Jackson, D. N. (1984). **Personality Research Form Manual.** Port Huron, MI: Research Psychologists Press.

James, W. (1918). **The Principles of Psychology (Vol. 2).** New York: Dover. (Erstveröffentlichung 1890).

Judah, S. M. (2006). **Staying Together When an Affair Pulls You Apart.** Downers Grove, IL: IVP Books.

Jung, C. (1923). **Psychological Types.** New York: Harcourt.

Kavanaugh, P., & Reiss, S. (2001). **„Why High School Students Get Poor Grades".** Unveröffentlichtes Manuskript, IDS Publishing Corporation.

Lecavalier, L., & Tasse, M. J. (2002). **„Sensitivity theory of motivation and psychopathology: An exploratory study".** American Journal of Mental Retardation, 107, 105–115.

Maller, R., & Reiss, S. (1992). „Anxiety sensitivity in 1984 and panic attacks in 1987". **Journal of Anxiety Disorders,** 6, 241–247.

Mandel, H. P., & Marcus, S. I. (1995). **„Could Do Better": Why Children Underachieve and What to Do About It.** New York: J. Wiley.

Maslow, A. H. (1954). **Motivation and Personality.** New York: Harper & Row.

Maslow, A. H. (1943). **„A theory of motivation". Psychological Review,** 50, 370–396.

McClelland, D.C. (1961). **The Achieving Society.** Princeton, NJ: Van Nostrand.

McDougall, W. (2003). **An Introduction to Social Psychology.** Mineola, NY: Dover.(Erstveröffentlichung 1908).

Mengel, T. (2012). „High potential can be deceiving – Utilizing the Reiss Motivation Profile® in HR and leadership development". **FMI Journal,** 10–12.

Mengel, T. (2012). „Leading with 'emotional' intelligence – Existential and motivational analysis in leadership and leadership development". **Journal on Educational Psychology,** 5, 17–25.

Murray, H. A. (1943). **Thematic Apperception Test.** Cambridge, MA: Harvard University Press.

Murray, H. A. (1938). **Explorations in Personality: A Clinical and Experimental Study of Fifty Men of College Age.** New York: Oxford University Press.

Myers, I.B., & McCaulley, M.H. (1985). **Manual, a Guide to the Development and Use of the Myers-Briggs Type Indicator.** Palo Alto, CA: Consulting Psychological Press.

Olson, K., & Chapin. B. (2007). „Relations of fundamental motives and psychological needs to well-being and intrinsic motivation". In P. Zelick (Hg.), **Issues in the Psychology of Motivation,** 232–243. Hauppauge, NY: Nova Science Publishers.

Olson. K. & Weber, D. (2004). „Relations between Big Five traits and fundamental motives". **Psychological Reports,** 97, 795–802.

Plato (1966). **The Republic of Plato.** New York: Oxford University Press. Translated by F. M. Cornford. (entstanden ca. 360 B.C.)

Ramsay, G. (1843). **An Inquiry into the Principle of Human Happiness and Human Duty.** London: William Pickering.

Reiss, S. (2010). **Human Needs and Intellectual Disabilities.** Kingston, NY: NADD.

Reiss, S. (2005a). „Extrinsic and intrinsic motivation at 30: Unresolved scientific issues". **Behavior Analyst,** 28, 1-14.

Reiss, S. (2005b). „Why People Become Organ Donors". Paper presented at the annual meeting of the American Public Health Association in New Orleans.

Reiss, S. (2004a). „Multifaceted nature of intrinsic motivation: The theory of 16 basic desires“. **Review of General Psychology,** 8, 179–193.

Reiss, S. (2004b). „The 16 strivings for God“. **Zygon,** 39, 303–320.

Reiss, S. (2000). **Who Am I? The 16 Basic Desires That Motivate Our Actions and Define Our Personalities.** New York: Tarcher/Putnum.

Reiss, S. & Havercamp, S. M. (2005). „Motivation in a developmental context: Test of Maslow's theory of self-actualization“. **Journal of Humanistic Psychology,** 45, 41–53.

Reiss, S., & Havercamp, S. M. (1998). „Toward a comprehensive assessment of fundamental motivation“. **Psychological Assessment,** 10, 97–106.

Reiss, S., & McNally, R. J. (1985). „Expectancy model of fear“. In S. Reiss & R. R. Bootzin (Hg.), **Theoretical Issues in Behavior Therapy.** New York: Academic Press, 107–121.

Reiss, S., Peterson, R. A., Gursky, D. M., & McNally, R. J. (1986). „Anxiety sensitivity, anxiety frequency, and the prediction of fearfulness“. **Behavior Research and Therapy,** 24, 1–8.

Reiss, S., & Sushinsky, L. W. (1975). „Overjustification, competing responses, and the acquisition of intrinsic interest“. **Journal of Personality and Social Psychology,** 31, 1116–1125.

Reiss, S. & Wiltz, J. (2004). „Why people watch reality TV?“ **Media Psychology,** 6, 363–378.

Reiss, S., Wiltz, J., & Sherman, M. (2001). „Trait motivational correlates of athleticism“. **Journal of Personality and Individual Differences,** 30, 1139–1145.

Russell, B. (1972). **A History of Western Philosophy.** New York: Simon & Shuster. (Erstveröffentlichung 1945.)

Schwartz, S. H. (1994). „Are there universal aspects in the structure and contents of human values?" **Journal of Social Issues,** 50, 19–45.

Takakuwa, M., & Wakabayashi, M. (1999, personal communication). „Unpublished factor study of Japanese translation of the Reiss Motivation Profile® with Japanese college students".

Ullmann, L. P., & Krasner, L. (Eds., 1965). **Case Studies in Behavior Modification.** New York: Holt.

Weiner, B. (1995). „Intrinsic motivation". In A. Manstead, M. Hewstone, S. Fiske, M. Hoggs, H. Reis, & G. Samin (Hg.), **The Blackwell Encyclopedia of Social Psychology.** Cambridge, UK: Blackwell.

White, R. W. (1959). „Motivation reconsidered: The concept of competence". **Psychological Review,** 66, 297–333.

Wiltz, J., & Reiss, S. (2003). „Compatibility of housemates with mental retardation". **American Journal of Mental Retardation,** 108, 173–180.

Zubin, J., Eron, L. D., & Schumer, F. (1965). **An Experimental Approach to Projective Techniques.** New York: Wiley.

ÜBER DEN AUTOR

10. April 1947 – 28. Oktober 2016

STEVEN REISS

Steven Reiss lebte als emeritierter Professor für Psychologie in Columbus, Ohio. Er studierte am Dartmouth College (A. B.) und der Yale University (Ph. D.) und absolvierte ein klinisches Psychologie-Praktikum an der Harvard Medical School. Er war Senior Fellow des Dartmouth College und Fellow der American Psychological Association sowie der American Association on Intellectual Disabilities. Er lehrte an der Ohio State University und der University of Illinois in Chicago. Durch eine Reihe von wissenschaftlichen Studien identifizierte Steven Reiss 16 grundlegende Bedürfnisse von Menschen. Über seine Forschung wurde in zahlreichen wissenschaftlichen Top-Magazinen sowie in Zeitschriften weltweit berichtet. Er ist der Autor des Reiss Motivation Profile®, einer wissenschaftlich fundierten Einschätzung dessen, was Menschen bewegt. Seine Forschungsarbeit und das Testinstrument Reiss Motivation Profile® finden weltweit Anerkennung und Verbreitung und es gibt mittlerweile ein Netzwerk zahlreicher Ausbildungsinstitute.

Das Reiss Motivation Profile® wird mittlerweile von Expertinnen und Experten unterschiedlicher Praxisfelder genutzt, so z. B. im Bereich der Selbstreflexion, der Human Resources, der Führungskräfteentwicklung und -ausbildung, in der Konfliktlösung, im Bereich der Arbeit mit Studierenden, in der Beratung, im Coaching, im Sport (Olympia-Teams), im Bereich der zwischenmenschlichen Beziehungen sowie bei der Familien- und Paarberatung, im Marketing, Gesundheits- und Wellnessbereich und auch im Bereich der spirituellen Arbeit. Für das Reiss Motivation Profile® liegen nunmehr auch Übersetzungen in andere Sprachen vor, wie z. B. in zahlreiche europäische Sprachen sowie eine wachsende Anzahl asiatischer Sprachen.

1985 legte Steven Reiss (gemeinsam mit Richard McNally) das Konzept der Angstempfindlichkeit vor, das in mehr als 1600 Peer-Review-Studien validiert wurde. Steven Reiss ist der Autor des Angst-Sensitivitäts-Index, eines weltweilt anerkannten standardisierten psychologischen Testverfahrens zur Diagnose von Panikattacken und posttraumatischen Belastungsstörungen.

In den achtziger und neunziger Jahren legte Steven Reiss zahlreiche Forschungsarbeiten über psychische Gesundheitsprobleme bei Menschen mit mentaler Beeinträchtigung bzw. das gemeinsame Auftreten psychiatrischer Erkrankungen und Entwicklungsstörungen vor. Diese Arbeit wurde mit fünf nationalen Auszeichnungen anerkannt und lieferte eine wissenschaftliche Erklärung dafür, warum es einen Bedarf nach demensprechenden psychiatrischen und psychologischen Kliniken gab und gibt. Diesen Forschungsbeiträgen ist letztlich die Entstehung mehrerer hundert derartiger Einrichtungen in Europa und Nordamerika zu verdanken. 1988 verfasste Steven Reiss den Reiss Screen for Maladaptive Behavior, ein standardisiertes Einschätzungsinstrument, das intensiv genutzt wurde und wird, um den Bedarf psychiatrischer Angebote zu erheben.

Steven Reiss wurde zu Vorträgen vor der Civil Rights Division des US-Justizministeriums und des National Institute of Health eingeladen. 1987 veranstaltete Steven Reiss die erste internationale Forschungskonferenz zur psychischen Gesundheit von Menschen mit geistiger Behinderung. Steven Reiss erhielt drei Auszeichnungen für seinen Einsatz für Menschen mit Behinderungen.

1995 wurde bei Steven Reiss eine lebensbedrohliche Autoimmunerkrankung diagnostiziert und er musste sich 2002 einer Lebertransplantation am Ohio State University Medical Center unterziehen. Mit Linda Jones engagierte er sich im Rahmen eines nationalen Programms dafür, dass Menschen mit mentaler Beeinträchtigung besseren Zugang zu Organtransplantationen erhalten. Dieses Engagement wurde in Hunderten von Zeitungen gewürdigt. Seit 1995 beschäftigte Steven Reiss immer wieder seine lebensbedrohliche Krankheit. 2008 gründete er die World Society of Motivation Scientists and Professionals, eine gemeinnützige Organisation.

Steven Reiss‘ Theorie der Religion bezieht sich auf William James‘ Beobachtung, dass verschiedene Menschen auf unterschiedliche Aspekte von Religion ansprechen. Er erweiterte mit seinen Überlegungen die Auseinandersetzung von William James. Über die Veröffentlichung seiner Theorie wurde in akademischen Zeitschriften wie Zygon, im Chronicle of Higher Education und in der Washington Post berichtet. Steven Reiss geht davon aus, dass religiöse Erfahrungen den Sinn des Lebens umfassen und sich nicht auf nur ein oder zwei Themen – wie etwa Moral, Gemeinschaft oder Todesangst – reduzieren lassen. Steven Reiss wurde und wird laut des Sozialwissenschaft-Zitat-Index häufig von anderen Forschern und Wissenschaftlern zitiert.

1971 heiratete Steven Reiss Maggi Musico. Maggi Reiss ist Absolventin des Smith College (AB) und der University of Illinois in Chicago (MA). Maggi Reiss ist Schulpsychologin und Präsidentin der IDS Publishing Corporation, die 1987 gegründet wurde. Maggi und Steven Reiss haben zwei erwachsene Kinder: Michael, von Beruf Statistiker, und Benjamin, einen Arzt. Im Jahr 2012 heiratete Michael Kristen Lambert, eine Architektin. (Anmerkung der Redaktion: Am 28. Oktober 2016 verlor Steven Reiss den Kampf gegen seine lange Krankheit.)

www.rmp-swiss.ch | www.rmp-austria.at | www.rmp-germany.com